Literaturwissenschaft im Grundstudium · 3

Literaturwissenschaft im Grundstudium

herausgegeben von
Werner Faulstich
und
Hans-Werner Ludwig

Band 3 · 1981

Hans-Werner Ludwig

Arbeitsbuch
Lyrikanalyse

 Gunter Narr Verlag Tübingen

CIP-Kurztitelaufnahme der Deutschen Bibliothek

Ludwig, Hans-Werner:
Arbeitsbuch Lyrikanalyse / Hans-Werner Ludwig. — 2. Aufl. — Tübingen:
Narr, 1981.
  (Literaturwissenschaft im Grundstudium; Bd. 3)
  ISBN 3 - 87808 - 923 - 6

2., durchgesehene Auflage

Druck: Müller + Bass, Tübingen
Printed in Germany
ISBN 3 - 87808 - 923 - 6

Vorbemerkung

Die Konzeption dieses Arbeitsbuches entstand im Zusammenhang mit Vorlesungen und Seminaren an der Universität Tübingen. Der Verfasser dankt seinen Studenten und Kollegen für viele intensive Diskussionen über Lyrik und Lyrikanalyse.

Die Fertigstellung des Manuskripts hat sich aufgrund unabweisbarer Belastungen des Verfassers, durch Aufgaben der akademischen Selbstverwaltung, unerwartet lange verzögert. Der Verfasser hat hier besonders seinem Verleger, Herrn Gunter Narr, für die Geduld des Wartens einerseits, die nachsichtig-nachdrückliche Aufmunterung andererseits zu danken, mit der er das Entstehen des Buches begleitet hat.

Das Schreiben des Manuskripts lag in bewährter Weise in den Händen von Frau Renate Schneider. Fräulein Ricarda Strobel hat bei der Zusammenstellung von Bibliographie und Register sowie beim Korrekturlesen geholfen. Beiden sei für ihre Bereitschaft gedankt, diese Arbeiten unter großem Zeitdruck zu übernehmen.

Dieses Buch ist meiner Frau gewidmet, die daran mehr Anteil hat, als sie weiß.

Tübingen, im September 1979   H.-W. L.

Inhalt

0. Einleitung

Der ‚Fortschritt‘ der Wissenschaft bestehe, so wurde einmal scherzhaft bis bissig formuliert, oftmals darin, daß aus zehn Büchern ein neues geschrieben werde. Dies ist, so hoffen wir wenigstens, ein Zerrbild, doch nicht ohne ein Körnchen Wahrheit, wenigstens was den akademischen Produktions- und Publikationsbetrieb angeht. Die Entwicklung ist in vielen Wissenschaften von einer zunehmenden Spezialisierung gekennzeichnet, und die Zahl der Publikationen zu einzelnen Arbeitsgebieten steigt ständig — nicht unbedingt damit auch deren Qualität. Für den, der sich neu in ein Gebiet wie das der Lyrik und Lyrikanalyse einarbeiten will, stellt sich deshalb zuvorderst die Aufgabe, Boden zu gewinnen, die grundlegenden Arbeiten von den Spezialuntersuchungen, die Standardwerke von den bloß ephemeren Produkten zu unterscheiden. Hier möchte dieses Buch, wie die Bücher der Reihe *Literaturwissenschaft im Grundstudium* überhaupt, Hilfestellung leisten. Der Autor eines Arbeitsbuches wie des vorliegenden steht vor der Aufgabe, nicht aus zehn, sondern aus hundert und mehr Büchern eines zu machen, dies nun freilich nicht im Sinne angemaßter Originalität, sondern genau im Sinne des Sichtens, Ordnens und Hinführens zur Forschungsliteratur selber. Dies kann allerdings niemals eine neutrale Tätigkeit sein. Sie ist gekennzeichnet durch Auswahl eben der als wichtig, d.h. als grundlegend oder weiterführend erachteten Arbeiten vor anderen, die als weniger wichtig keine Berücksichtigung gefunden haben. Diese Selektion, zugleich die textgetreue Repräsentierung der eingearbeiteten Forschungsliteratur hat der Verfasser ebenso zu vertreten wie den Problemaufriß, die Gliederung eines Arbeitsgebietes in Problemfelder.

Dieses Arbeitsbuch soll soweit wie möglich selbständig nutzbar sein. Aber das Buch wäre schlicht überfordert, wenn es vollwertig und erschöpfend Wissenschaftstheorie, Verslehre, Rhetorikhandbuch usw. und Interpretationsmethodik sein müßte. Der Appell an den Leser, von diesem Arbeitsbuch immer wieder zu den Originalarbeiten zurückzugehen, ist deshalb eine wichtige Prämisse der nachfolgenden Kapitel.

Dieses Arbeitsbuch gliedert sich in drei übergreifende Problembereiche: Grundlegung, Analyse, Synthese. Problemfeld 1 ist der *Grundlegung* der wissenschaftlichen Beschäftigung mit Lyrik vom Standpunkt einer kommunikationsorientierten Literaturwissenschaft und einer (überwiegend) linguistisch orientierten Poetik aus gewidmet. Die Problemfelder 2 bis 6 — *Analyse* — stellen zunächst quasi „Elementargrammatiken" des *Verses,* der

Klangbeziehungen, der *rhetorischen Figuren,* der *poetischen Syntax* und der *Bildlichkeit* dar, in denen jeweils in die theoretische Diskussion und in Kategorien der Beschreibung eingeführt und das entsprechende Formeninventar an Beispielen vorgestellt wird. Im Unterschied zu einer Reihe neuerer Darstellungen wird dabei auf die Einführung neuer Fachtermini möglichst verzichtet; vielmehr werden, wo immer möglich, die traditionellen — z.b. rhetorischen — Begriffe verwendet, weil sie noch immer die weiteste — auch international weiteste — Verbreitung aufweisen und quer zu allen Schulen und Richtungen Verständigung ermöglichen. Jedes Problemfeld wird durch ausführliche Beispielanalysen abgeschlossen, in denen an konkreten Texten das Zusammenwirken von Elementen in Teilstrukturen der poetischen Gesamtstruktur beschrieben und funktional analysiert wird. Die Problemfelder 7 und 8 sind dem dritten Problembereich — *Synthese* — gewidmet. Das Problemfeld 7: *Lyrik und Gesellschaft* komplementiert die Analyse textinterner Strukturen durch einen textübergreifenden Ansatz, die Frage ,,nach der Funktionsstelle der Dichtung im Ensemble der sozialen Kräfte und Institutionen" (S.J. Schmidt). Problemfeld 8: *Interpretation* schließlich bindet die analytisch-deskriptiven Kapitel an die Frage nach den Möglichkeiten und Zielsetzungen von Interpretation überhaupt.

Das *Arbeitsbuch Lyrikanalyse* berücksichtigt in seinen Beispielen etwa gleichgewichtig die deutsche und die englische Literatur vom 16./17. Jahrhundert an, in geringerem Umfang auch die französische Literatur. Der Beispielteil ist bewußt ausführlich gehalten, Zitate sind oftmals länger als zur Demonstration eines bestimmten Phänomens unbedingt erforderlich. Dies geschieht einmal, um die darzustellenden Befunde innerhalb ihres jeweiligen Gedichtkontextes zu zeigen und damit die notwendige Anschaulichkeit zu gewährleisten, zum anderen aber auch, um dadurch zum Weiterlesen und zum Kennenlernen möglichst vieler lyrischer Texte zu animieren. Es ist eine Binsenweisheit, daß erst umfängliche eigene Leseerfahrung und die damit gegebene Möglichkeit, auf eine selbsterarbeitete Fülle von Texten zurückzugreifen, Sicherheit in der Beschreibung und Einordnung neuer Texte geben, eine Erfahrung also, die jeder Leser für sich selber gewinnen muß und zu der das Arbeitsbuch nur anregen kann. Der Appell an den Leser zu möglichst breitgefächerter und intensiver (Primär-)Lektüre gehört deshalb selbstverständlich neben den ersten Appell, nach dem Einstieg über das Arbeitsbuch bei spezielleren Fragestellungen die Originalarbeiten selber zu konsultieren.

Das *Arbeitsbuch Lyrikanalyse* hätte dann seine Funktion erfüllt, wenn es dem Leser nicht nur eine nach Problemfeldern gegliederte Übersicht über ein komplexes Arbeitsgebiet und ein analytisches Instrumentarium vermittelt hätte, sondern zugleich das Interesse an den Texten verstärkt hätte, die es zu untersuchen gilt.

1. Problemfeld I: Grundlagen

1.0. Problemstellung und Lernziele

Als Grundlegung der speziellen Arbeitsgebiete dieses Buches soll zunächst in den allgemeineren Problembereich der literarischen Kommunikation *generell* eingeführt werden. Der Leser soll grundsätzlich
— Literatur als Kommunikation begreifen lernen und folglich
— Lyrik unter dem Aspekt literarischer Kommunikation betrachten.
Zu diesem Zweck wird zunächst ein ganz einfaches informationstheoretisches Modell vorgestellt, das sodann in verschiedenen Stufen erweitert wird. Dabei soll vor allem auf die Bestimmung der „poetic function" durch Roman Jakobson abgehoben werden. Roman Jakobson entwickelt seine Konzeption in einem Kommunikationsmodell, das allerdings auf Textfunktionen beschränkt ist. Der Leser soll hier
— die Leistungsfähigkeit und Grenzen des Jakobsonschen Modells von Kommunikationsfaktoren und sprachlichen Funktionen erkennen und
— Versuche kennenlernen, die Beschränkungen dieses auf textinterne Funktionen gerichteten Schemas zu überwinden.
Einen zweiten Bereich grundlegender Fragen markieren die (überwiegend) linguistisch orientierten Ansätze zu einer Poetik. Auch hier stehen wieder *generelle* Überlegungen im Mittelpunkt, und zwar zur Unterscheidung von Alltags-/Standardsprache einerseits, poetischer Sprache andererseits. Der Leser soll hier
— Ansätze kennenlernen, die die poetische Qualität von Dichtung aus der poetischen Sprache erklären wollen,
— er soll dementsprechend konkrete Versuche kennenlernen, die „Differenzqualitäten" zwischen Standardsprache und poetischer Sprache festlegen wollen, aber auch Einwände gegen diesen Ansatz reflektieren,
— weiterhin soll er die Leistungsfähigkeit verschiedener stilistischer Modelle (Norm und Abweichung, *choice and expressiveness, interplay*) beurteilen lernen.
Im Vergleich dieser beiden Problembereiche, die für das Thema dieses Buches grundlegende Funktion haben, soll der Leser aber auch erkennen,
— daß die Frage nach der Dichtung *als Dichtung* nur *eine* Fragestellung innerhalb der Lyrikanalyse sein kann, die durch andere Fragerichtungen, so vor allem nach der Funktion von Lyrik im gesellschaftlichen Horizont, zu ergänzen ist.

1.1. Literarische Kommunikation

1.1.1. Modelle literarischer Kommunikation und die Lyrik

Textlinguistik und kommunikationsorientierte Literaturwissenschaft begreifen literarische Kommunikation als Spezialfall von Kommunikation überhaupt. Literarische Kommunikation wird somit bezogen auf die allgemeinen Gesetze der Kommunikation; soweit dies nötig ist, um die besondere Struktur literarischer Kommunikation zu erfassen, werden Zusatzbedingungen formuliert usw. Alle die in der Handbuchliteratur verbreiteten Schemadarstellungen literarischer Kommunikation — einfache und komplexe — beruhen auf einem informationstheoretischen Modell, das in einfacher Form etwa so aussieht:

TEXT 1

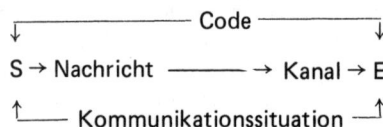

In diesem Modell überträgt ein Sender S über einen Kanal an einen Empfänger eine Nachricht, wobei die Bedingung gilt, daß Sender und Empfänger über einen gemeinsamen Code verfügen und in einer gemeinsamen Kommunikationssituation stehen.[1]

Ein solches grobes Modell bedarf für nichtliterarische wie für literarische Kommunikationsakte der Ausdifferenzierung hinsichtlich aller im Kommunikationsakt unterschiedenen Momente. Eine solche Ausdifferenzierung ist Sache einer Kommunikationstheorie und kann hier nur angedeutet werden. Für *literarische Kommunikation* wäre beispielsweise zu unterscheiden (offene Liste, durchaus unvollständig):

---

[1]   Siegfried J. Schmidt, *Texttheorie* (München: Fink, 1973), 107. Vgl. weiter Wolfgang Herrlitz, „Aufbau eines Modells der sprachlichen Kommunikation", *Funkkolleg Sprache 1* (Frankfurt: Fischer, 1973), 38—46; Horst Reimann, *Kommunikations-Systeme* (Tübingen, 1968), 88; Umberto Eco, *Einführung in die Semiotik,* tr. Jürgen Trabant (München: Fink, 1972), 167; Gerhard Maletzke, *Psychologie der Massenkommunikation* (Hamburg: Hans Bredow Inst., 1963), 41; Ernst Ulrich Große, *Texttypen,* Preprint (Stuttgart: Kohlhammer, 1974), 27; Jürgen Hein, „Literaturdidaktik als Rezeptionsforschung?", *Wissenschaft in Hochschule und Schule,* Fschr. Julius Scheveling, ed. H. Hömig, J. Tymister (Köln: Wienand, 1972), 61—74; Johannes Janota, Karl Riha, ,,‚Sprechen' und ‚Hören', ‚Lesen' und ‚Schreiben' als kommunikative literarische Akte," *Funkkolleg Literatur,* 3. Sendung, Studienbegleitbrief, 23ff.

- nach der Art der beteiligten Kommunikationspartner:
  Wer sind Autor und Leser/Hörer von Literatur?
- nach der Art der Nachricht (literarischer Text):
  z.B. Roman/Drama/Lyrik/*folk song/popsong* usw.;
- nach der Art des Kanals und der Kommunikationssituation:
  Medium Buch / Aufführungsapparat Theater / mündliche Kommunikationssituation (z.B. *oral poetry*) / elektronische Medien (Schallplatte usw.);
  z.B. einsames Lesen von Literatur / Rezeption einer Theateraufführung / Rezitation in der Gruppe / Popkonzert / Hören von Schallplatten allein und in der Gruppe;
- nach dem (Sender und Empfänger gemeinsamen) Code:
  z.B. sprachlicher Code (Wortbedeutungen − Denotationen und Konnotationen −, Syntax, Stilebenen),
  z.B. allgemeiner kultureller Hintergrund, Wertvorstellungen, Ideologie, ästhetische Normen und literarische Konventionen (Rhetorik und Poetik);
- nach der Verwertung der Nachricht durch den Empfänger (pragmatische Dimension):
  z.B. privater Genuß / Ersatzbefriedigung / Vergewisserung der Zusammengehörigkeit einer Gruppe / Handlungsanweisung.

Schon diese unvollständige Liste zeigt, welche Vielzahl von Teilfragen zu bearbeiten wären, wenn man wirklich mit der Forderung ernstmachen würde, jeweils den *gesamten* literarischen Kommunikationsprozeß zu behandeln. Hartmut Heuermann nennt in einer auf *Rezeption,* also auf die Text-Leser-Beziehung eingeschränkten Darstellung die beteiligten Faktoren und die zu ihrer Erforschung aufgerufenen Disziplinen. (Vgl. S.16).

In der Regel konzentriert sich das Interesse einer kommunikationsorientierten Literaturwissenschaft und Textlinguistik immer noch dominant auf den *Text,* seine Strukturen und Fuktionen, sie bearbeitet damit, wenn auch mit einem anderen Kategorienapparat, genau das, was schon immer Gegenstand der Literaturwissenschaft war, ohne die anderen am literarischen Kommunikationsprozeß beteiligten Instanzen, etwa die medialen Bedingungen literarischer Kommunikation oder den Leser/Hörer als konkreten Literaturrezipienten, in gleicher Weise in ihr Recht einzusetzen. Dabei besteht hinsichtlich der Lyrik ein zusätzlicher Nachholbedarf an kommunikationsorientierten Arbeiten, einerseits weil aufgrund des lange Zeit vorherrschenden Lyrikbegriffs, wie ihn beispielsweise Emil Staiger propagiert hat, die Kategorie der Kommunikation ohnehin nicht im Vordergrund stehen

TEXT 2

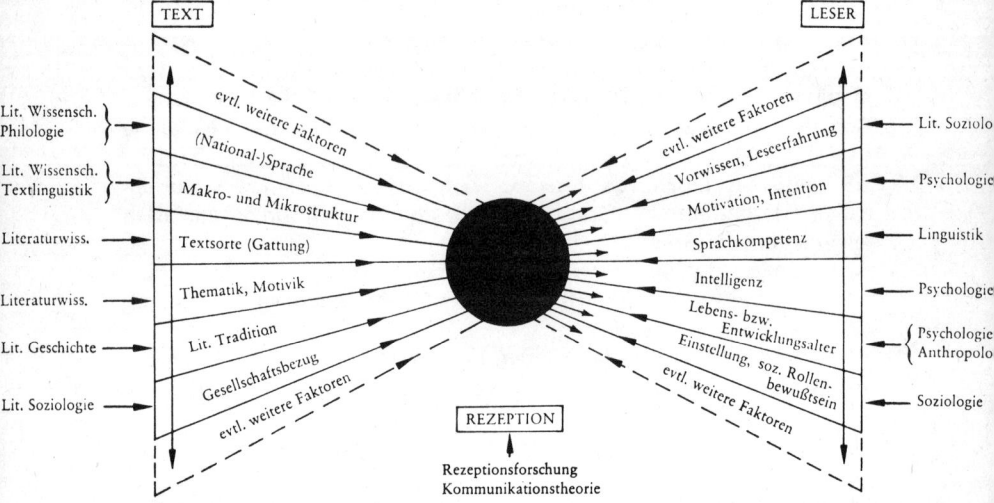

Abb.: Das kommunikative Grundverhältnis im Prozeß literarischer Kommunikation.[2]

konnte,[3] andererseits weil die Bestimmung der „poetic function" in Roman Jakobsons einflußreichem Kommunikationsmodell die Diskussion auf text-interne Funktionen gelenkt und das gesamte *äußere* Kommunikationsfeld außer Betracht gelassen hat.

1.1.2.   Roman Jakobsons Modell sprachlicher Kommunikation: „poetic function"

Roman Jakobson hat in einem Beitrag zur Konferenz *Style in Language,* der sich als äußerst einflußreich erweisen sollte, das von Karl Bühler 1933/ 34 entwickelte Modell von Sprachfunktionen um drei weitere Funktionen erweitert und jedem der sechs im Kommunikationsakt beteiligten Faktoren eine Sprachfunktion zugeordnet:

---

[2]   Hartmut Heuermann, „Angloamerikanische Literatur und der deutsche Leser", *Neusprachliche Mitteilungen,* 29 (1976), 193.

[3]   Vgl. Kapitel 7: Lyrik und Gesellschaft.

TEXT 3

CONTEXT

ADRESSER   MESSAGE   ADDRESSEE

CONTACT

CODE

REFERENTIAL

EMOTIVE   POETIC   CONATIVE

PHATIC

METALINGUAL[4]

Diese sechs Sprachfunktionen kommen prinzipiell in jeder sprachlichen Botschaft vor, doch werden Botschaften nach dem *Vorherrschen* bestimmter
Sprachfunktionen gekennzeichnet. So ist die *referential function / referentielle Funktion* durch die Ausrichtung auf das *Referens* gekennzeichnet:
die Botschaft ist auf den Gegenstand der Mitteilung, auf Informationsüber-
mittlung, ausgerichtet. Die *emotive function / emotive Funktion* besteht in
der Orientierung auf den *Sprecher* und ist der Ausdruck der Haltung des
Sprechers zum Gegenstand. Die *conative function / imperative Funktion* besteht in der Orientierung auf den *Empfänger,* sie dient der Beeinflussung des
Empfängers und verwirklicht sich am eindeutigsten in Imperativen und
Vokativen. Die *phatic function / phatische Funktion* oder *Kontaktfunktion*
ist darauf gerichtet, den Sprech*kontakt* zwischen den beiden Redepartnern
aufrechtzuhalten, zu überprüfen, ob der Kanal — beim Telefonieren z.B.
die Sprechverbindung — funktioniert. Die *metalingual function / metasprachliche Funktion* besteht in der Verständigung über den *code,* also beispielsweise in der Klärung des Sinns verwendeter Begriffe. Die letzte der
sechs Sprachfunktionen, und zwar die, auf die es in diesem Zusammenhang
besonders ankommt, ist die *poetic function / poetische* oder *ästhetische
Funktion.* Sie wird definiert als die „Einstellung auf die Botschaft selber":
"The set (Einstellung) toward the MESSAGE as such, focus on the message
for its own sake, is the POETIC function of language." Es ist wichtig, sich
der Unterscheidung von *referential function* und *poetic function* genau zu
versichern. Die referentielle Funktion, um es nochmals zu sagen, ist auf die

---

[4]   Roman Jakobson, "Closing Statement: Linguistics and Poetics", *Style in Language,*
ed. Thomas A. Sebeok (Cambridge, Mass.: M.I.T. Press, 1960), 353—357; vgl. Karl
Bühler, *Sprachtheorie* (2. Auflage, rpt. Stuttgart: Fischer, 1965): „§ 2. Das Organonmodell der Sprache", 24—33.

Sache gerichtet, über die geredet wird, die poetische Funktion dagegen lenkt die Aufmerksamkeit auf die Mitteilung selber, auf die *Form* der Mitteilung. Jakobson erläutert die *poetic function* so:

TEXT 4

What is the empirical linguistic criterion of the poetic function? In particular, what is the indispensable feature inherent in any piece of poetry? To answer this question we must recall the two basic modes of arrangement used in verbal behavior, *selection* and *combination*. If "child" ist the topic of the message, the speaker selects one among the extant, more or less similar, nouns like child, kid, youngster, tot, all of them equivalent in a certain respect, and then, to comment on this topic, he may select one of the semantically cognate verbs — sleeps, dozes, nods, naps. Both chosen words combine in the speech chain. The selection is produced on the base of equivalence, similarity and dissimilarity, synonymity and antonymity, while the combination, the build up of the sequence, is based on contiguity. *The poetic function projects the principle of equivalence from the axis of selection into the axis of combination.* Equivalence is promoted to the constitutive device of the sequence.[5]

Der Kernsatz — „Die poetische Funktion projiziert das Äquivalenzprinzip von der Selektionsachse auf die Kombinationsachse" —, oftmals falsch zitiert, ebenso oft mißverstanden, bedarf der Erläuterung. Ein *Paradigma* bilden Wörter (Zeichenfolgen) immer dann, wenn sie in bezug auf ein bestimmtes Merkmal äquivalent und damit gegeneinander austauschbar sind. Ein Paradigma bilden deshalb beispielsweise die flektierten Formen des Verbums (z.B. Präsens, Indikativ, Aktiv) —

amo / amas / amat / amamus / amatis / amant —,

die Elemente von Wortklassen, aber auch z.B. alle einem bestimmten Prinzip der phonologischen Äquivalenz folgenden Wörter. Beispiel /f/-Alliteration:

face / fair / four / full / father / fathom usw. —

oder, wie Jakobson ausführt, alle kurzen oder alle langen Silben jeweils untereinander. In aktuellen Sprachäußerungen werden jeweils einzelne Elemente eines Paradigmas *ausgewählt* (Selektion) und miteinander *kombiniert* (Syntagmatische Beziehung).[6]

---

[5] *Ebd.,* 358.

[6] Zu den Begriffen *Paradigma* und *Syntagma* vgl. *Funkkolleg Sprache 1,* Glossar, 424 und Dieter Wunderlich, „Terminologie des Strukturbegriffs," *Literaturwissenschaft und Linguistik,* ed. Jens Ihwe (Frankfurt: Athenäum, [2]1972), I, 133.

Wenn nun das Äquivalenzprinzip, das jede paradigmatische Beziehung kenn-
zeichnet, auf die syntagmatische Beziehung projiziert wird, so heißt das,
daß in konkreten sprachlichen Äußerungen über die syntagmatische Verknüpfung (Kombination) hinaus *zusätzlich* Äquivalenzbeziehungen herr-
schen, die von den Verknüpfungsregeln — beispielsweise syntaktischer Art —
nicht erfordert sind. Die konkret-sprachliche Äußerung ist damit gewissermaßen „überstrukturiert".[7] Dieter Wunderlich veranschaulicht Jakobsons
Theorem der „poetic function" mit folgender Graphik:[8]

TEXT 5

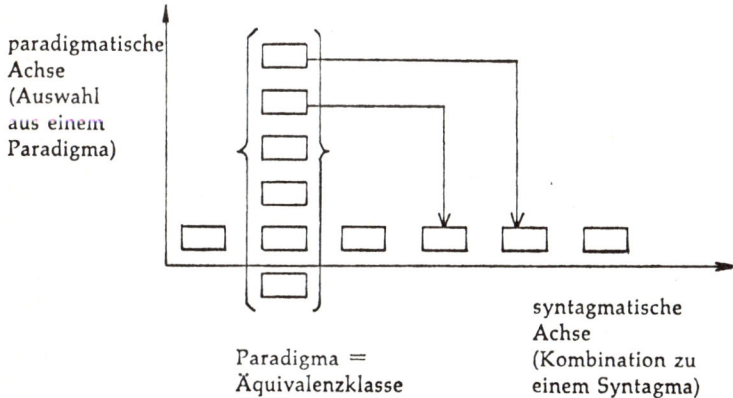

paradigmatische
Achse
(Auswahl
aus einem
Paradigma)

Paradigma =
Äquivalenzklasse

syntagmatische
Achse
(Kombination zu
einem Syntagma)

Ein Beispiel:

Full fathom five thy father lies;
Of his bones are coral made;
Those are pearls that were his eyes;
Nothing of him that doth fade
But doth suffer a sea-change
Into something rich and strange.
Sea-nymphs hourly ring his knell:
Ding-dong.
Hark! now I hear them — Ding-dong bell.[9]

---

[7]   Diesen Begriff verwendet Jürgen Link zur Kennzeichnung lyrischer Texte: *Funkkolleg Literatur 1,* ed. Helmut Brackert und Eberhard Lämmert (Frankfurt: Fischer, 1977), 245.

[8]   Dieter Wunderlich, *a.a.O.,* 134.

[9]   Shakespeare, *The Tempest,* I, 2. 396—403.

In Zeile 1 von Ariels Lied aus Shakespeares *Sturm* findet sich — zusätzlich zu der referentiellen Mitteilung — ein vierfaches alliteratives Muster: das Paradigma /f/-Alliteration wird in das Syntagma der Zeile eingebracht. Äquivalenzbeziehungen bestehen weiterhin zwischen den Reimwörtern ("lies"/"eyes"; "made"/"fade" usw.) oder zwischen den Hebungs- oder Senkungsstellen des vierhebigen Verses (metrische Äquivalenz). Jakobsons Darlegungen haben die Forschung vielfach befruchtet: Die Feststellung, daß alle sechs Sprachfunktionen in jeder Sprachäußerung beteiligt sind, jedoch in unterschiedlicher Gewichtung, und daß die Struktur einer Äußerung vor allem von der jeweils dominanten Sprachfunktion abhängt, hat zu Entwürfen angeregt, Textsorten nach dominanten Sprachfunktionen zu unterscheiden (Textlinguistik).

Mit den Kategorien von Selektion (entsprechend paradigmatische Beziehung) und Kombination (entsprechend syntagmatische Beziehung) rückt Jakobson die Untersuchung poetischer Texte in den methodischen Bezugsrahmen des Strukturalismus ein. Er legt damit die Basis für eine linguistische Poetik.

Umberto Eco beispielsweise greift Jakobsons Bestimmung der ,,poetic function" in seiner *Einführung in die Semiotik* als Charakteristikum der ästhetischen Botschaft wieder auf. Unter kommunikationswissenschaftlichem Aspekt hat eine Botschaft dann eine ästhetische Funktion, ,,wenn sie sich als zweideutig strukturiert darstellt und wenn sie als sich auf sich selbst beziehend (autoreflexiv) erscheint, d.h. wenn sie die Aufmerksamkeit des Empfängers vor allem auf ihre eigene Form lenken will".[10] Dieses Moment der ,,Zweideutigkeit"/Ambiguität einer Botschaft, das ihre ästhetische Qualität ausmacht, wird von Eco vor allem im Hinblick ,,auf das Erwartungssystem, das der Code darstellt" entfaltet. Die zweideutige Botschaft läßt mehrere interpretative Wahlmöglichkeiten zu (,,produktive Ambiguität"), die Autoreflexivität eines Werkes zeigt sich — verkürzt referiert — in dem ,,Netz homologer Formen" auf den verschiedenen Organisationsebenen des Werkes (z.B. inhaltlicher oder formaler Art), in ein und demselben Strukturschema, das alle Organisationsebenen des Werkes beherrscht. Damit übernimmt Eco in diesem Punkt das Strukturschema Welleks und Warrens — ,,das Werk als ein System von Systemen" —, hält aber zugleich an der Autonomie der ästhetischen Strukturierung fest.[11] Solche ,,produktive Ambiguität" bei der Decodierung poetischer Botschaften (Interpretation) illustriert Eco an der Rezeption eines Petrarca-Sonetts:

---

[10] Umberto Eco, *Einführung in die Semiotik*, 145f.

[11] *Ebd.*, 146, 152.

TEXT 6

Rhetorischer Apparat

MODELL DES DECODIERUNGSPROZESSES EINER POETISCHEN BOTSCHAFT

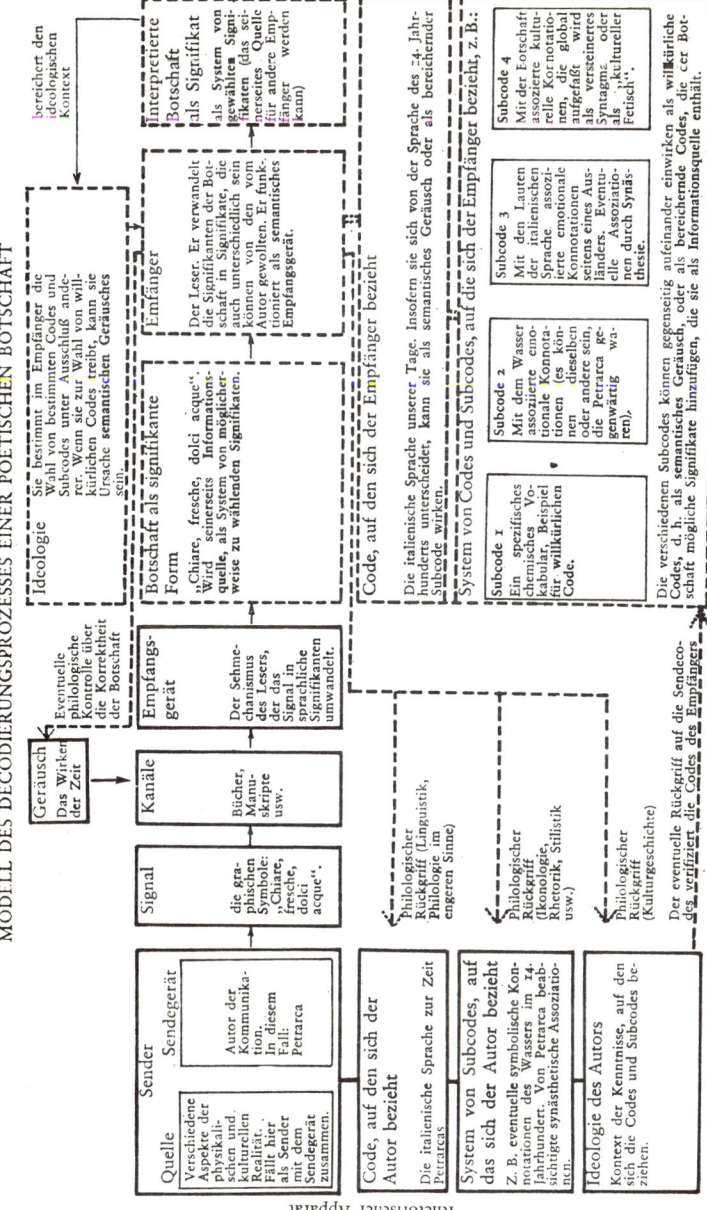

Dieses Modell beschreibt einen Decodierungsprozeß, der von einem Höchstmaß an Zufälligkeit bis zu einem Höchstmaß an Treue reichen kann. Es besteht Zufälligkeit, wenn das Signifikans auf willkürliche Codes bezogen wird (z.B. /Wasser/ als chemische Zusammensetzung; /Wasser/ als Überschwemmung). Andererseits ist Treue nur möglich in ständiger Dialektik zwischen Codes des Empfängers und Sendecodes in einer Art ständiger Annäherung — Entfernung. Die Botschaft als interpretierte bietet sich dann der Gemeinschaft der Kunstbetrachter an als eine neue signifikante Form, die ihrerseits wieder zu interpretieren ist, und bildet Codes kritischer Interpretation.[12]

Weitgehend ausgeblendet bleiben in Jakobsons Kommunikationsmodell und der auf ihm basierenden Theorie Fragen nach der konkreten literarischen Kommunikation zwischen einem individuellen Autor und seinen je konkreten Lesern, gleichzeitig oder in historischer Distanz, durch und über den lyrischen Text; die Einbettung solcher Kommunikation in konkrete, damit historisch und gesellschaftlich zu bestimmende Kommunikationszusammenhänge; die Frage nach der als Intentionalität in den Text eingegangenen Intention des Autors ebenso wie die konkreten Vorgänge bei der Textrezeption. Damit bleibt auch die Frage nach der gesellschaftlichen Funktion von Lyrik, nach der gesellschaftlichen Vermitteltheit nicht nur der Inhalte, sondern auch der lyrischen Formen und Gattungskonventionen ausgespart, also der gesamte Bereich, den René Wellek und Austin Warren in ihrer *Theory of Literature* dem "extrinsic study of literature" zurechnen.

Ernst Ulrich Große und Konrad Schoell haben in einer Reihe von Studien den Versuch unternommen, die Verengung der Lyrikdiskussion auf die "poetic function" dadurch aufzuheben, daß sie auf den persuasiven Charakter von literarischen Texten und besonders auch der Lyrik hingewiesen haben.[13] Großes und Schoells Interesse liegt nicht primär bei einer Theorie lyrischer Texte, sondern bei einer allgemeinen Klassifikation von Texten aufgrund von Textfunktionen; deshalb arbeiten sie auch nicht primär auf die Besonderheiten lyrischer Texte hin, sondern umgekehrt auf die Gemeinsamkeiten lyrischer Texte mit anderen Texten. Ein solches gemeinsames Moment, das provokativ im Vergleich von Werbetexten und von Lyrik herausgestellt wird, ist die „persuasive" Funktion, eine Textfunktion, die darauf gerichtet ist, „den Empfänger in ein zustimmendes, affirmatives Verhalten zum Sender [zu] versetzen oder ihn darin [zu] bestärken".[14]

---

[12] *Ebd.,* 166f.

[13] E.U. Große, K. Schoell, „Schriftliche Textsorten", *Französisch Heute,* 1973, 101— 113, 161—168; Ernst Ulrich Große, *Texttypen: Linguistik gegenwärtiger Kommunikationsakte.* Preprint (Stuttgart: Kohlhammer, 1974); ders., *Text und Kommunikation: Eine linguistische Einführung in die Funktion der Texte* (Stuttgart: Kohlhammer, 1976); Konrad Schoell, „Lyrik in kommunikativer Funktion: Das Beispiel Aimé Césaire", *GRM,* 27 (1977), 88—98.

[14] E.U. Große, K. Schoell, „Schriftliche Textsorten", 103.

TEXT 7

Im großen Schema der Textfunktion ist es kein sehr weiter Schritt von den werbenden zu den literarischen Texten. Wie die politische und forensische Werbung und die Warenwerbung hat auch die Literatur im engeren Sinn, die sogenannte „schöne Literatur" einen — mehr oder weniger ausgeprägten, mehr oder weniger direkten — persuasiven Charakter. Sie will einen Empfänger, den Leser, den Theaterzuschauer, für sich einnehmen, von sich selbst, ihrer Haltung zum Leben oder ihrer besonderen Gestimmtheit usw. überzeugen, allgemeiner ausgedrückt auf ihre Seite ziehen. Das ist ein allgemeiner Charakterzug der Literatur, der nicht nur die „Zweckformen" auszeichnet, sondern über rhetorische und didaktische Literatursorten hinausreicht und in etwas kaschierterer Form hinter allem Literaturschreiben steht, sogar dann, wenn es selbst das im Zeichen einer *L'art-pour-l'art*-Theorie oder eines extremen Spielcharakters bestimmter literarischer Formen weit von sich weisen würde. [. . .] Auf die Erkenntnis der gemeinsamen persuasiven Funktion geht es zurück, daß ältere Schulen der Literatur, die Renaissance vor allem, die Regeln der Rhetorik selbstverständlich auch für die Poetik übernahmen.[15]

Die Autoren stellen für Warenwerbung und für lyrische Texte gleichermaßen die Verwendung poetischer Stilmittel fest, geben dann freilich auch die Unterschiede zwischen Werbung und Lyrik in der „verschiedenen Zielrichtung der formalen Stilmittel", die eindeutige Sach- und Zweckgebundenheit der formalen Stilmittel in der Werbung, die größere Unbestimmtheit des lyrischen Textes zu. Große und Schoell können sich für ihre Ableitung ebenfalls auf das Bühlersche Organonmodell der Sprache beziehen, das für das Sprachzeichen die drei Leistungen *Ausdruck* (Bezug zum Sender), *Appell* (Bezug auf den Empfänger) und *Darstellung* (Bezug zu Gegenständen und Sachverhalten) festlegt.[16] Indessen bedeutet es wiederum eine Vereinseitigung, wenn aufgrund des Vorhandenseins einer persuasiven Textfunktion lyrische Texte in die Klasse der dominant persuasiven Texte eingeordnet werden, so als existierten die vorher herausgearbeiteten prinzipiellen Unterschiede nicht mehr, eine Extremposition, die Große in seinen neueren Arbeiten inzwischen überwunden hat.

Wie noch zu zeigen sein wird (vgl. Kap. 7), ist es nützlich, wenn in Arbeiten wie den hier vorgestellten in der gegenwärtigen Diskussion an die rhetorische Fundierung von Literatur und Literaturtheorie erinnert wird, an ein Literaturmodell also, in dem die *Wirkung* von Texten — etwa die Beeinflussung einer Situation durch die Parteienrede[17] — im Vordergrund steht, und dieser Wirkbezug prinzipiell auch für Lyrik festgehalten wird, ohne daß damit freilich die Einsichten in die „poetic function" von dichterischen Texten aufgegeben werden sollten.

---

[15] *Ebd.,* 109.

[16] Karl Bühler, *Sprachtheorie,* 28; vgl. Ernst Ulrich Große, *Texttypen,* 27f.

[17] Vgl. Heinrich Lausberg, *Elemente der literarischen Rhetorik,* Kap. 1.

1.1.3. Textinterne und textexterne kommunikative Beziehungen

Vor der Berücksichtigung der kommunikativen Außenbeziehungen eines lyrischen Textes sollte die Analyse der kommunikativen Binnenstruktur des Textes stehen, also die *innerhalb* des Textes verwirklichte Beziehung zwischen einem *Sprecher,* der zu einem *Hörer* über einen bestimmten *Gegenstand* (Thema) spricht, wobei die eine oder die andere dieser Instanzen nicht explizit gemacht sein muß. Hier stellt sich z.B. in traditionellen Ansätzen das Problem des sogenannten „lyrischen Ich", ein Begriff, der als handliche Schablone häufig zur Bezeichnung des Sprechers des lyrischen Textes gebraucht wurde, ohne daß er hinreichend scharf definiert wäre.[18] So ist schon häufig unklar, ob mit diesem Begriff der reale Autor des lyrischen Textes oder die Rolle des Ich-Sprechers innerhalb des lyrischen Textes gemeint ist.[19]

Wird in der romantischen Ästhetik und der Lyriktheorie des 19. Jahrhunderts vor allem die direkte Selbstaussprache des dichterischen Ich in der Lyrik betont — vgl. z.B. Friedrich Theodor Vischers Satz, die lyrische Poesie sei „ein punktuelles Zünden der Welt im Subjekt" —, so ist es nach Hugo Friedrich Kennzeichen der „modernen Lyrik", daß empirisches Ich und dichterisches Subjekt auseinandertreten, eine Entwicklung, die Friedrich zuerst bei Baudelaire und Rimbaud beobachtet: „Mit Baudelaire beginnt die Entpersönlichung der modernen Lyrik, mindestens in dem Sinne, daß das lyrische Wort nicht mehr aus der Einheit von Dichtung und empirischer Person hervorgeht, wie dies, zum Unterschied von vielen Jahrhunderten früherer Lyrik, die Romantiker angestrebt hatten."[20]

Damit sind nun allerdings nur zwei Pole für das Verhältnis von Dichter-Ich und Ich-Rolle im Gedicht bezeichnet, zwischen denen sich diese Relation je unterschiedlich verwirklicht. Eine Darstellung zum Sprecher-Ich in lyrischen Texten kann deshalb nur typische Fälle protokollieren und ihre jeweiligen kommunikativen textinternen und textexternen Bezüge analysie-

---

[18] Vgl. hierzu u.a. Karl Pestalozzi, *Die Entstehung des lyrischen Ich* (Berlin: de Gruyter, 1970); Walther Killy vermeidet programmatisch den Begriff als unbrauchbar in seinen *Elementen der Lyrik* (München: Beck, 1972), 4; vgl. weiter Käte Hamburger, *Die Logik der Dichtung* (Stuttgart: Klett, ²1968) und René Welleks Kritik an Hamburger in *Discriminations* (New Haven: Yale U.P., 1970). Zur Gesamtproblematik Kaspar H. Spinner, *Zur Struktur des lyrischen Ich* (Frankfurt: Akademische Verlagsgesellschaft, 1975).

[19] Gottfried Benn beispielsweise meint mit dem lyrischen Ich den das Gedicht produzierenden Autor als Dichter: „Lyrisches Ich" (1927), „Probleme der Lyrik" (1951), letzteres von T.S. Eliot aufgegriffen in "The Three Voices of Poetry" (1953): Gottfried Benn, *Gesammelte Werke,* ed. D. Wellershoff (Wiesbaden: Limes, 1968), vol. 4, 1066ff.

[20] Hugo Friedrich, *Die Struktur der modernen Lyrik,* erweiterte Neuausgabe (Reinbek: Rowohlt, 1966, rpt.), 36, vgl. 69f., 90.

ren. Die Literaturwissenschaft hat hier besonders gern Spekulationen über den Ort und die Art der Leseridentifikation angestellt, die man als über das „lyrische Ich" verlaufend vermutet hat. Für Herbert Lehnert beispielsweise bezeichnet das „lyrische Ich" die „Identität von Autor und Leser".[21] Sieht man einmal von dem allerdings grundlegenden Einwand ab, daß Aussagen über Leseridentifikation solange durch bloße Introspektion gewonnene Spekulation bleiben, wie sie nicht durch empirisch-psychologische Untersuchungen erhärtet werden, so gilt doch mindestens, daß neben die Erörterung des Ich-Sprechers im Gedicht gleichberechtigt die Behandlung der Adressatenrolle, des Du, innerhalb des Gedichtes und beider Beziehung zu der dargestellten Welt treten muß. Ebenso selbstverständlich ist, daß solche grundlegenden Überlegungen zu textinternen kommunikativen Beziehungen nicht in jedem Gedicht das explizite Vorhandensein von Sprecher oder Adressat voraussetzt — dies ist ja häufig auch nicht der Fall: Sprecher bzw. Adressat bilden dann eine „leere" Kategorie im konkreten lyrischen Text, der gerade durch Abwesenheit z.B. eines „lyrischen Ich" gekennzeichnet sein kann, ohne daß die Kategorie Sprecher selbst damit aufgehoben wäre. Kritik an der vorschnellen Annahme, der Leser baue in der Gedichtlektüre über das lyrische Ich eine Beziehung mit dem realen Autor auf, übt auch Kaspar H. Spinner von seiner Untersuchung der Ich-Deixis (Verweis auf den Sprecher) her:

TEXT 8

Für den Leser braucht der Autor, der der reale Sprecher (im linguistischen Sinne) ist, in keiner Weise Bezugsgröße des deiktischen Ich zu sein: Gedichte werden gelesen, ohne daß der Leser immer einen Bezug zum Autor herstellt. Am deutlichsten wird das in anonymen Gedichten, bei denen das Wort ‚ich' keineswegs weniger verständlich ist als bei einem Gedicht mit bekanntem Autor. Die Lyrik teilt also mit der dichterischen Prosa die Loslösung vom Bezugsfeld des Autors, aber die Konstituierung eines fiktiven Bezugsfeldes im Hinblick auf die Personendeixis will nicht eindeutig gelingen. Der „aktuelle Bezug", den (mit dem Linguisten E. Benveniste zu sprechen) das Wort ‚ich' jeweils besitzt, weist bei der Lyrik ins Leere, weil das Gedicht im Augenblick des Verstehens den Bezug zum Augenblick der Entstehung verloren haben und trotzdem adäquat verstanden werden kann. [. . .] Für das Gedichtverständnis ist der Bezug auf den Autor nicht konstitutiv, sondern bleibt eine bloß fakultative Möglichkeit, und eben darin weist sich das Gedicht als poetisches Gebilde aus.[22]

---

[21] Herbert Lehnert, *Struktur und Sprachmagie* (Stuttgart: Kohlhammer, 1966), 123 u.ö.

[22] Kaspar H. Spinner, *Zur Struktur des lyrischen Ich,* 15f.

Das Sprecher-Ich wird prinzipiell ganz im Raume des lyrischen Textes konstituiert, nicht durch Außenbezüge:

TEXT 9

Darin besteht der fiktionale Charakter des lyrischen Ich: wie im Theater ein fiktiver Bühnenraum aufgebaut wird und im Roman ein eigenes fiktives Bezugssystem, so treten auch in der Lyrik die Zusammenhänge mit der realen Kommunikationssituation zurück zugunsten der poetischen Eigenstruktur. Zwar kann lyrische Aussage auf tatsächlich Geschehenes, Erlebtes zurückzuführen sein, aber dieser Bezug wird aufgehoben in der ästhetisch-fiktionalen Struktur des Gedichts, so daß die Bedeutung der Sprache sich wesentlich am Eigenzusammenhang des dichterischen Textes ausrichtet. Das Ich definiert sich durch die Aussagen, die über es im Text gemacht sind: es wird z.B. in einem Liebesgedicht als liebendes verstanden. Damit verweist die Deixis aber immer noch nicht auf eine faßbare Person: das Ich ist gleichsam das abstrakte Etwas, dem die Eigenschaften, Handlungen, Erfahrungen des Gedichts zugeschrieben sind. Man kann das lyrische Ich deshalb als L e e r d e i x i s bezeichnen; den Begriff formuliere ich in begrifflicher Anlehnung an die „Leerstellen", von denen W. Iser im Hinblick auf die literarische Prosa spricht, und an die „Leermeinung", die nach E. Leibfried im dichterischen Text gegeben sei und durch verschiedene „sinnliche Ausfüllung" beim Lesen realisiert werde.[23]

Damit sollte auch deutlich geworden sein, daß hinsichtlich des Sprecher-Ichs die binnenkommunikative Textstruktur stets als ganze zu betrachten ist — etwa, um zwei ganz unterschiedliche Beispiele zu geben, die Ich-Du-Beziehung in den *Songs and Sonnets* und den *Divine Poems* von John Donne, die auf die Etablierung des „we-two" hinauswill,[24] oder die komplexe Beziehung eines Sprecher-Ichs zu einem anwesenden, aber stummen Adressaten, mit deren Hilfe im dramatischen Monolog ein Geschehen dramatisch entfaltet wird (Robert Browning, *My Last Duchess).*[25] Ebenso wenig ist aber auch der Bezug des realen Lesers zum Gedicht über ein isoliertes Element des binnenkommunikativen Feldes, also etwa über das „lyrische Ich" oder das angesprochene „Du" zu suchen, denn der Text legt auch diese Beziehung nicht fest; vielmehr gilt auch hier, daß die literarische Kommunikation zwischen dem Text *als ganzem* und dem Rezipienten verläuft.

---

[23] *Ebd.,* 17f.

[24] Francis Berry, *Poets' Grammar* (London: Routledge, 1958), 86—92.

Die folgende Schemazeichnung mag diesen Sachverhalt noch einmal veranschaulichen:

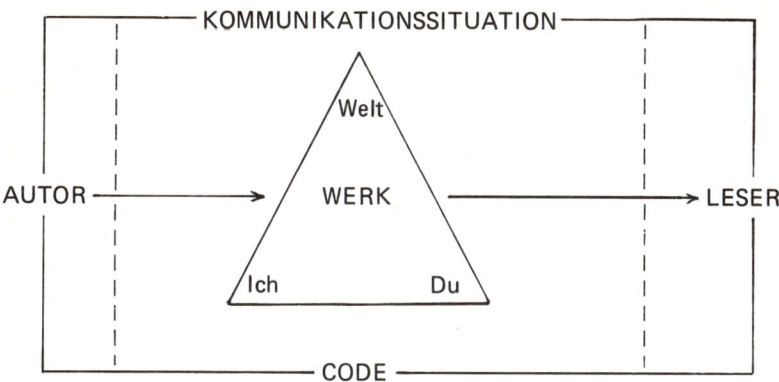

1.2. Ansätze zu einer linguistisch orientierten Poetik

Das zweite Grundproblem, das sich bei jeder Erörterung ästhetisch geformter Texte stellt, ist die Frage, worin denn die ästhetische Qualität dichterischer Texte beruht, die Frage also nach dem „Kunstcharakter" von Kunst, nach der „Dichtung als Dichtung" (S.J. Schmidt). Diese Frage ist von der ästhetischen Theorie zu beantworten, die ihrerseits ein Arbeitsgebiet eigenen Rangs und eigener methodischer Prägung darstellt. Die verzweigte Diskussion und die Vielfalt der Standpunkte kann hier auch nicht annähernd dargestellt werden. Mit dem Entstehen einer Textlinguistik hat allerdings eine bemerkenswerte Verschiebung der Fragestellung stattgefunden, die zu berücksichtigen ist, wo immer man es mit linguistisch orientierten Entwürfen zu einer Poetik zu tun hat: die Frage nach der Poetizität poetischer *Texte* wurde in die Frage nach der poetischen *Sprache* zurückverlegt, ein Ansatz, der durchaus seine eigenen Probleme und Schwierigkeiten mit sich bringt.

In diesem Abschnitt wird zunächst René Welleks und Austin Warrens Strukturbegriff vorgestellt, wie er in der inzwischen weitverbreiteten *Theory of Literature* entwickelt wird, um an der Problematik dieses Strukturbegriffs die Ausgangsposition zu skizzieren, die zu der Verlagerung der ästhetischen Frage auf die Dichtersprache selber geführt hat.

---

[25] Robert Langbaum, *The Poetry of Experience: The Dramatic Monologue in Modern Literary Tradition* (London: Chatto & Windus, 1957); vgl. weiter Kaspar H. Spinners Strukturanalysen deutscher Gedichte von Klopstock bis Celan.

1.2.1. ,Materials' vs. ,structure': René Wellek und Austin Warren

TEXT 10

The Russian Formalists most vigorously objected to the old dichotomy of "content versus form", which cuts a work of art into two halves: a crude content and a superimposed, purely external form. Clearly, the aesthetic effect of a work of art does not reside in what is commonly called its content. There are few works of art which are not ridiculous or meaningless in synopsis (which can be justified only as a pedagogical device). But a distinction between form as the factor aesthetically active and a content aesthetically indifferent meets with insuperable difficulties. At first sight the boundary line may seem fairly definite. If we understand by content the ideas and emotions conveyed in a work of literature, the form would include all linguistic elements by which contents are expressed. But if we examine this distinction more closely, we see that content implies some elements of form: e.g., the events told in a novel are parts of the content, while the way in which they are arranged into a "plot" is part of the form. Dissociated from this way of arrangement they have no artistic effect whatsoever. [. . .] It must simply be admitted that the manner in which events are arranged in a plot is part of the form. Things become even more disastrous for the traditional concepts when we realize that even in the language, commonly considered part of the form, it is necessary to distinguish between words in themselves, aesthetically indifferent, and the manner in which individual words make up units of sound and meaning, aesthetically effective. It would be better to rechristen all the aesthetically indifferent elements "materials", while the manner in which they acquire aesthetic efficacy may be called "structure". This distinction is by no means a simple renaming of the old pair, content and form. It cuts right across the old boundary lines. "Materials" include elements formerly considered part of the content, and parts formerly considered formal. "Structure" is a concept including both content and form so far as they are organized for aesthetic purposes. The work of art is, then, considered as a whole system of signs, or structure of signs, serving a specific aesthetic purpose.[26]

---

[26] René Wellek und Austin Warren, *Theory of Literature* ([1]1949, rpt.) Part IV: „The Instrinsic Study of Literature", „Introduction".

Mit diesen Überlegungen leitet René Wellek denjenigen Teil der zum Handbuch werkimmanenter Analyse gewordenen und in vielen Auflagen und Übersetzungen verbreiteten *Theory of Literature* ein, der dem "intrinsic study of literature" gewidmet ist. "Materials" in Welleks Einleitung bezeichnet — gewissermaßen in künstlicher, gedanklicher Trennung — das Arsenal formaler und inhaltlicher Elemente eines Textes, *bevor* diese in die je und je unverwechselbare ästhetische Struktur eingegangen sind, "structure" dagegen das Charakteristische des ästhetisch geformten Textes, der in Anlehnung an Roman Ingarden als aus Schichten ("strata") zusammengesetzt gedacht wird. Welleks letztlich auf Stukturvorstellungen des Russischen Formalismus und der Prager Schule beruhende Überlegungen haben den Vorzug, die alte Trennung in Inhalt und Form überwunden zu haben, sie bringen jedoch neue Probleme und Schwierigkeiten mit sich. Denn die Austrennung von "materials" bleibt notgedrungen eine bloß gedankliche Operation, wenn man nicht als "materials" in Isolation die Gesamtheit der z.B. in Metrik- und Rhetorikbüchern usw. klassifizierten Schemata, Formen und Figuren meint. Das Ziel der Werkanalyse besteht nun aber nicht darin, einen bloßen Katalog der im Text verwendeten Elemente aufzustellen. Geoffrey Leech hat zurecht diese Position als "'trainspotting' or 'butterfly-collecting' attitude to style" gebrandmarkt.[27] Schwierigkeiten bereitet weiterhin die Präzisierung der Formulierung Welleks "in so far as they are organized for aesthetic purposes". Es ist klar, daß die Unterscheidung von "aesthetic" und "non-aesthetic purposes" eine ausgearbeitete ästhetische Theorie voraussetzt. Wellek und Warren leisten dies in ihrem Buch nicht, können sich immerhin auf einen gewissen Konsens *in aestheticis* in den Vorstellungen des Russischen Formalismus und der Prager Schule berufen. Ein solcher Konsens besteht heute immer weniger, und auch hinsichtlich des Strukturbegriffs herrscht eine Pluralität der Konzeptionen. Zumindest für die Kunst der Moderne gilt, daß sie nicht einfach mehr als durch „Stimmigkeit der Form" gekennzeichnet gesehen werden kann, daß andererseits der Strukturbegriff auch nicht ausreicht, das Spezifische der Kunst zu bezeichnen:

TEXT 11

> Der Begriff „Struktur" ist aber nicht geeignet, das Spezifische der Kunst zu bezeichnen. Über die Frage, ob etwas Struktur hat, ist nur positiv oder negativ zu entscheiden. Der Begriff der „Form" erlaubt es, formale Qualität zu steigern. Er nimmt Motive auf, welche der

---

[27] Geoffrey N. Leech, *A Linguistic Guide to English Literature* (London: Longman, 1969), 4.

alten Rede von der „Einheit in der Mannigfaltigkeit" zugrunde lagen. Eine der Aufgaben einer formalen Ästhetik ist es, Form von bloßer Struktur zu unterscheiden.[28]

Die Diskussion hat sich, und darin folgt sie Anregungen der Prager Schule, unter Führung der Linguistik auf Versuche verlagert, poetische und nicht-poetische Sprache zu unterscheiden.

1.2.2. Poetische Sprache — Standardsprache: Jan Mukařovský

Greift man hinter die Position von Wellek und Warren zurück, so findet man bei den Vertretern des Russischen Formalismus[29] und der Prager Schule[30] die Unterscheidung zwischen nicht-ästhetischer und ästhetischer Struktu-rierung teilweise in die Dichtersprache zurückverlegt. Die poetische Sprache „verfremdet" für Šklovskij die durch die prosaische Sprache automatisierte Wahrnehmung der Dinge:

TEXT 12

Durch den Prozeß der Automatisierung erklären sich die Gesetze unserer prosaischen Sprache mit ihrem unvollständigen Satz und ih-rem halbausgesprochenen Wort. Das ist ein Prozeß, dessen ideale Aus-prägung die Algebra darstellt, wo die Dinge durch Symbole ersetzt sind. [. . .] Bei dieser algebraischen Methode des Denkens faßt man die Dinge nach Zahl und Raum, wir sehen sie nicht, sondern erkennen sie an ihren ersten Merkmalen. Der Gegenstand geht gleichsam ver-packt an uns vorbei. [. . .] Unter dem Einfluß einer solchen Wahr-nehmung trocknet der Gegenstand aus, zuerst als Wahrnehmung, dann aber wirkt sich das auch auf die Hervorbringung des Gegenstandes aus; durch eben diese Wahrnehmung des prosaischen Wortes erklärt sich der Umstand, daß es nicht zu Ende gehört wird, [. . .] und wei-

---

[28] Dieter Henrich, „Kunst und Kunstphilosophie der Gegenwart", *Immanente Ästhe-tik: Ästhetische Reflexion,* ed. Wolfgang Iser, Poetik und Hermeneutik, 1 (Mün-chen: Fink, 1966), 531.

[29] Z.B. bei Viktor Šklovskij, „Kunst als Verfahren", *Russischer Formalismus,* ed. Jurij Striedter (München: Fink, 1971), 3—35.

[30] Vgl. besonders Jan Mukařovský, „Standard Language and Poetic Language", *A Prague School Reader on Esthetics, Literary Structure, and Style,* ed. Paul L. Garvin (Washington, D.C., 1964); ders., *Kapitel aus der Poetik* (Frankfurt: Suhr-kamp, 1967); ders., *Kapitel aus der Ästhetik* (Frankfurt: Suhrkamp, 1970); vgl. René Wellek, „The Literary Theory and Aesthetics of the Prague School", *Discrimi-nations* (New Haven: Yale U.P., 1970).

terhin, daß es nicht zu Ende gesprochen wird. [...] Mit dem Prozeß der Algebraisierung, der Verautomatisierung einer Sache wird die größte Ökonomie der Wahrnehmungskräfte erreicht; die Dinge bieten sich entweder nur mit einem ihrer Merkmale dar, zum Beispiel als Nummer, oder sie werden gleichsam nach einer Formel ausgeführt, ohne überhaupt im Bewußtsein zu erscheinen. [...] So kommt das Leben abhanden und verwandelt sich in nichts. Die Automatisierung frißt die Dinge, die Kleidung, die Möbel, die Frau und den Schrecken des Krieges. [...] Und gerade, um das Empfinden des Lebens wiederherzustellen, um die Dinge zu fühlen, um den Stein steinern zu machen, existiert das, was man Kunst nennt. Ziel der Kunst ist es, ein Empfinden des Gegenstands zu vermitteln, als Sehen, und nicht als Wiedererkennen; das Verfahren der Kunst ist das Verfahren der „Verfremdung" der Dinge und das Verfahren der erschwerten Form, ein Verfahren, das die Schwierigkeit und Länge der Wahrnehmung steigert, denn der Wahrnehmungsprozeß ist in der Kunst Selbstzweck und muß verlängert werden; die Kunst ist ein Mittel, das Machen einer Sache zu erleben; das Gemachte hingegen ist in der Kunst unwichtig.[31]

Für Jan Mukařovský konstituiert sich die poetische Sprache als Verletzung der Standardsprache, die sie voraussetzt:

TEXT 13

> The violation of the norm of the standard language, its systematic violation, is what makes possible the poetic utilization of language. The more the norm of the standard is stabilized in a given language, the more varied can be its violation, and therefore the more possibilities for poetry in that language. And on the other hand, the weaker the awareness of this norm, the fewer the possibilities of violation, and hence the fewer possibilities for poetry.[32]

1.2.3. P-Modell (Bierwisch) und Deviationspoetik (Leech)

Bierwisch sieht die Aufgaben einer Theorie der Poetik aus linguistischer Sicht in der Bestimmung der Regularitäten, die die Produktion — und analog die Rezeption — poetischer Strukturen steuern, also in der Bestimmung des die „poetische Kompetenz" ausmachenden Regelapparates. Die Analyse

---

[31] Viktor Šklovskij, „Kunst als Verfahren", 13f.

[32] Jan Mukařovský, „Standard Language and Poetic Language", 18.

individueller poetischer Texte liefert hier nur das empirische Material für eine Theorie der Transformation der Standardsprache in poetische Sprache.

Ausgehend vom Modell eines Regelsystems „G", das „die Gesamtheit von Kategorien und Relationen, die in einem Satz enthalten sind", seine „strukturelle Beschreibung" generiert (Modell sprachlicher Kompetenz), setzt Bierwisch ein Regelsystem „P" an, das auf der Basis linguistischer Strukturen nunmehr poetische Strukturen (z.B. Vers, Reim, Alliteration usw.) generiert: „poetische Kompetenz". Das Modell „P" hätte dabei nicht die Aufgabe, für jeden Satz festzustellen, ob er poetisch ist oder nicht, sondern Sätze nach dem Grad ihrer Poetizität zu ordnen. Dabei wäre für jedes spezifische poetische Wirkungsmoment ein besonderes Teilsystem von „P" zu formulieren, woraus sich bereits ein Hinweis auf die Kompliziertheit des jeweiligen Systems „P" ergibt. Im Rahmen der hier postulierten Poetik setzt die Konstruktion des Regelsystems empirische Urteile über die Poetizität von literarischen Texten voraus; die Theorie kann solche Urteile nicht erzeugen und auch nicht kritisieren. Im Unterschied zu Urteilen über die Grammatikalität von Sprachäußerungen (System „G"), die innerhalb von gewissen Grenzen von jedem Sprecher einer Sprache gefällt werden können, kann das Vorhandensein der poetischen Kompetenz nicht generell vorausgesetzt werden. Deshalb muß außerdem gefordert werden, daß der Formulierung des poetischen Regelsystems jeweils ein maximal angemessenes Verständnis des poetischen Textes zugrunde zu legen ist.

Bierwischs Programm geht von der Grundannahme aus, poetische Strukturen beruhen auf der sekundären („parasitären") Ausnutzung linguistischer Strukturen. Damit unterscheidet er sich von den Anhängern einer bloßen Deviationspoetik: Poetizität als Abweichung von der Norm der Grammatikalität. Vielmehr läßt Bierwisch Abweichungen nur insoweit als poetisch gelten, als sie selbst wieder als Regularitäten auftreten. Die in diesem Fall formulierbaren Abweichungsregeln sind wiederum Teil von „P".[33]

Der von Bierwisch beschriebene Forschungsansatz verlagert die Frage nach der Poetizität von Texten auf die poetische Kompetenz. Damit unterscheidet er sich wesentlich von anderen dargestellten Ansätzen, die darauf gerichtet sind, ein Instrumentarium bereitzustellen, mit dessen Hilfe die poetischen Texte selber adäquat verstanden werden können. Bierwischs Ansatz setzt, wie gesagt, das angemessene Verständnis des poetischen Textes bereits voraus, kann hier keine Hilfestellung leisten oder doch nur so weit, als die abstrakte Kenntnis solcher poetischer Regelsysteme allgemein das Bewußtsein für mögliche poetische Konstruktionsprinzipien schärfen kann.

---

[33] Manfred Bierwisch, „Poetik und Linguistik", *Mathematik und Dichtung,* ed. H. Kreuzer, R. Gunzenhäuser (München: Nymphenburger, [3]1969), 49—65.

Eine zweite Grenze des Ansatzes in praktischer Hinsicht liegt darin, daß die Formulierung eines umfassenden Regelsystems „P" die Analyse und Systematisierung einer Vielzahl von bereits abgelaufenen und entsprechend dokumentierten empirischen Verstehensprozessen poetischer Texte voraussetzt. Hierin wie in der notwendigen Komplexität des angenommenen Regelsystems P liegt sicherlich die Begründung dafür, daß über die Formulierung des Forschungsansatzes hinaus kaum Ergebnisse vorgelegt worden sind.

Schließlich wird der Annahme, es könne so etwas geben wie den Konsens derer, die im Besitz der „poetischen Kompetenz" sind, hinsichtlich der Poetizität von Texten mehr und mehr mit Skepsis zu begegnen sein.

Eine gewichtige Verstärkung erfährt das Deviationsmodell von Seiten der Stilistik. Ein weitvertretener stiltheoretischer Ansatz beruht auf dem Schema von Norm und stilistisch wirksamer Abweichung von dieser Norm. Geoffrey N. Leech versteht seinen *Linguistic Guide to English Poetry* als eine deskriptive Stilistik der Literatursprache, speziell der Sprache der Lyrik, als "introductory course in stylistics for students of English" (VII). Er gründet seine Darstellung weitgehend auf das Norm-Abweichungsschema:

TEXT 14

1. Poetic language may violate or deviate from the generally observed rules of the language in many different ways, some obvious, some subtle. Both the means of and motives for deviation are worth careful study.

2. The creative writer, and more particularly the poet, enjoys a unique freedom, amongst users of the language, to range over all its communicative resources, without respect to the social or historical contexts to which they belong. This means, amongst other things, that the poet can draw on the language of past ages, or can borrow features belonging to other, non-literary uses of language, as Ezra Pound and T.S. Eliot, for example, have made use of the English of banal, prosy conversation in some of their poems.

3. Most of what is considered characteristic of literary language (for example, the use of tropes like irony and metaphor) nevertheless has its roots in everyday uses of language, and can best be studied with some reference to these uses.

Leech illustriert das Prinzip der poetischen Abweichung von der Norm der Standardsprache ("standards of the accepted linguistic code") anhand eines inzwischen berühmt gewordenen Beispiels, der Wendung "a grief ago" aus Dylan Thomas' gleichnamigem Gedicht.[34]

---

[34] G.N. Leech, *A Linguistic Guide to English Poetry,* 30f. (Vgl. Kap. 5).

Die Bestimmung von Graden der Abweichung von der Standardgrammatik und damit der ‚Akzeptabilität' der devianten Wendung erweist sich in der Praxis selbst wieder als außerordentlich schwierig. Zum einen ist sie vom Urteil des Untersuchenden abhängig — wobei die vorgeschlagene Skalierung des Grades der Abweichung selbst schon von anderen Sprechern des Englischen unterschiedlich beurteilt werden dürfte —, zum anderen stellt sich die Frage nach der „Akzeptabilität" sofort anders, wenn man den gewissermaßen externen Vergleichspunkt einer — wie auch immer zu normierenden — Standardsprache verläßt und eine Antwort innerhalb der Konventionen der poetischen Sprache sucht. Die Norm, gegen die dann in Wendungen wie "a grief ago" verstoßen wird, ist selbst kaum eindeutig explizierbar, sie besteht immanent — in der dichterischen Praxis, im Bewußtsein von Autoren, Kritikern und Lesern — zu einem bestimmten Zeitpunkt; auch handelt es sich eher um eine Vielzahl von jeweiligen Teilnormen als eine einzige Standardnorm. Hält man also auch unter den Vorzeichen einer deskriptiven Stilistik am Schema von Norm und Normverletzung fest, so verlagert sich das Problem vom zu „erklärenden" poetischen Text fort auf die vorausliegende Bestimmung der jeweils gültigen poetischen Norm(en).

Die Liste der Deviationstypen, die Leech aufstellt, bleibt durchaus innerhalb des Vergleichsschemas Dichtersprache—Standardsprache — mit all den geschilderten Einschränkungen und Schwierigkeiten.[35]

1.2.4. Einwände gegen das Deviationsmodell: Eugenio Coseriu

Gewichtige Einwände gegen das Deviationsmodell überhaupt werden von Eugenio Coseriu vorgetragen. Coseriu insistiert darauf, daß die Dichtersprache als „entautomatisierte Sprache" die Fülle der ‚Evokationsbedeutungen' aktualisiert, die in verschiedenen anderen Modalitäten des Sprachgebrauchs (z.B. „alltägliche Sprache", „wissenschaftliche Sprache") zumeist nur reduziert, entaktualisiert vorliegen. Damit ist für Coseriu die Dichtersprache weder ein spezialisierter Sprachgebrauch unter anderen, noch (Normal)-Sprache plus dichterische Funktion, sondern „Sprache schlechthin, . . . Verwirklichung aller sprachlichen Möglichkeiten".

TEXT 15

> Die dichterische Sprache kann folglich nicht als Reduzierung der Sprache auf eine sog. ‚dichterische Funktion' interpretiert werden und auch nicht als Sprache + einer sog. dichterischen Funktion. Einerseits stellt die dichterische Sprache keine Reduzierung der Sprache dar, an-

---

[35] *Ebd.,* Kap. 3.2.

dererseits wird eigentlich keine Funktion hinzugefügt, da die verschiedenen Möglichkeiten, die in ihr aktualisiert werden, auch schon bei der Sprache schlechthin festgestellt werden.

Man kommt damit zum Schluß, daß die dichterische Sprache die volle Funktionalität der Sprache darstellt, daß also die Dichtung der Ort der Entfaltung, der funktionellen Vollkommenheit der Sprache ist.

Die Dichtung ist nicht etwa ,Abweichung' gegenüber einer andersgegebenen Sprache, eher ist die alltägliche Sprache eine solche Abweichung gegenüber einer totalen Sprache. Dies gilt auch für die übrigen Modalitäten des Sprachgebrauchs (z.B. für die wissenschaftliche Sprache): diese Modalitäten entstehen nämlich jeweils durch eine starke funktionelle Reduzierung der Sprache schlechthin, die mit der Sprache der Dichtung zusammenfällt.

Dies ist übrigens der eigentliche Sinn der Bestimmung der dichterischen Sprache durch die Prager Schule als ,entautomatisierter Sprache'. Hier bedeutet eben das Negative *ent-* die Aufhebung einer Negativität, einer Einschränkung (,Automatisierung') und dadurch Restitution, Wiederherstellung der vollen Funktionalität der Sprache als solcher. Analog kann man die JAKOBSONsche Bestimmung der dichterischen Funktion als Funktion, die die ,Meldung' selbst betrifft, interpretieren, d.h. als ,Sprachgebrauch', in dem das Gesagte einfach als Gesagtes gilt: dies bedeutet in der Tat nichts anderes, als daß das dichterische Sprechen ein absolutes ,Sagen' ist.[36]

Für die Textlinguistik zieht Coseriu hieraus die Folgerung, daß man zwar eine „allgemeine Theorie der Möglichkeiten der Texte" entwickeln kann, nicht aber eine allgemeine Methode der Textinterpretation als *discovery procedure,* denn es ist unmöglich, im voraus zu sagen, welche Zeichenverhältnisse in einem bestimmten Text als aktualisiert erscheinen werden. Dies muß nämlich im jeweiligen Text festgestellt, d.h. „entdeckt" werden. Die Deviationsstilistik versagt, so Coseriu, gerade im Falle der größten Dichter:

Text 16

> Die ,Abweichungsstilistik', d.h. die Stilistik, die die Sprache eines Dichters als Abweichung, als ,Originalität' gegenüber der sog. Gemeinsprache charakterisiert, bleibt gerade im Falle der großen Dichter

---

[36] E. Coseriu, „Thesen zum Thema ,Sprache und Dichtung'," *Beiträge zur Textlinguistik,* ed. Wolf-Dieter Stempel (München: Fink, 1971), 184f.

ergebnislos. Es ist z.B. unmöglich, die Sprache von Dante als einen besonderen Sprachgebrauch innerhalb des Italienischen zu charakterisieren. Die Sprache des großen Dichters scheint einfach mit der historischen Sprache — als Realisierung der in dieser schon gegebenen Möglichkeiten — zusammenzufallen. Auch eine historische Sprache ist somit in gewisser Hinsicht mit der entsprechenden dichterischen Sprache identisch, und es ist daher keineswegs sinnlos, vom Italienischen als von der „Sprache von Dante" oder vom Englischen als von der „Sprache von Shakespeare" zu sprechen.[37]

1.2.5. "Choice and expressiveness": Stephen Ullmann

Schwierigkeiten der geschilderten Art versucht ein anderer in der Stilistik üblicher Ansatz zu umgehen, der durch die Begriffe "choice and expressiveness" gekennzeichnet ist.

TEXT 17

For the student of style, 'expressiveness' covers a wide range of linguistic features which have one thing in common: they do not directly affect the meaning of the utterance, the actual information which it conveys. Everything that transcends the purely referential and communicative side of language belongs to the province of expressiveness [. . .]

Intimately connected with expressiveness is another key-concept of stylistics, the idea of *choice:* the possibility of choosing between two or more alternatives — 'stylistic variants', as they have been called [. . .] The choice between two or more 'synonymous' forms will be dictated by considerations of expressiveness: we shall choose the one which carries the right degree of emotion and emphasis, the one whose tone, rhythm, phonetic structure and stylistic register are best suited to the purpose of the utterance and to the situation in which it takes place.[38]

Dieser Ansatz genießt deshalb den Vorzug, weil er das stilistische Detail als jeweils tatsächlich aktualisierte Sprachäußerung auf den Horizont aller sprachlichen Möglichkeiten bezieht. Schwierigkeiten erwachsen hier allerdings einmal aus der Annahme, man könne die expressive Seite einer sprach-

---

[37] *Ebd.,* 186.

[38] Stephen Ullmann, *Language and Style* (Oxford: Blackwell, 1966), 101f.

lichen Äußerung von ihrem Informationsgehalt, der Bedeutung der Sprachäußerung trennen. Vielmehr ergibt sich der „Sinn" eines literarischen Textes aus dem Ineinander der begrifflichen (referentiellen) Bedeutung und weiteren begrifflichen oder symbolischen Bedeutungen, die sich aus dem komplizierten Netz von Relationen aufbauen, in denen die sprachlichen Zeichen eines Textes stehen. Hierzu noch einmal Coseriu:

TEXT 18

Das konkrete sprachliche Zeichen (Zeichen im Text) liefert nicht nur ‚Darstellung' (begriffliche Bedeutung) und funktioniert nicht nur im Verhältnis zum Sprecher (‚Kundgabe'), zum Hörer (‚Appell') und zur außersprachlichen Welt (‚Bericht', d.h. Bezeichnung durch Bedeutung), sondern darüber hinaus in einem sehr komplizierten Netz von Relationen, wodurch ein ebenso kompliziertes Gefüge von semantischen Funktionen entsteht, deren Gesamtheit ‚Evokation' genannt werden kann.

Das konkrete sprachliche Zeichen funktioniert nämlich zugleich:
— durch sein materielles und inhaltliches Verhältnis zu anderen einzelnen Zeichen;
— durch sein materielles und inhaltliches Verhältnis zu Reihen und Gruppen von anderen Zeichen;
— durch sein Verhältnis zu Zeichensystemen (z.B. ‚Sprachen' innerhalb der historischen Sprache);
— durch sein materiell-direktes Verhältnis zur außersprachlichen Welt (direkte reproduzierende oder abbildende Funktion im weitesten Sinne);
— durch sein Verhältnis zur unmittelbaren sprachlichen und nichtsprachlichen Erfahrung (‚Kontexte' und ‚Situationen', die ein viel komplizierteres Gefüge darstellen als üblicherweise angenommen wird);
— durch sein Verhältnis zu anderen ‚Texten';
— durch sein Verhältnis zur empirischen Kenntnis der Welt und zu den verschiedenen Formen der Weltinterpretation (‚Kultur').

Auf Grund dieser Verhältnisse entsteht um die begriffliche, durch das Sprachsystem und die Sprachnorm gegebene Bedeutung eine Reihe von zusätzlichen, sowohl begrifflichen als auch nicht-begrifflichen (direkt-symbolischen) ‚Bedeutungen'. All diese Bedeutungen können zum ‚Sinn' des Textes beitragen.[39]

---

[39] Coseriu, 183f.

Das Schema leistet also dem Rückfall in eine überholte Form-Inhalts-Dichotomie Vorschub. Ein weiteres Problem ergibt sich daraus, daß das Modell dort nicht anwendbar ist, wo das Sprachsystem selbst keine Wahlmöglichkeit zuläßt; weiter darin, wie Ullmann selber zeigt, daß es die stilistische Wirkung extralinguistischer Elemente (z.B. Vers, Klangwirkungen) nicht erfaßt und daß schließlich der dichterische Schaffensprozeß auf mechanistische Weise auf ein fortwährendes Auswahlverfahren zwischen zwei oder mehr Alternativen reduziert wird.[40]

1.2.6. "Interplay": Wimsatt und Beardsley

Roman Jakobsons Kommunikationsmodell trägt dem Sachverhalt Rechnung, daß in jedem poetischen Text mehrere Sprachfunktionen verwirklicht sind, auch wenn die *poetic function* dominant ist. Die *poetic function* wurde an Äquivalenzbeziehungen auf der Ebene der konkreten Sprachäußerungen faßbar (Syntagma), die nach Art und Zahl in konkreten Texten in je unterschiedlicher Zusammensetzung auftreten. Erst aus dem Zusammenwirken der je verschiedenen Strukturierungsprinzipien ergibt sich die Gesamtbedeutung referentieller wie symbolischer Art eines Textes.

Diesem Zusammenwirken widmen sich programmatisch William K. Wimsatt und Monroe C. Beardsley mit ihrem Konzept des *interplay*. Die beiden Autoren entwickeln ihr Konzept in einer Diskussion metrischer Theorien. Sie zeigen, daß das Metrum — im Englischen die Regelung von Silbenzahl und Akzentverteilung in der Verszeile — auf der linguistischen Organisation der Verstexte basiert, aber nicht in ihr aufgeht. Vielmehr steht das Metrum als konstante abstrakte Norm — beispielsweise das Schema des fünfhebigen Jambus — in einem Spannungsverhältnis zur jeweiligen konkret-sprachlichen Realisierung der Verszeile:

TEXT 19

> . . . an assumption that is now quite widely entertained, or indeed is a commonplace with students of poetry today: that there are tensions between various poetic elements, among them meter and various aspects of sense, and that these tensions are valuable.[41]

Die Formulierung "the constant strain or tension of a meter (as an abstract norm or expectancy) against the concrete or full reality of the poetic utterance" wird sodann durch den Begriff *interplay* ersetzt:

---

[40] Stephen Ullmann, *Language and Style,* 150—153.

[41] W.K. Wimsatt, jr. and Monroe C. Beardsley, „The Concept of Meter: An Exercise in Abstraction". *PMLA,* 74 (1959), 596.

Als Beispiele solcher *interplay,* also Interaktion, Spannung oder Wechsel-
verhältnis, nennen die Autoren das Verhältnis von Versfuß und Wortfuß
(jambisches Versmaß gegen trochäische, „fallende" Wortfüße), das Verhältnis der metrischen Tonstellen zu der phonologischen Akzentuierung des
Satzes, das Verhältnis des Metrums zu dem den Vers füllenden Wortmaterial
(Einsilbigkeit gegen Mehrsilbigkeit). Weitere solcher Interaktionsformen
lassen sich beschreiben — dies wird insgesamt Gegenstand der nächsten Kapitel sein. Als Folgerungen aus dem Ansatz lassen sich angeben:

1. *Interplay* setzt das Zusammenwirken mehrer Organisationsprinzipien
   — mehrerer unterscheidbarer Teilstrukturen in einer Gesamtstruktur —
   voraus.
2. Die jeweiligen Teilstrukturen lassen sich voneinander isoliert beschreiben. Eine Darstellung der Gegebenheiten des fünfhebig jambischen Vers-
   maßes findet sich in jeder Verslehre. Die Analyse der Teilstruktur Metrik
   ist als Voraussetzung weiterer analytischer Schritte notwendig.
3. Nicht durch die isolierte metrische Analyse erfaßbar ist jedoch gerade
   das Moment des *interplay* zwischen Metrum und anderen Ordnungsprinzipien im konkret realisierten poetischen Text. Mit Wimsatt und Beardsley: "You can write a grammar of the meter. And if you cannot, there
   is no meter. But you cannot write a grammar of the meter's interaction
   with the sense, any more than you can write a grammar of the arrangement of metaphors. The interactions and the metaphors are the free
   and individual and unpredictable (though not irrational) parts of the
   poetry."

Diese wichtige Unterscheidung deckt sich mit Eugenio Coserius Trennung
einer allgemeinen Texttheorie von der Interpretation jeweiliger Texte.[42]

4. Das *interplay*-Modell faßt die Gesamtbedeutung eines poetischen Textes
   als aus den Interaktionen von Teilstrukturen aufgebaut, Teilstrukturen,
   die ihrerseits jeweils wieder als Äquivalenzbeziehungen auf der syntagma-
   tischen Ebene verstanden werden können. Dieser Ansatz legitimiert ein
   mehrgliedriges Untersuchungsverfahren, innerhalb dessen die jeweils
   abstrakt formulierten „Grammatiken" des Verses, der Klangtechnik,
   der poetischen Syntax, der Bildlichkeit usw. an den individuellen poetischen Text analytisch angelegt werden mit dem Ziel, nun nicht bloß das
   Vorhandensein bestimmter isolierter Eigenschaften zu konstatieren,
   sondern gerade das Zusammenwirken der Teilstrukturen als Zielfrage
   der textimmanent arbeitenden Interpretation auszuweisen.

---

[42] Vgl. oben S. 35f.

Das *interplay*-Modell dynamisiert das eingangs referierte Schichtenmodell des literarischen Kunstwerks (Ingarden, Wellek-Warren), es erlaubt zudem, auf der Ebene jeder Teilstruktur Roman Jakobsons Überlegungen zur *poetic function* einzubeziehen. An ihm werden sich die folgenden analytischen Kapitel orientieren. Fünf Problemfelder werden dabei unterschieden:

— Vers
— Klangbeziehungen
— Figuren der Wortwiederholung
— Poetische Syntax
— Bildlichkeit in der Dichtung.

Der einzelne lyrische Text gewinnt seine Strukturierung aus dem Zusammenwirken von Teilstrukturen dieser Elemente. Die Leistung solcher Teilstrukturen im konkreten Text läßt sich erst aufgrund der Kenntnis der Realisationsmöglichkeiten der jeweiligen Kunstmittel überhaupt feststellen. In diesem Sinne stellen die Kapitel 2 bis 6 „Elementargrammatiken" für die einzelnen unterschiedenen Bereiche dar.

Allen vorwiegend linguistisch orientierten Ansätzen zur Poetik ist es eigen, daß sie nach der poetischen Qualität poetischer Texte bzw. der poetischen Sprache, wie sie in dichterischen Texten vorkommt, fragen. Dabei bleiben — stillschweigend oder programmatisch — andere Fragen ausgespart. Siegfried J. Schmidt sagt dies in seinem Versuch, „Differenzqualitäten" zwischen der Alltagssprache und der poetischen Sprache zu bestimmen, mit der wünschenswerten Deutlichkeit: „Ausgeschlossen bleibt in dieser Fragestellung der Aspekt der gesellschaftlichen Funktion, der Leistung der Lyrik für die Gesellschaft; er muß soziologisch betrachtet werden und gehört nicht zur Frage nach der Dichtung als Dichtung, sondern zur Frage nach der Funktionsstelle der Dichtung im Ensemble der sozialen Kräfte und Institutionen."[43] Damit wird zugleich die Notwendigkeit sichtbar, die „Frage nach der Dichtung als Dichtung" durch die andere nach der gesellschaftlichen Funktion von Lyrik zu ergänzen (vgl. Kapitel 7).

---

[43] Siegfried J. Schmidt, „Alltagssprache und Gedichtsprache: Versuch einer Bestimmung von Differenzqualitäten", *Poetica,* 2 (1968), 301.

2. Problemfeld II: Vers

2.0. Problemstellung und Lernziele

Die Verslehre bildet die erste der vorzustellenden „Grammatiken" im Sinne der Schlußüberlegungen des vorangegangenen Kapitels. In diesem Kapitel geht es nicht darum, eine vollständige Verslehre oder gar Versgeschichte zu präsentieren, dies wäre bei dem vorgesehenen Umfang auch gar nicht möglich. Vielmehr sollen Grundfragen der metrischen Theorie als Voraussetzung der Versanalyse behandelt werden. Der Leser soll in diesem Kapitel
— das Metrum als invariables Ordnungsprinzip erkennen, das im Vers zu der linguistischen Organisation von Wort, Phrase und Satz hinzutritt;
— in der Versbeschreibung folglich die beiden Ebenen der metrischen Organisation (Senkung/Hebung) und der phonologischen Realisierung *(stress, pitch, juncture)* unterscheiden lernen und
— das spannungsvolle Mit- und Gegeneinander dieser beiden Organisationsprinzipien als *interplay* im Sinne des in Kapitel 1 vorgestellten Modells beschreiben und deuten können;
— weiterhin erkennen, wie das Prinzip des *interplay* auch für die Analyse des Zusammenwirkens anderer Elemente versmäßiger oder überversmäßiger Art fruchtbar gemacht werden kann (Elision, Enjambement, Zäsur, Strophenbildung);
— schließlich am Beispiel des sogenannten Freiverses gewissermaßen „die Probe aufs Exempel machen", nämlich Organisationsprinzipien von Versen kennenlernen, die auf ein festes metrisches Gerüst verzichten.

2.1. Metrum, metrisches Schema

Verse unterscheiden sich von Prosa durch das Vorhandensein eines zusätzlichen Organisationsprinzips — über die linguistische Organisation von Wort, Phrase, Satz hinaus: durch das *Metrum*. Das Metrum läßt sich als Rekurrenz-Schema unabhängig von der je individuellen sprachlichen Realisierung der Verszeile beschreiben, so z.B. in der folgenden Schemadarstellung eines jambischen Fünfhebers *(iambic pentameter)*:

     x x́ x x́ x x́ x x́ x x́

Dieses Schema ist invariabel, gilt also für alle jambischen Fünfheber; es läßt auch erkennen, daß prinzipiell zwei Klassen von metrischen „Ereignissen" vorkommen, die üblicherweise Senkung (x) und Hebung (x́) heißen. Ihre Anordnung und Abfolge ist durch das Schema geregelt. Im Hexameter z.B. liegt im Normalfall diese Folge vor (letzter Versfuß unvollständig):

x́ x x   x́ x x   x́ x x   x́ x x   x́ x x   x́ x

2.2. Versfußgliederung

Die Grundeinheiten solcher Verse heißen üblicherweise Versfüße *(feet)*. In der neueren deutschen und englischen Dichtung kommen nur wenige Versfußtypen häufig vor:

Jambus	x x́
Trochäus	x́ x
Daktylus	x́ x x
Anapäst	x x x́

gelegentlich noch

Spondeus	x́ x̀
Amphibrach	x x́ x

Beispiele für Verstypen

(1) jambische Verse:

x   x́ x   x́   x   x́   x   x́   x   x́
When I do count the clock that tells the time,
And see the brave day sunk in hideous night,
When I behold the violet past prime,
And sable curls all silver'd o'er with white:
. . .   (Shakespeare, *Sonnets,* 12)

Er wußte nur vom Tod was alle wissen:
daß er uns nimmt und in das Stumme stößt.
Als aber sie, nicht von ihm fortgerissen,
nein, leis aus seinen Augen ausgelöst
. . .   (Rilke, ,,Der Tod der Geliebten'')

(2) trochäische Verse:

x́   x   x́   x   x́ x   x́
Goe, and catche a falling starre,
Get with child a mandrake roote,
Tell me where all past yeares are,
Or who cleft the Divels foot,
. . .   (John Donne, ''Song'')

Wenn der Schnee ans Fenster fällt,
Lang die Abendglocke läutet,
Vielen ist der Tisch bereitet,
Und das Haus ist wohlbestellt.
...   (Georg Trakl, „Ein Winterabend")

(3) anapästische Verse:

x x x́ x x x́ x   x x́ x x x́   x
In a coign of the cliff between lowland and highland
At the sea-down's edge between windward and lee,
Walled round with rocks as an inland island,
The ghost of a garden fronts the sea.
A girdle of brushwood and thorn encloses
The steep square slope of the blossomless bed
Where the weeds that grew green from the graves of its roses
Now lie dead.   (Swinburne, "A Forsaken Garden")

(4) Daktylische Verse:

x́ x x x́   x x x́ x x x́   x x́ x x x́   x
Then in his place, at the prow of the boat, rose one of the oarsmen
And, as a signal sound, if others like them peradventure
Sailed on those gloomy and midnight streams, blew a blast on his
                                                          bugle
Wild through the dark colonnades and corridors leafy the blast rang.
Breaking the seal of silence, and giving tongues to the forest.
                          (Longfellow, "Evangeline")

Springende Reiter und flatternde Blüten,
einer voraus mit gescheitelten Locken —
ist es der Lenz auf geflügeltem Renner?
Karl ists, der Jüngling, der Erbe von England,
und die sich nähern in goldener Mailuft,
das sind die Giebel und Tore von Newport,
drüber das Wappen der Stadt: eine Rose!
Jubelnde Gassen und jubelnde Wimpel
und ein von treibender Jugend geschwelltes,
jubelndes Herz in dem Busen des Stuart ...
                          (C.F. Meyer, „Die Rose von Newport")

Weitere Versfußtypen sind fast ausschließlich auf die Nachahmung antiker
Versformen beschränkt und bleiben deshalb in diesem Zusammenhang außer
Betracht.

Der jambische Fünfheber *(iambic pentameter)* besteht also aus fünf jambischen Versfüßen.

Die aus der Antike übernommene Fußeinteilung ist in den modernen Literaturen allerdings durchaus nicht zwingend, und moderne Verstheoretiker verzichten deshalb auch häufig auf sie:

TEXT 1

It will be seen that I do not use the concept of "foot" in my descrip-
tion. I avoid the foot because I do not think that it contributes any
more information about the meter than is available without it. Since
length has not been distinctive in many dialects in English since the
Middle Ages, it is questionable whether feet ever marked temporal
quantities in English verse as they had in Latin and Greek. Podic seg-
mentation seems applicable in English for only one purpose − to ex-
plain the sequential norm and variations of points and zeroes. But I
have never been able to discover a good reason for assuming that a
metrical accent point has any closer connection with the zero that it
follows than with the one that it precedes.

That is, the normal decasyllabic lines is

$$1\ \underline{2}\ \underline{3}\ 4\ 5\ \underline{6}\ \underline{7}\ \underline{8}\ 9\ \underline{10}$$

It does not matter whether we take this as

$$1\underline{2}\quad 3\underline{4}\quad 5\underline{6}\quad 7\underline{8}\quad 9\ \underline{10}$$

or

$$1\underline{2}3\quad \underline{4}5\underline{6}\quad 7\underline{8}9\quad \underline{10}$$

or

$$1\underline{2}3\underline{4}5\quad \underline{6}7\underline{8}9\underline{10}$$

or

$$1\quad \underline{2}3\quad \underline{4}5\quad \underline{6}7\quad \underline{8}9\quad \underline{10}$$

except as a matter of convenience of arithmetic. The advantage of the
first is only that the "units" turn out to be more uniform among
themselves − but only for mathematical reasons, not for linguistic or
metrical reasons. The trouble begins when readers think that there
actually is some kind of equality among these units; the units are
equal only because we *take* them to be equal on a false analogy with
the classical languages.[1]

und:

Metrical feet are conventions for analyzing the grouping behavior of
syllables which in their metrical aspect are not treated as sound com-
plexes but as mere rhythmic counters of one of two values. Feet have

---

[1] Seymour Chatman, "Comparing Metrical Styles", *Style in Language*, 161.

nothing else to do with language: they are non-grammatical and non-
lexical, and so do not bear any relation to word-integrity, phonologi-
cal juncture, or any other real linguistic feature. Foot boundaries may
split words, and two words separated by even the strongest juncture
(say the one represented by a period) may occur within the same foot.
Feet, in short, are purely 'notional'.[2]

Die Versfußgliederung entstammt der quantitierenden antiken Metrik, sie
ist insoweit auch für die Beschreibung moderner Verse praktikabel, als sie
über eingeführte Termini eine schnelle Verständigung ermöglicht, überdies
eine Binnengliederung der Verszeile vornimmt. Ihre Übertragung aus dem
quantitativen System in das akzentuierende System des deutschen und des
englischen Verses ist indes nie vollkommen geglückt, wie das berühmt-berüch-
tigte Spondeenproblem in beiden Sprachen zeigt. Im Versinneren sind Tro-
chäen nicht von Jamben zu unterscheiden. Bestimmte metrische Schulen,
voran Andreas Heusler, lassen ohnehin nur fallende Versfüße zu und setzen
für unbetonte Silben vor der ersten Betonung Auftakt an. Die Frage, ob man
sich der Fußterminologie bedienen will, ist deshalb heute eher eine Frage
der Zweckmäßigkeit als eine von prinzipieller Bedeutung.

Statt den jambischen Fünfheber als Abfolge von fünf jambischen Versfüßen
zu beschreiben, kann man folglich unter Verzicht auf die Fußterminologie
auch sagen: Zehn- bzw. elfsilbiger Vers, Hebungen auf allen geradzahligen
Silbenpositionen, Senkungen entsprechend auf ungeradzahligen Silbenpositionen.[3]

2.3. Deutsches und englisches Verssystem

Im modernen deutschen und englischen Vers (syllabo-tonisches Verssystem)
sind metrisch definiert:

1. Silbenzahl pro Vers
2. Zahl und Lage von Hebungen und Senkungen pro Vers.

---

[2] Seymour Chatman, *A Theory of Meter* (The Hague: Mouton, 1965), 32.

[3] Vgl. John Lotz, "Metric Typology", *Style in Language,* 136f.: "BLANK VERSE.
(1) Word limit after every 10th or 11th syllabic pulse; (2) Sentence limit after a
certain number of such decasyllabic or hendecasyllabic stretches (number undeter-
mined); (3) syllabics in even number position relatively heavier than syllabics in
odd number position (as a thoroughgoing tendency). (4) text ending after an in-
determinate number of stretches described in 1 through 3".

Von einzelnen Ausnahmen abgesehen (z.B. Knittelvers, "doggerel") folgen im metrischen Schema üblicherweise weder zwei Hebungen aufeinander (Nullsenkung), noch beträgt die Zahl der Senkungen zwischen zwei Hebungen mehr als 2.

Strophenbaupläne schreiben häufig eine bestimmte Abfolge von Versbauplänen vor, z.b. im Falle der Balladenstrophe ("Chevy Chase Stanza"): 4 Zeilen, vierhebig- und dreihebig-jambische Verse im Wechsel. Zusatzbedingung: Zeilen 2 und 4 mit Endreim.

2.4. Romanisches Verssystem

Das Verssystem in den romanischen Literaturen, das sich aus dem mittellateinischen Vers entwickelt hat, ist generell silbenzählend *(syllabic meter: isosyllabic lines)*. Hierbei ist die Zahl der Silben pro Verszeile geregelt, nicht jedoch die Zahl der Akzente. Allerdings sind feste Tonstellen am Versende bzw. vor Zäsur vorgeschrieben. Die Zählkonventionen im Französischen/ Provençalischen einerseits, im Italienischen andererseits sind unterschiedlich. Während im Französischen die Silben bis zur letzten unbetonten Silbe gezählt werden, wird im Italienischen eine unbetonte Silbe nach der letzten betonten mitgezählt, bzw. ein auf betonte Silbe endender Vers rechnerisch um eine unbetonte Silbe ergänzt. Diese unterschiedliche Zählkonvention erklärt, daß dem französischen Zehnsilbler die it. *endecasillabo* entspricht. Des weiteren sind besondere Zählkonventionen zu beachten, die vor allem das Zusammentreffen von Vokalen im Versinneren regeln.[4]

2.5. Metrum und sprachlich realisierte Verszeile

Bei der Versanalyse sind prinzipiell zwei Ebenen auseinanderzuhalten:

1. Die Ebene des Metrums,
2. die Ebene der sprachlichen Realisierung der konkret-individuellen Verszeile.

TEXT 2

Far from being an abstract, theoretical scheme, meter — or in more explicit terms, *verse design* — underlies the structure of any single line — or, in logical terminology, any single *verse instance*. Design

---

[4]   W. Theodor Elwert, *Französische Metrik* (München: Hueber, [2]1966); W. Suchier, R. Baehr, *Französische Verslehre* (Tübingen: Niemeyer, 1963); R. Baehr, *Einführung in die französische Verslehre* (München: Beck, 1970).

and instance are correlative concepts. The verse design determines the invariant features of the verse instances and sets up the limits of variations.[5]

TEXT 3

Hence, in the study of metrics, it is essential to distinguish three basic concepts: 1) the natural *phonetic characteristics* of the given *linguistic material* ('the material to be rhythmicized' in the terminology of the classical theorists: *to rhythmizomenon*); 2) *meter,* the ideal law governing the alternation of strong and weak sounds in the verse; 3) *rhythm,* as the actual alternation of strong and weak sounds, resulting from the interaction between the natural characteristics of the linguistic material and the metrical law.[6]

Während, wie schon festgestellt worden ist, das Metrum grundsätzlich invariabel ist — es sei denn innerhalb von Strophenformen wechselten systematisch verschiedene Versbaupläne —, unterliegt die sprachliche Realisierung der Verszeile den linguistisch zu beschreibenden Gesetzlichkeiten von Wortwahl und Syntax und den sich daraus ergebenden „suprasegmentalen Phonemen" *stress* (Akzent), *pitch* (Intonationsverlauf) und *juncture* (Junktur; Phrasenbildung, Zäsurierung). Beide Organisationsprinzipien, das metrische und das linguistische, existieren also unabhängig voneinander, treten jedoch in konkreten Versen in ein je unterschiedliches Spannungsverhältnis, "interaction" bei Žirmunskij, "tension" bzw. "interplay" bei W.K. Wimsatt und M.C. Beardsley.[7] Oder mit der anschaulichen Formulierung von Roger Fowler: das Metrum bildet ein „Gitter", durch das hindurch poetische Texte wahrgenommen werden.

TEXT 4

The metaphor of a 'grid' was intended to suggest a frame through which we see poetry, a frame simpler in structure than language most often is. More accurately for the theory of verse instance, and psychologically more credible, metrical set exists as a sequence of expectations that the phonetic contour of a line will fulfil the prescription of

---

[5] Roman Jakobson, "Closing Statement: Linguistics and Poetics", *Style in Language,* 364.

[6] V. Žirmunskij, *Introduction to Metrics,* tr. C.F. Brown, ed. E. Stankiewicz and W.N. Vickery (The Hague: Mouton, 1966), 23.

[7] W.K. Wimsatt, jr. and Monroe C. Beardsley, "The Concept of Meter", 585—598, hier: 596f.

verse design in several respects: number of events (e.g. syllables) capable of bearing metrical marking (e.g. prominence in any of its aspects — stress, pitch, length, etc.) lawfulness of the linear sequence of ictus and non-ictus [. . .]; binicity of the design's marking-parameter (long *vs.* short syllabic, high *vs. low* pitch, etc.).[8]

2.6. Metrum als Abstraktion und als sozial vermittelte Norm

Der Status des metrischen Schemas ist in mehrfacher Hinsicht der einer Abstraktion. Mit John Thompson kann das Metrum als Stilisierung der Akzentfolge der natürlichen Rede verstanden werden.[9] Ganz entsprechend faßt Ivan Fónagy die Zäsuren des Verses als Stilisierung der Redepause auf.[10] Es abstrahiert weiterhin nicht nur in dem beschriebenen Sinne von der konkretsprachlichen Realisierung der Verszeile; als poetische Normen sind metrische Baupläne selber dem historischen Wandel unterworfen. Dieser Sachverhalt geht zumeist in den üblichen Handbüchern und Literaturlexika verloren, hat jedoch so weitreichende Konsequenzen bei der konkreten Versanalyse, daß er an einem Beispiel genauer erläutert werden soll.

Dies ist der Eintrag (gekürzt) zum Stichwort „Alexandriner" in Gero von Wilperts weitverbreitetem *Sachwörterbuch der Literatur:*

TEXT 5

> *Alexandriner,* sechshebiger, steigendalternierender (= jambischer) Reimvers mit deutlicher, stehender Zäsur nach der 3. Hebung, 12 (männlich/stumpf) oder 13 (weiblich/klingend) Silben:
> $$\cup - \cup - \cup - || \cup - \cup - \cup - (\cup)$$
> z.B.: ‚Ich weiß nicht, was ich will, ich will nicht, was ich weiß' (Opitz). Die durch die Mitteldiärese gegebene Neigung zum Aufspalten in 2 gleiche Halbverse bestimmt Sprache und Natur des Versmaßes als antithetisch, daher seine Verwendung für Kontraste und Vergleiche in Epigramm [. . .], Sonett und Stanze und seine Bevorzugung im Barock [. . .]. In den german. Sprachen ist der A. wegen festliegender Hebungen bei akzentuierendem Vortrag sehr steif und leblos, in romanischen Sprachen bei nur 2 festliegenden Akzenten dank schwebender Sprachmusikalität beweglicher und beliebter.[11]

---

[8] Roger Fowler, "What is Metrical Analysis?" *Anglia,* 86 (1968), 280—320, hier: 293f.

[9] John Thompson, *The Founding of English Metre* (London, 1961), 12f.

[10] Ivan Fónagy, „Die Redepausen in der Dichtung", *Phonetica,* 5 (1960), 169—203.

[11] Gero von Wilpert, *Sachwörterbuch der Literatur* (Stuttgart: Kröner, 5. Aufl. 1969), 13.

Diese Darstellung geht von einem einheitlichen Typus des Alexandriners aus und differenziert zwischen den germanischen und romanischen Sprachen. Sie hält sich an bestimmte dominante Verwendungsweisen des Alexandriners (Epigramm, Sonett, Stanze) zu einer bestimmten Zeit (Barock) und verallgemeinert diesen Befund. Damit wird der Bauplan und die Ausdrucksfunktion („antithetisch") des Alexandriners als überhistorische Norm festgeschrieben. Dabei bleibt nun allerdings unberücksichtigt, daß der Alexandriner zu verschiedenen Zeiten durchaus unterschiedlich behandelt worden ist, daß insbesondere seit der französichen Romantik die für die Wirkung des Alexandriners so bedeutsame mediale Zäsur bewußt überspielt worden ist.

TEXT 6

In Frankreich empfand die Romantik den traditionellen Alexandriner als zu starr; sie hat ihn aufgelockert, indem sie die feste Zäsur beseitigte und ihn durch zwei Schnitte dreiteilig machte. In Portugal beanspruchte Eugénio de Castro im Vorwort zu den *Oaristos* (1890) den Ruhm, den portugiesischen Alexandriner erneuert zu haben.[12]

TEXT 7

Die Zäsur hat im Zwölfsilbler eine feste Stelle, nämlich nach der 6. Silbe, die demnach eine Tonsilbe sein muß; der Vers wird dadurch in zwei Halbverse zu je 6 Silben zerlegt. Doch begegnet schon in der klassischen Zeit [. . .] eine Schwächung der Mittelzäsur vermöge der Aufteilung des Verses in drei Teile durch zwei Einschnitte, die stärker sind als der mittlere. Die Dreiteilung kann symmetrisch oder asymmetrisch sein, d.h. der Mittelteil kann 4, 5 oder 6 Silben umfassen. Beispiele:

4+4+4:
Et près de vous / ce sont des sots / que tous les hommes.
(Molière)

3+5+4:
Cela dit, / maître Loup s'enfuit, / et court encore.
(La Fontaine)

2+6+4:
Et moi, / je lui tendais la main / pour l'embrasser.
(Racine)

---

[12] Wolfgang Kayser, *Das sprachliche Kunstwerk* (Bern: Francke, [17]1976), 262.

Diese dreiteiligen Alexandriner *(alexandrins ternaires)* sind bei den Klassikern verhältnismäßig selten; sie werden bei Chénier und den Romantikern zumal V. Hugo [...] häufiger. [...]

Die traditionelle Struktur des Alexandriners wird von der Mitte des 19. Jahrhunderts an zerstört bzw. ignoriert, indem von den Parnassiern an (Banville) als 6. Silbe eine unbetonte Silbe (ein unbetontes Wort) gesetzt wird; von den Symbolisten an kann diese unbetonte Silbe sogar ein *-e* oder eine tonlose Silbe im Wortinnern sein. Es geschah, weil man mit dem von den Romantikern beschrittenen Weg zur Abwendung vom klassischen Alexandriner, nämlich der Dreiteilung, sich nicht mehr zufrieden geben mochte. Beispiele:

Le submergent comme *un* / assaut de mille loups.

(Leconte de Lisle)

Il ne faut pas ... Laiss*e* / le livre à demi lu.

(M. Magre)

On garde donc la *con*/naissance et le mémoire.

(M. Magre)

Et des piles eni/vrées crouleront à terre.

(M. Romains)

Dies bedeutet, daß außerdem die klassische Vorschrift des Zusammenfalls von syntaktischem Einschnitt mit der Zäsur, worunter die Mittelzäsur stets zu verstehen war, ebenfalls völlig aufgegeben ist.[13]

Schreibt man im Sinne einer normativen Poetik den „klassischen" medial zäsurierten Alexandriner als Norm fest, muß man die romantische und symbolistische Behandlung des Alexandriners als Normverstöße abwerten. Dabei läßt man dem besonderen Kunstwillen dieser Dichter ebenso wenig Gerechtigkeit widerfahren wie man die besondere Expressivität solcher die etablierte Erwartung durchbrechenden Verse anerkennt.

Als Folgerung läßt sich ableiten: Das metrische Schema als Versbauplan wird zwar als abstrakte Norm formuliert, es ist jedoch, was den Spielraum seiner Realisierung angeht, historischem Wandel unterworfen. Dieser historische Wandel der Norm muß in den Normbegriff selber aufgenommen werden:

---

[13] W. Theodor Elwert, *Französische Metrik*, 72f.

TEXT 8

> Das lebendige Kunstwerk pendelt immer zwischen dem vergangenen und dem zukünftigen Stand der ästhetischen Norm hin und her: die Gegenwart, unter deren Blickwinkel wir es wahrnehmen, wird empfunden als Spannung zwischen der vergangenen Norm und ihrer Zerstörung, die dazu bestimmt ist, Bestandteil einer zukünftigen Norm zu werden.[14]

2.7. Notation

In wissenschaftlichen Arbeiten zur Verslehre besteht eine Reihe von metrischen Notationen nebeneinander her; sie sind stark schulabhängig. Theoretiker, die eine quantitierende Metrik vertreten, benutzen Zeichen, die Quantität und Akzent erkennen lassen.[15] In einigen neueren nichttaktierenden Darstellungen werden metrische Schemata so notiert, daß jede Silbe durch ein Zeichen (x) markiert und Hebungen zusätzlich durch Akzent (´ oder `) bezeichnet werden. Fußgrenzen können durch einfachen senkrechten Strich, Zäsuren durch Doppelstriche markiert sein.

Beispiel:

> Befiehl du deine Wege
> x x́ x x x́ x x́ x
>
> To be or not to be that is the question[16]
> x x́ x x́ x x́ x x́ x x́ x

Die Alternative quantitierende (= taktierende) oder akzentuierende Metrik — "timers vs. stressers" — kann im Kontext dieses Arbeitsbuches nicht theoretisch behandelt werden. Auch wenn noch einige neuere Einführungen in

---

[14] Jan Mukařovský, ,,Ästhetische Funktion, Norm und ästhetischer Wert als soziale Fakten'', *Kapitel aus der Ästhetik* (Frankfurt/Main: Suhrkamp, 1970), 36, 49 *et passim.*

[15] Andreas Heusler, *Deutsche Versgeschichte,* 3 vols. (Leipzig, 1925—1929) und in seiner Nachfolge Otto Paul und Ingeborg Glier, *Deutsche Metrik* (München: Hueber, ⁵1964).

[16] Wolfgang Kayer, *Das sprachliche Kunstwerk,* 85. In der *Kleinen deutschen Versschule* hatte Kayser noch die Zeichen für Länge (—) und Kürze (∪) aus der antiken Metrik benutzt oder Akzentzeichen im Text markiert. Die Verwendung der Zeichen für Länge und Kürze sollte wegen der dadurch suggerierten — fehlerhaften — Analogie zur antiken Metrik unbedingt vermieden werden. Ulrich Pretzel benutzt xX für Senkung und Hebung: ,,Deutsche Verskunst'', *Deutsche Philologie im Aufriß,* ed. Wolfgang Stammler, 2. Auflage (Berlin: Schmidt, 1962), vol. 3, sp. 2357—2446.

die Metrik an einem taktierenden System festgehalten haben, scheint doch der wissenschaftliche Konsens für die neuere deutsche und englische Dichtung in Richtung einer phonologischen Metrik zu liegen, die nicht zeitmessend ist. Die Grundforderung der Unterscheidung der beiden Ebenen von metrischem Gitter einerseits, sprachlicher Realisierung der konkret individuellen Verszeile andererseits, gilt auch für die metrische Notation. Es sind also *metrische* Hebung und Senkung streng zu unterscheiden von *sprachlich realisierten* Akzenten. Wir verwenden diese Schemadarstellung ausschließlich dann, wenn ein abstraktes metrisches Schema ohne Text dargestellt werden soll:

Beispiel:

Balladenstrophe („Chevy Chase Stanza"):

x x́   x x́   x x́   x x̀
x x́   x x́   x x́
x x́   x x́   x x́   x x̀
x x́   x x́   x x̀

Die Markierung sowohl von metrischen Hebungen (und Senkungen) als auch von (phonetischen) Akzenten gestattet erst die Analyse des *interplay* von metrischer Norm und sprachlicher Realisierung, die den Kernpunkt der Versanalyse bildet.

In textbezogener Notation werden metrische Hebungen und Senkungen *unter* der Verszeile, sprachliche Akzente *über* der Verszeile eingezeichnet. In Abwandlung eines Vorschlags von John Lotz[17] markieren wir *Hebungen* durch *Unter*streichung des Silbengipfels (Vokal), zusätzlich bei Bedarf Senkungen durch Punkte unter den Silbengipfeln. *Über* der Textzeile stehen Akzentzeichen (phonetischer Natur), wobei man in der Regel mit zwei Zeichen (´ und `) auskommen wird.[18]

---

[17] John Lotz markiert aus Gründen der Auswertung durch Computer die (phonetisch) unbetonten Silben durch Unterstreichung und notiert sie durch eine Ziffernfolge: "Metric Typology", *Style in Language,* 146. Neuerdings verwendet Hans-Jürgen Diller in seiner *Metrik und Verslehre* (Düsseldorf: Bagel, 1978) eine Notation, die der hier vorgeschlagenen sehr nahekommt.

[18] Die Zahl der zur phonetischen bzw. phonologischen Beschreibung angenommenen Akzentstufen schwankt in den verschiedenen wissenschaftlichen Entwürfen. Für das Englische setzen Trager und Smith 4 Akzentstufen an, Hans Kurath hat 3 Akzentstufen, Seymour Chatman, *Theory of Meter,* wendet sich gegen die Zulassung von *intermediate stresses* als phonologisch relevant. Hans-Jürgen Diller unterscheidet fünf Akzentstufen: *Metrik und Verslehre,* 22f.

Beispiel:

It is an ancient Mariner,
And he stoppeth one of three
By thy long grey beard and glittering eye,
Now wherefore stopp'st thou me?

(Coleridge, "The Rhyme of the Ancient Mariner")

2.8. Text und Rezitation

Alle bisherigen Überlegungen bezogen sich auf das Zusammenspiel von metrischem Schema und sprachlicher Realisierung im Gedicht*text.* Beide Ebenen (metrisches Schema, sprachlich realisierte Verszeile) sind als Elemente des Textes gewissermaßen „objektiv" nach Methoden der Verswissenschaft und der Linguistik der Untersuchung zugänglich. Die Akzentsetzung, die Segmentierung der Rede in Phrasen ist, innerhalb gewisser interpretatorischer Freiräume des Sprechers, phonologisch geregelt: die sogenannten „suprasegmentalen Phoneme" *(stress, pitch, juncture)* interpretieren gewissermaßen den Satzverlauf.

Vom Text zu unterscheiden sind Rezitationen, die den jeweiligen Gedichttext aktualisieren und interpretieren. Zwar wird das Gedicht immer nur als rezitiertes wahrgenommen — auch ein „leises Lesen" eines Gedichtes ist eine Weise der Rezitation, bei der der Leser seine Leseerfahrungen an den gedruckten Text heranträgt —, doch beziehen sich alle Rezitationen bei allem Spielraum des Interpreten auf den ihnen zugrundeliegenden Text. Die metrische Analyse muß sich deshalb zunächst auf den Text und seine metrische und linguistische Struktur beziehen. Erst auf dieser Basis können dann die Charakteristika individueller Rezitationen analysiert werden.

TEXT 9

There are many performances of the same poem — differing among themselves in many ways. A performance is an event, but the poem itself, if there *is* any poem, must be some kind of enduring object. [. . .] When we ask what the meter of a poem is, we are not asking how Robert Frost or Professor X reads the poem, with all the features peculiar to that performance. We are asking about the poem as a public linguistic object, something that can be examined by various persons, studied, disputed — univocally.[19]

Die mangelnde analytische Trennung von Metrum und sprachlicher Realisierung individueller Verszeilen einerseits, von Charakteristika der Rezita-

---

[19] W.K. Wimsatt und M.C. Beardsley, "The Concept of Meter", 587f.

tion andererseits führt zur Verwirrung. Dies zeigt die Behandlung der Ton-
beugung — Widerstreit von metrischem Schema und sprachlicher Realisierung — und der sogenannten „schwebenden Betonung" — rezitatorischer
Ausgleich von Tonbeugungen durch „gleichmäßige" Verteilung des Akzents
auf beide Silben eines Versfußes — in den gängigen Verslehren.

Wolfgang Kayser untersucht in der *Kleinen deutschen Versschule* Verse von
Weckherlin:

TEXT 10

> Wenn ein Dichter in jambischen Zeilen schreibt, dabei aber füllt:
> Hat wéder Rédlichkéit noch Tréu
> Noch Gláuben nóch Freihéit verlóren . . .
> so hören wir in der zweiten Zeile einen Fehler. Das Grundgesetz
> scheint die Ursache anzugeben: (Frei)heit ist eine unbetonte Silbe
> und kann also keinen metrischen Akzent tragen. [. . .] — ein Fehler —
> wir sprechen in einem solchen Falle von Tonbeugung — entsteht,
> wenn eine unbetonte Silbe auf Kosten einer betonten den metrischen
> Akzent bekommt.[20]

Ein zweiter in der metrischen Theorie kritischer Fall wird ähnlich behandelt:

TEXT 11

> Stehen in der Prosa gleichartige Wörter mit gleich starker Betonung
> nebeneinander, so stört uns eine verschiedene Behandlung im Vers.
> Das ist bei Aufzählungen deutlich zu spüren:
> Blíeb, sank, néigte sein Háupt . . .
> Es widerstrebt uns mit vollem Recht, da die Versordnung zu verwirk-
> lichen. Und der Gehalt des Veni, vidi, vici ginge verloren, wollten wir
> uns daraus den Vers machen:
> Ich kám, sah, síegte . . . [21]

Der Autor, der hier übrigens den Standpunkt einer normativen Poetik ver-
tritt, deren Ziel es ist festzulegen, was richtige und was falsche Verse sind,
akzeptiert offensichtlich nur einen Verstyp, beim dem sprachliche Betonung
und metrische Hebung zusammenfallen oder bei dem wenigstens der Wider-

---

[20] *Kleine deutsche Versschule,* 69.
[21] *Ibid.,* 71.

streit zwischen Verston und Satzton gemildert ist — „leichte" Tonbeugungen gelten ihm im Einzelfall als ausdrucksstark.[22] Nun entspricht das hier gesetzte normative Ideal der Versfüllung durchaus nicht den poetischen Normen aller Zeiten und Epochen, und es fällt leicht, eine Reihe von Beispielen anzuführen, die von dem skizzierten normativen Standpunkt aus allesamt als Fehler anzusehen wären. Namentlich die Aufzählung einsilbiger tontragender Wörter stellt einen solchen Testfall für die metrische Theorie dar:

Beispiele:

As óok, fírr(e) bírch, ásp(e), álder, hólm, pópler.
(Chaucer, *Canterbury Tales*)

Rócks, cáves, lákes, féns, bógs, déns and shádes of déath
(Milton, *Paradise Lost*)

Dáy, níght, hóur, tíde, tíme, wórk, pláy
(Shakespeare, *Romeo and Juliet* III,5.177)

Shíps, tówers, dómes, théatres and témples líe

(Wordsworth, "Upon Westminster Bridge")

2.9. Methodik der Versanalyse

Die strikte Trennung von metrischem Schema und sprachlicher Rezitation weist hier den Weg einer adäquaten Versanalyse:

1. Die Feststellung des metrischen Schemas steht am Anfang. Das Metrum ergibt sich als dasjenige Schema, das die größtmögliche Zahl von Versen oder Versfüßen *(verse instances)* abdeckt und also die geringste Zahl von Abweichungen erfordert *(maximization principle):*

TEXT 12

> Among the possible interpretations of the ambiguous written record that is given him, he [the interpreter] picks that one (if there is just one) with the most regular meter (in other words, one that maximises the regularity of the meter).[23]

Die metrische Analyse endet mit der Feststellung des metrischen Schemas.

2. Der zweite Schritt der Versanalyse besteht in der Feststellung der realisierten Akzente in den untersuchten Versen — unabhängig vom metrischen Schema!

---

[22] Vgl. *ibid.,* 74.

[23] Rulon Wells, "Comments to Part Five", *Style in Language,* 199.

3. Im dritten Arbeitsschritt werden die Befunde der beiden ersten Arbeitsschritte korreliert und damit das jeweilige *interplay* zwischen dem metrischen Schema und den sprachlichen Charakteristika des Textes beschrieben: "the interplay of syllable-stress meter with various other features of linguistic organization, but especially with those which are likely to set up other quasi-metrical or rhythmic patterns".[24] Dabei stellt sich die normative Frage des Verstoßes gegen die Versfüllungsregeln ebenso wenig wie die Frage des rezitatorischen Ausgleichs solchen *interplay*.

4. Erst im vierten Arbeitsschritt steht die interpretatorische Bewertung des beschriebenen Sachverhaltes an. Die vorgefundenen Charakteristika der Versfüllung *(interplay)* werden nun auf die poetischen Normen einer Zeit bzw. des Individualstils eines Autors bezogen und können auf dieser Folie und im Kontext der Gedichtstruktur als ganzer funktional als Momente von Expressivität gedeutet werden. Welches der genaue Ausdruckswert stilistischer Details (also auch von Details der Versfüllung) im einzelnen ist, kann nur die sorgfältige kontextbezogene Strukturanalyse ergeben.

5. Die Frage nach der ästhetischen Bewertung stellt sich als letzte nach der Feststellung der stilistischen Leistung einzelner Textdetails im Kontext des gesamten Textes. Erst hier kann im Rahmen einer allgemeinen Theorie literarischer Wertung funktionsloses *interplay* (Ergebnis von Arbeitsschritt 4) unter Umständen ästhetisch abgewertet werden, entsprechend ausdrucksstarke Abweichung von der metrischen Norm als unter Umständen ästhetisch wertvoll markiert werden.[25]

2.10. Typische Fälle von Interplay

V. Žirmunskij führt unter dem Stichwort "Structural Modifiers of Verse" die folgenden Fälle auf:

TEXT 13

    1.) *Metrical Modifiers of Verse*
      a) ending
      b) anacrusis
      c) caesura

---

[24] W.K. Wimsatt, M.C. Beardsley, "The Concept of Meter", 596f.

[25] Vgl. Jochen Schulte-Sasse, *Literarische Wertung* (Stuttgart: Metzler, [2]1976).

2.) *Rhythmic Modifiers of Verse*
   a) omission of metrical stress
   b) hypermetrical stressing of metrically weak syllable
   c) displacement of stresses (stress shift)

   [a—c werden zusammengefaßt unter dem Begriff "replacement"
   (hypostasis)]

   d) relative strength of stresses
   e) distribution of word boundaries
   f) rhythmic-syntactic figures, [. . .] enjambement[26]

Wir behandeln die als "rhythmic modifiers of verse" zusammengefaßten
Fälle unter den Stichwörtern
— Metrisches Gitter *vs.* Akzentverteilung
— Metrische Gliederung *vs.* syntaktische Gliederung
— Elision
— Enjambement
— Zäsur.

2.10.1. Metrisches Gitter *vs.* Akzentverteilung

a) Übereinstimmung von Hebung und Akzent:

   To stríve, to séek, to fínd, and nót to yíeld.
   　　　　　　　　　　(Tennyson, "Ulysses")
   By tówn, and tówer, and híll, and cápe, and ísle.
   　　　　　　　　　　(Tennyson, "Mine be the strength")
   The róll, the ríse, the cárol, the creátion.
   　　　　　　　　　　(Hopkins, "To R.B.")

b) Metrische Hebungen durch Akzente erfüllt, zusätzliche Akzente auf Senkungsposition:

   Eárth, swèet eárth, swèet lándscape, with léaves thróng
   　　　　　　　　　　(Hopkins, "Ribblesdale")
   The lóng dày wánes: the slów mòon clímbs: the déep
   Mòans róund with mány voíces. Cóme, my fríends,
   　　　　　　　　　　(Tennyson, "Ulysses")

---

[26] V. Žirmunskij, *Introduction to Metrics,* tr. C.F. Brown, ed. E. Stankiewicz and
W.N. Vickery (The Hague: Mouton, 1966), ch. IV and V.

c) Akzente auf Senkungsstellen, Hebungen teilweise akzentlos:
    Músic to héar, why héarst thou músic sádly?
    Sweéts with sweéts wār nót, jóy delíghts in jóy
                                   (Shakespeare, *Sonnets*, 8)
    Wáshed by the rívers, blést by súns of hóme.
                                   (Brooke, "The Soldier")
    ... Thís to hóard unhéard,
    Héard unhéeded, léaves me a lónely begán.
                                   (Hopkins, "To seem the stranger")

Dieser Fall wird mit den Bezeichnungen „Akzentumsprung", "stress shift",
„(trochäische) Inversion" oder "ionic foot" gedeckt. Alle diese Bezeichnungen sind prekär, weil sie die beiden Ebenen von metrischem Schema und
sprachlicher Realisierung nicht auseinanderhalten. Der Sinn solcher Bezeichnungen — metrisch liegt ein Jambus vor, der aber sprachlich quasi
durch einen Trochäus erfüllt wird — ist zwar für den Fachmann klar, die
Verwirrung liegt darin, daß die Fußterminologie sowohl für das Metrum
als auch für die linguistische Kontur der Verszeile benutzt wird.

Dieser Fall ist, wie auch die Beispiele zeigen, besonders häufig am Versanfang bzw. im Versinneren nach Zäsur oder syntaktischem Einschnitt.

    Full many a glorious morning have I seen
    Flátter the mountain-tops with sovereign eye,
    Kíssing with golden face the meadows green,
    Gílding pale streams with heavenly alchemy;
                                   (Shakespeare, *Sonnets*, 33)

Diese durch die poetische Tradition weitgehend sanktionierte „dichterische
Freiheit" ist deshalb auch durchwegs weniger ausdrucksstark als derselbe
Fall an anderen Stellen im Vers; besonders empfindlich ist in dieser Hinsicht
der zweite Versfuß, praktisch unmöglich ist der Widerstreit von Hebungs-
und Akzentlage im letzten Versfuß. Dieser Befund läßt sich eindrucksvoll
durch eine sogenannte vertikale Statistik belegen, in der für jede der 10
metrischen Positionen im fünfhebig-jambischen Vers über ein großes *sample*
von Versen die jeweilige Zahl realisierter Akzente statistisch erfaßt werden.[27]

---

[27] Vgl. J. Levý, „Die Theorie des Verses — ihre mathematischen Aspekte", *Mathematik und Dichtung,* ed. H. Kreuzer, R. Gunzenhäuser (München: Nymphenburger, ³1969), 211—231; Hans-Werner Ludwig, *Barbarous in Beauty : Studien
zum Vers in Gerard Manley Hopkins' Sonetten* (München: Fink, 1972), 154—163.

2.10.2. Metrische Gliederung (Versfüße) gegen Wort-, Phrasen- und Satz-gliederung („Wortfüße", Enjambement)

a) Versfuß gegen Wortfuß: Einsilbige Wörter:

> Rócks, cáves, lákes, féns, bógs, déns and shádes of déath
>
> (Milton, *Paradise Lost*)
>
> And tén lòw wórds oft créep in óne dùll líne
>
> (Pope, *Essay on Criticism*)
>
> Blów wínd, and cráck your chéeks; ráge, blów.
>
> (Shakespeare, *King Lear,* III, 2.1)

b) Mehrsilbige Wörter:

> Immútable, immórtal, ínfinite
>
> (Milton, *Paradise Lost*)
>
> Gènerátions have tród, have tród, have tród
>
> (Hopkins, „God's Grandeur")
>
> Oh mý blàcke Soúle! nów thou art súmmoned
>
> [...]
>
> Wísheth himsélfe delívered from príson;
>
> But dámn'd and hál'd to èxecútion,
>
> Wísheth that stíll he míght be ímprisoned;
>
> (Donne, *Holy Sonnets,* 2)

Der Widerstreit von Versfuß- und Wortfußgliederung, wenn man diese von Klopstocks *Abhandlung über den deutschen Hexameter* (1779) entlehnten Begriffe trotz der prinzipiell ungünstigen Ausdehnung der Fußterminologie auf die sprachlich realisierte Verszeile einmal schlagwortartig beibehalten will, wird eindrücklich, wenn man in den folgenden Beispielen die unterschiedliche Unterbringung von Wörtern innerhalb des metrischen Gitters beobachtet:

Beispiele:

> Koinzidenz von Versfuß (Trochäen) und „Wortfuß" (initialbetonte Mehrsilbler); (Metrum fallend, Wörter fallend):
>
> | Eárnest, | eárthless, | équal, | attúneable, váulty, volúminous,
>
> ... stupéndous
>
> (Hopkins, "Spelt from Sibyl's Leaves")

Gegenläufige Einordnung von Wörtern in die Fußgliederung jambi-
· scher bzw. trochäischer Vers; Metrum steigend (jambisch), Wörter fallend:

In váin to mé | the smí | ling mór | nings shíne |

(Gray, "Sonnet: On the Death of Richard
West")

2.10.3. Elision

Unter dem Begriff Elision[28] werden, wie in der neueren Forschungsliteratur allgemein üblich, alle Formen des tatsächlichen (rezitatorischen) oder
nur fiktiven Ausgleichs zwischen der vorgeschriebenen Zahl metrischer
(Silben-)Positionen einerseits, der tatsächlichen Silbenzahl der realisierten
Verszeile andererseits verstanden, also die folgenden klassischen Begriffe
zusammengefaßt: Synkope, Apokope, Synärese, Synizese, Proklise, Synklise, Enklise, Kontraktion, Synaloephe. Am Phänomen der Elision läßt sich
der Sachverhalt *interplay* besonders gut demonstrieren.

TEXT 14

> The poeticall licence is a shrewde fellow, and covereth many faults
> in a verse, it maketh wordes longer, shorter, of mo[re] syllables, of
> fewer, newer, older, truer, falser, and to conclude it turkeneth all
> things at pleasure [. . .][29]

Beispiele:

Téach mee hów to repént; for thát's as góod
As íf thoú hadst séal'd my párdon, wíth thy blóod.
(Donne, *Holy Sonnets,* 4)

Thén, as my sóule, to'héaven her fírst séate, tákes flíght
And éarth-borne bódy, in the éarth shall dwéll,
So, fáll my sínnes, that áll may háve, their ríght,
To whére they'are bréd, and woúld présse me, to héll.
(Donne, *Holy Sonnets,* 3)[30]

And thrúsh
Through the échoing tímber does so rínse and wríng
The éar, it stríkes like líghtnings tó héar him síng.
(Hopkins, "Spring")

---

[28] Robert Bridges, *Milton's Prosody* (Oxford, [1]1921, rpt. 1965); Robert O. Evans,
Milton's Elisions (Gainesville: U. of Florida P., 1966); Seymour Chatman, *A Theory
of Meter;* Wilhelm Franz, *Shakespeares Blankvers* (Tübingen: Verlag des Englischen
Seminars, 1932).

[29] George Gascoygne, *Certayne Notes of Instruction concerning the making of verse
or rhyme in English, Works,* ed. J.W. Cunliffe (Cambridge, 1907), I, 40.

[30] Zugleich illustriert dieses Beispiel die außerordentliche Spannung zwischen metrischem Gitter und Akzentrealisierung, die für Donne typisch ist.

Robert Bridges hat als erster am Beispiel von Milton gezeigt, daß sogenannte elidierte Silben nicht aus der Rezitation verschwinden, daß also hier nicht einfach die sprachlich-realisierte Verszeile so gekürzt wird, daß sie reibungslos im Versschema aufgeht. Vielmehr ist die Überfüllung des metrischen Schemas der Silbenzahl nach wiederum als Spannungsverhältnis zu verstehen, das potentiell ausdrucksstark ist. Dasselbe gilt natürlich auch für den umgekehrten Fall, wenn das metrische Schema sprachlich silbenmäßig unterfüllt wird, so daß normalerweise stumme Silben klingend gesprochen werden:

Déath be not próud, though sóme have cálled theé
Míghty and dréadfull, fór thou árt not sóe.
(Donne, Holy Sonnets, 5)

„Called" muß zweisilbig sein, denn die Endsilbe -ed erfüllt die 9. metrische Position im fünfhebig-jambischen Vers. Zugleich zeigt der zweite Vers des Beispiels, wie eine an sich mögliche Elision ("mighty and") nicht ausgenutzt wird, weil dann der Vers wiederum nur 9 metrische Positionen realisieren würde. Elision ist deshalb auch nicht generell vorgeschrieben, sondern fakultativ. Elision und ihr Gegenteil, klingende Silben, die in normaler Prosarede stumm sind, stellen zusammen Verfahrensweisen eines "prosodic bookkeeping" dar, durch das das interplay zwischen Metrum und realisiertem Vers in Bezug auf die Silbenzahl geregelt wird.[31]

2.10.4. Enjambement

Als Enjambement bezeichnet man traditionell den Widerstreit zwischen den Versgrenzen und der syntaktischen Gliederung der Rede. Fallen Versende und Satz-/Phrasenende zusammen, spricht man von end-stopped lines, „überschreitet" die Phrasen-/Satzgliederung die Versgrenze, spricht man von run-on lines oder Enjambement.

Beispiele:
Nothing is so beautiful as Spring —
When weeds, in wheels, shoot long and lovely and lush;
Thrush's eggs look little low heavens, and thrush = Enj. (contre-r.)
Through the echoing timber does so rinse and wring = Enj. (rejet)
The ear, it strikes like lightnings to hear him sing;
The glassy peartree leaves and blooms, they brush = Enj. (contre-r.)
The descending blue; that blue is all in a rush = Enj. (rejet)
With richness; the racing lambs too have fair their fling.
(Hopkins, "Spring")

---

[31]Seymour Chatman, A Theory of Meter, 107.

In traditionellen Darstellungen wird Enjambement zumeist als Trennung eng zusammengehöriger syntaktischer Elemente durch die Versgrenze beschrieben, und es werden zwei charakteristische Fälle unterschieden:

TEXT 15

> Dieses Übergreifen [des Satzes in den nächsten Vers] nennt man frz. *enjambement,* [. . .] Der in den nächsten Vers verwiesene Satzteil, [. . .] wird *rejet* genannt. [. . .] Läßt man umgekehrt einen neuen Satz kurz vor dem Versende beginnen, so daß der Hauptteil des Satzes erst im nächsten Verse nachfolgt, so kann man sowohl den vorausgehenden Satzteil wie das ganze Verfahren *contre-rejet* nennen.[32]

Im Beispiel illustrieren die Verse 4/5 und 7/8 das *rejet,* die Verse 3/4 und 6/7 das *contre-rejet.*[33] Nun bereitet die Bestimmung dessen, was eng zusammengehörige syntaktische Elemente sind, im Einzelfall große Schwierigkeiten. Viktor Žirmunskij hat deshalb bereits 1925 vorgeschlagen, das Enjambement nach suprasegmentalen Kriterien des Stärkeverhältnisses von Versfuge und einer (zumeist in deren Nähe liegenden) Binnenzäsur des Verses zu bestimmen.

TEXT 16

> The most characteristic feature of enjambment is that it contains within the line a *syntactic pause* which is stronger than that at the beginning or end of the same line. Depending on the distribution of this pause, one can distinguish two kinds of enjambment: one internal syntactic pause terminates a phrase carried over from the preceding line . . . [*rejet*], and the other begins a phrase carried over into the following line . . . [*contre-rejet*] Often, however, both types are to be seen in one enjambment. [. . .]
> The question has often been raised as to what kind of syntactic elements are so closely bound that separating them creates enjambment. In answer, various authors have pointed out the connection of the subject with the predicate, of the predicate verb with the direct object, of the modifier with the modified, and so on. In this form, however, the question is improper: one can adduce sufficient ex-

---

[32] Elwert, *Frz. Metrik,* 74f.

[33] Das Beispiel illustriert zugleich die strukturale Funktion des Enjambements: Es handelt sich um eine Sonett-Oktave, die einmal dadurch zur Einheit zusammengeschlossen wird, daß die Fuge zwischen den beiden Quartetten durch Enjambement überspielt wird, daß andererseits rahmende *end-stopped lines* und zwei jeweils drei Verse in der Abfolge *contre-rejet* und *rejet* umfassende Gruppen von *run-on lines* symmetrisch zueinander angeordnet sind.

amples in which close syntactic ties are disrupted without causing enjambment. [. . .] In all of these cases enjambment occurs only when there is within the line a significant syntactic pause giving rise to a closer linkage of the syntactically bound parts of the sentence. [. . .] Thus, the presence of enjambment is determined not so much by the absolute significance of one syntactic pause or another as it is by the *relationship* between the syntactic break occurring in the middle of the line and that occurring at the line's end.[34]

In aller Regel treten weitere Elemente zur Stützung von Enjambements hinzu, z.B. Klangbeziehungen, akzenttragende Senkung, Synaphie (Fugung) bzw. Asynaphie sowie Formen syntaktischer Inversion, Reim. Normaler Endreim befestigt das Versende, gebrochene oder gespaltene Reime[35] und „unbedeutende Reimwörter" schwächen die Versfuge und unterstützen vorhandenes Enjambement.

Beispiel:
> Wie soll ich meine Seele halten, daß
> sie nicht an deine rührt? Wie soll ich sie
> hinheben über dich zu andern Dingen?
> Ach gerne möcht ich sie bei irgendwas
> Verlorenem im Dunkel unterbringen
> an einer fremden stillen Stelle, die
> nicht weiterschwingt, wenn deine Tiefen schwingen.
> > (Rilke, „Liebes-Lied")

Extreme Enjambements über nicht selbständige Redeteile hinweg finden sich in der französischen Dichtung seit der Romantik:

Beispiele:
> Les pieds dans les glaieuls, il dont. Souriant comme
> Sourirait un enfant malade, il fait un somme.
> > (Rimbaud, „Dormeur du val")

Banville: sans | Un souvenir
Verlaine: et on | Entendait

---

[34] V. Žirmunskij, *Introduction to Metrics,* 161f.

[35] A. Wagner, *Unbedeutende Reimwörter und Enjambement bei Rilke und in der neueren Lyrik* (Bonn, 1930); R. Abernathy, "Rhymes, Non-Rhymes, and Antirhyme", *To Honor Roman Jakobson* (The Hague: Mouton, 1967), I, 1—14; F.G. Ryder, "How Rhymed is a Poem?" *Word,* 19 (1963), 310—321; S.R. Levin, *Linguistic Structures in Poetry* (s'Gravenhage: Mouton, 1962), 42ff.

Verlaine: roucou- | lant (Versfuge im Wortinneren!)
René Ghil: dans la | chute, elle a | été[36]

Vergleichbares findet sich in der englischen Dichtung bei Gerard Manley
Hopkins:

Beispiel:
    England, whose honour O all my heart woos, wife
    To my creating thought, would neither hear
    Me, were I pleading, plead nor do I: I wear —
    y of idle a being but by where wars are rife.
                              (Hopkins, "To seem the stranger")

2.10.5. Zäsur

In der klassischen Metrik heißen die Teilungen des Verses Zäsuren und
Diäresen. Während bei der Zäsur der Einschnitt innerhalb eines Versfußes
liegt, fällt bei der Diärese die Versfußgrenze mit dem Einschnitt zusammen.

In den neueren Sprachen hat diese Unterscheidung, die auf einem festen
Versfußsystem basiert, ihren Sinn verloren. Im allgemeinen hat sich die
folgende Sprachregelung eingebürgert: Als Zäsuren werden im *metrischen*
Schema vorgeschriebene Einschnitte bezeichnet. Alle anderen Teilungen,
die durch die sprachliche Realisierung der Verszeile bestimmt sind (Kolon-,
Phrasen-, Satzgliederung) sollten zur Unterscheidung von den (metrischen)
Zäsuren (syntaktische) Schnitte genannt werden. Damit läßt sich das
Grundprinzip des *interplay* zwischen Metrum und sprachlich realisierter
Verszeile auch im Bereich der Versteilungen sauber durchhalten.

In den Verssystemen der neueren Sprachen finden sich nur noch wenige
metrische Schemata, die feste Zäsuren vorschreiben. Das markanteste Beispiel ist der Alexandriner: Zwölf(dreizehn-)silbiger Vers mit Zäsur nach
der 3. Hebung.

Beispiele:
    x   x́   x   x́   x   x́ | x   x́   x   x́   x   x́ x
    Wir sind doch nunmehr ganz, ja mehr denn ganz verheeret!
    Der frechen Völker Schar, die rasende Posaun,
    das vom Blut fette Schwert, die donnernde Kartaun
    hat aller Schweiß und Fleiß und Vorrat aufgezehrt.
                              (Gryphius, „Tränen des Vaterlandes")

_____

[36] Beispiele nach W. Suchier und R. Baehr, *Französische Verslehre* (Tübingen: Niemeyer, [2]1963), 113f.

Les amoureux fervents et les savants austères
Aiment également, dans leur mûre saison,
Les chats puissants et doux, orgueil de la maison,
Qui comme eux sont frileux et comme eux sédentaires.
(Baudelaire, "Les Chats")

Der fünfhebig-jambische Vers im Englischen und Deutschen kennt keine feste Zäsurstelle, er teilt sich — variabel — nach der vierten, fünften oder sechsten Silbe. Folglich ist auch das *interplay* zwischen Zäsur und sprachlicher Realisierung ungleich schwächer ausgeprägt als beim Alexandriner.[37]

Beispiel:

When I consider how my light is spent,	5+5
Ere half my days, in this dark world and wide,	4+6
And that one Talent which is death to hide,	5+5
Lodg'd with me useless, though my soul more bent	5+5
To serve therewith my Maker, and present	7+3
My true account, least he returning chide,	4+6
Doth God exact day-labour, light deny'd,	7+3
I fondly ask; But patience to prevent	4+6
That murmur, soon replies, God doth not need	(3+3)+4
Either man's work or his own gifts, who best	4+(4+2)
Bear his mild yoak, they serve him best, his State	4+(4+2)
Is Kingly. Thousands at his bidding speed	3+7
And post o're Land and Ocean without rest:	4+6
They also serve who only stand and waite.	4+6

(John Milton, *Sonnets*, xix)

Die Analyse der Versteilungen dieses Sonetts zeigt, daß der Teilungstyp 4+6 Silben (7x) am häufigsten auftritt. Hier wirkt sich vermutlich die Verwandtschaft des englischen *iambic pentameter* mit dem französischen *vers commun* noch aus. An zweiter Stelle steht der Verstyp 5+5 Silben (3x). Der dritte generell relativ häufige Typ 6+4 kommt in diesem Text nur einmal vor. Diese drei Teilungstypen beherrschen insgesamt 11 von den 14 Versen des Sonetts. So bleibt als ausdrucksstarkes *interplay* unter dem Aspekt der Zäsurierung eigentlich nur noch der Fall 7+3 (2x) bzw. seine Umkehrung 3+7 (1). In zweien der Verse dieses Teilungstyps finden sich in charakteristischer Weise starke Enjambements (5, 12). Enjambement bewirkt in 3 Versen das Auftreten eines zusätzlichen syntaktischen Schnitts neben der regulären Zäsur (9, 10, 11).

---

[37] Zum Alexandriner vgl. weiter S. 48-50

Der französische Zehnsilbler (ursprünglich *vers commun*) hat im Regelfall eine feste Zäsurstelle nach der 4. Silbe.

Beispiel:

>   Rappelle-toi, | quand l'Aurore craintive
>   Ouvre au Soleil | son palais enchanté;
>   (Musset)

2.11. Strophik

Innerhalb lyrischer Texte werden Verse entweder einfach gereiht *(stichisch)* oder sie werden nach besonderen Bauprinzipien zu Gruppen angeordnet *(strophisch)*. Die Strophe stellt damit eine strukturelle Zwischenstufe zwischen dem einzelnen Vers und dem gesamten Gedicht dar.

Unterhalb der Ebene der Strophengliederung ist des weiteren noch der Zusammenschluß von Versen zu Ver*spaaren* (z.B. Reimpaaren) angesiedelt. Das wichtigste strophenbildende Merkmal ist neben dem Metrum der Endreim.

Beispiele:

a) Stichische Verse:

>   In June, amid the golden fields,
>   I saw a groundhog lying dead.
>   Dead lay he; my senses shook,
>   And mind outshot our naked frailty.
>   There lowly in the vigorous summer
>   His form began its senseless change,
>   And made my senses waver dim
>   Seeing nature ferocious in him.
>   Inspecting close his maggots' might
>   And seething cauldron of his being,
>   Half with loathing, half with a strange love,
>   I poked him with an angry stick.
>   . . .
>
>   (Richard Eberhard, "The Groundhog")

b) Reimpaare:

>   But most by *numbers* judge a poet's song,
>   And smooth or rough, with them, is right or wrong;
>   In the bright Muse though thousand charms conspire,
>   Her voice is all these tuneful fools admire,

Who haunt Parnassus but to please their ear,
Not mend their minds; as some to church repair,
Not for the doctrine but the music there.
...

(Pope, Essay on Criticism)

c) Strophen:

Es war ein König in Thule,
Gar treu bis an das Grab,
Dem sterbend seine Buhle
Einen goldnen Becher gab.

Es ging ihm nichts darüber,
Er leert' ihn jeden Schmaus;
Die Augen gingen ihm über,
So oft er trank daraus.

(Goethe, „Der König in Thule")

Analog zum Enjambement zwischen Einzelversen gibt es Strophenenjambement, das einen reizvollen Widerstreit zwischen etablierter Strophengliederung und ihrer (partiellen) Aufhebung erzeugt:

Venedigs Sonne wird in meinem Haar
ein Gold bereiten: aller Alchemie
erlauchten Ausgang. Meine Brauen, die
den Brücken gleichen, siehst du sie

hinführen ob der lautlosen Gefahr
der Augen, die ein heimlicher Verkehr
an die Kanäle schließt, so daß das Meer
in ihnen steigt und fällt und wechselt. Wer

mich einmal sah, beneidet meinen Hund,
weil sich auf ihm oft in zerstreuter Pause
die Hand, die nie an keiner Glut verkohlt,
die unverwundbare, geschmückt, erholt —,
Und Knaben, Hoffnungen aus altem Hause,
gehn wie an Gift an meinem Mund zugrund.

(Rilke, „Die Kurtisane")

2.12. *Free Vers — vers libre* — Freivers — Freie Rhythmen

Freie Verse lösen sich zwar von den Zwängen eines festen metrischen Schemas, sind jedoch nicht regellos. Die Freiversbewegung[38] suchte vielmehr,

---

[38] Literatur zum Freivers: Benjamin Hrushovski, "On Free Rhythms in Modern Poetry", *Style in Language,* 173—190; Rolf Kloepfer, „Vers Libre — Freie Dich-

indem sie sich von als zu starr empfundenen metrischen Konventionen löste, variable rhythmische Gebilde zu schaffen, die keineswegs ein Weniger, sondern eher ein Mehr an Strukturierung aufweisen:

TEXT 17

By free rhythms I mean poems which (1) have no consistent metrical scheme, that is, in tonic syllabic poetry have a freedom from the prevalent, predetermined arrangement of stressed and unstressed syllables; but (2) do have a poetic language organized so as to create impressions and fulfil functions of poetic rhythm. [. . .] The proclaimed tendencies of free rhythmic poetry ran from a search for a more 'speech-like', 'prosaic' expression to an effort to create individual structures rhythmically more organized than is possible in metrical verse, with preference for local effects rather than for the over-all unity of the poem. Often both polar tendencies appear in the rhythm, as well as in the diction of one poem.[39]

In freien Versen wird das nicht vorhandene Ordnungsprinzip Metrum durch die Stärkung anderer Ordnungsprinzipien kompensiert. Das wichtigste Ordnungsprinzip freier Verse ist die Zeile. Die Verszeile, selbst wenn sie sich als scheinbar willkürliche Segmentierung des Textes im Druckbild gibt, schließt Textelemente zur Einheit zusammen und trennt sie von anderen, sie geht *interplay* mit der syntaktischen Gliederung der Rede und natürlich auch mit anderen strukturierenden Elementen ein. Die Wahrnehmbarkeit rhythmischer Gruppen, die gewöhnlich zwischen 2 und 4 starkbetonte Silben plus eine relativ freie Anzahl unbetonter Silben umfassen, wird in freien Versen durch syntaktische, rhetorische und klangliche Mittel erhöht:

syntaktische Mittel: Phrasenlänge, Satzlänge, Inversionen usw.
rhetorische Mittel: Wiederholungsfiguren, Parallelismen usw.
klangliche Mittel: quantitative Verhältnisse (Verhältnis von Lang- und Kurzvokalen; Konsonantenhäufung usw.), alliterative und assonantische Muster usw.

---

tung: Eine poetische Tradition jenseits von Metrik und linguistischer Poetik?" *LiLi,* 1 (1971), Heft 3, 81—106; Lothar Ern, *Freivers und Metrik: Zur Problematik der englischen Verswissenschaft* (München: Hueber, 1968); A. Closs, *Die freien Rhythmen in der deutschen Lyrik* (Bern: Francke 1947); G.S. Fraser, *Metre, Rhyme and Free Verse,* The Critical Idiom, 8 (London: Methuen, 1970).

[39] Benjamin Hrushovski, "On Free Rhythms in Modern Poetry", *Style in Language,* 183f.

Beispiel:

These fought in any case,
and some believing,
                              pro domo, in any case . . .

Some quick to arm,
some for adventure,
some from fear of weakness,
some from fear of censure,
some for love of slaughter, in imagination,
learning later . . .
some in fear, learning love of slaughter;

Died some, pro patria,
                              non 'dulce' non 'et decor' . . .

walked eye-deep in hell
believing in old men's lies, then unbelieving
came home, home to a lie,
home to many deceits,
home to old lies and new infamy;
usury age-old and age-thick
and liars in public places.

Daring as never before, wastage as never before.
Young blood and high blood,
fair cheeks, and fine bodies;

fortitude as never before

frankness as never before,
disillusions as never told in the old days,
hysterias, trench confessions,
laughter out of dead bellies.

                    (Pound, *Hugh Selwyn Mauberley,* IV)

Eine Silbenzählung ergibt für diesen Textabschnitt relativ konstante Silben-
zahlen pro Vers. Die mittlere Silbenzahl ist 7,22; der kürzeste Vers hat 4
Silben, der längste 14. Nur 3 Verse fallen mit 12 bzw. 14 Silben weit aus
dem Rahmen. Die meisten längeren Verse sind aus mehreren kürzeren Phrasen zusammengesetzt, die ihrerseits wiederum eine relativ konstante Länge
aufweisen. Des weiteren weisen die Zeilen ganz überwiegend 2–3 realisierte
Akzente auf oder bestehen aus Phrasen mit 2 oder 3 realisierten Akzenten.
Die Zeile ist durchweg auch syntaktische Einheit. Der Text gliedert sich in
drei durch rhetorische Wiederholungsfiguren (Wortwiederholungen, Parallelismus, Anapher, Epipher: "some . . . "; "home to . . . ", "as never before") und Klangbindungen strukturierte Abschnitte. Diese Kataloge (in
der Nachfolge Walt Whitmans) werden durch rhythmisch hervorgehobene
Schlußwendungen abgeschlossen. Der Text wirkt trotz — oder gerade wegen — des Fehlens eines metrischen Gerüsts als Einheit.

2.13. Versanalyse im Kontext der Analyse und der Interpretation lyrischer Texte (Beispiel)

Die Versanalyse im Kontext der Analyse und der Interpretation einzelner poetischer Texte fragt auf dem Hintergrund von Erkenntnissen über den Bau und die Funktion von Versen überhaupt und des Wissens über historische Normen der Versifizierung nach den besonderen Realisationsformen des Verses in dem zu untersuchenden Text und interpretiert die Leistung des Verses bei der Bedeutungskonstitution des poetischen Textes als ganzem. Am Beispiel eines Sonetts von John Donne soll das Verfahren der Versanalyse exemplarisch demonstriert werden.

TEXT

> Bátter my héart, threé pérson'd Gód; for, yóu
> As yét but knócke, bréathe, shíne, and séeke to ménd;
> That Í may ríse, and stánd, o'erthrów meē, and bénd
> Your fórce, to bréake, blówe, búrn and máke me néw.
> Í, like an usúrp't tówne, to'anóther dúe,
> Lábour to'admít you, but Óh, to nó énd,
> Réason your víceroy in meé, mee shóuld defénd,
> Bút is cáptive'd, and próves wéake or untrúe,
> Yet déarly'Í lóve you, and wóuld be lóv'd faíne,
> But ám betróth'd untó your énemie,
> Divórce meē, untíe, or bréake that knót agaíne,
> Táke mee to yóu, impríson mee, for Í
> Excépt you'enthráll mee, néver shall be freé,
> Nor éver chást, excépt you rávish mee.

(Donne, *Holy Sonnets,* 10)

1. *Metrisches Schema und Gedichtform*

Es handelt sich bei diesem Gedicht um ein Sonett in fünfhebig-jambischen Versen.

2. *Sprachlich realisierter Text*

Die Zahl und Lage der realisierten Akzente im Vergleich zum metrischen Gitter ist aus der Durchzeichnung des Textes zu entnehmen.

3. *Interplay*

In sechs Versen (1, 5, 6, 7, 8, 12) findet sich Inversion am Versanfang (1. Versfuß). Darüber hinaus kommt Inversion im Versinneren in einzelnen Versfüßen der Verse 6, 8, 9 vor. In einer Reihe von Versen stehen zusätzliche sprachliche Akzente auf Senkungspositionen (1, 2, 4). Dabei findet sich in den Versen 2 und 4 die charakteristische Aufzählung einsilbiger syntaktisch gleichrangiger Glieder, die zu einer starken Akzenthäufung und zugleich zum Auftreten häufiger Schnitte führt. Auffällig häufig sind Formen von Elision (⌒), nämlich 8mal (Verse 3, 5, 6, 7, 9, 11, 13), im Sinne des "prosodic bookkeeping", also Silben, die zwar metrisch nicht zählen, dennoch aber den Vers beschweren.

Ein Überblick über die Teilungen des Verses ergibt folgendes Bild: In allen Versen ist eine der Regelzäsuren des fünfhebig-jambischen Verses erfüllt. Läßt man zusätzliche Einschnitte im Verse zunächst unberücksichtigt, so kommt der Zäsurtyp 4+6 sechsmal, der Zäsurtyp 6+4 fünfmal und der Zäsurtyp 5+5 insgesamt dreimal vor.

Markante Enjambements finden sich in den Versen 1 *(contre-rejet)*, 4 *(rejet)*, 12 *(contre-rejet)*. Die Aufzählungen einsilbiger Glieder sowie die durch die Enjambements erforderten starken Binnenteilungen der Verse sind für die zusätzlichen Einschnitte in den Versen 2, 3, 4, 11, 12 verantwortlich. Insgesamt zeigen die Verse dieses Gedichts ein bemerkenswertes Maß von Regularität. Die beschriebenen markanten Fälle von *interplay* sind innerhalb der umfassenden Interpretation des Textes zu berücksichtigen. In keinem Fall wird der traditionell gegebene Spielraum der Versfüllung überschritten.[40] Die Sonettform wird, wie das Reimschema anzeigt, in einer Mischform zwischen dem Petrarca-Sonett einerseits, dem englischen Sonett der Shakespeare-Surrey-Tradition andererseits realisiert: Das Reimschema erfüllt in der Oktave die Vorschrift der Petrarca-Form nach nur zwei Reimen: abba abba. Das Sestett realisiert zunächst ebenfalls das Reimschema des Petrarca-Sonetts: (cdc d . . .), führt sodann jedoch ein Reimpaar *(couplet)* mit fremden Reimen (ee) im Sinne des Shakespeare-Sonetts ein. Durch die Enjambements werden zunächst die vier Verse des ersten Quartetts eng zusammengeschlossen; das Enjambement in Vers 12/13 verbindet die beiden Schlußverse, die *couplet*-Wirkung haben, mit den ersten 4 Sestettversen, verstärkt also die in der Reimform ablesbare Zwischenstellung zwischen dem zweiteiligen Petrarca-Typ und dem durchlaufenden Shakespeare-Typ (3 Quartette und *Couplet*).

---

[40] Vgl. Hans-Jürgen Diller, *Metrik und Verslehre*, 82.

Weiterführende Literatur:

In diesem Kapitel konnten weder alle Verstypen noch die Vielfalt der Strophenformen dargestellt werden. Hierfür sei auf die einschlägigen Versgeschichten verwiesen, z.B. auf Andreas Heusler, *Deutsche Versgeschichte*, 3 vols. (Leipzig, 1925–1929); Enid Hamer, *The Metres of English Poetry* (London, [4]1951, rpt. 1964); G. Saintsbury, *A History of English Prosody*, 3 vols. (London, 1923, rpt. New York, 1961); Hans-Jürgen Diller, *Metrik und Verslehre*, Düsseldorf, 1978; W. Theodor Elwert, *Französische Metrik* (München, [2]1966); W. Suchier, R. Baehr, *Französische Verslehre* (Tübingen, 1963); R. Baehr, *Einführung in die französische Verslehre* (München, 1970).

3. Problemfeld III: Klangbeziehungen

3.0. Problemstellung und Lernziele

In diesem Kapitel geht es um einen weiteren Komplex von „Elementen"
des lyrischen Textes: Strukturen und Beziehungen, die durch Phonemrekurrenzen (aller Art) gebildet werden. Dem Leser wird aus dem Stoff dieses
Kapitels der (End-)Reim am besten vertraut sein. So wird bereits am Reim
die Frage nach dem Verhältnis von Klassifikation und Funktionsanalyse
gestellt, die alle analytischen Kapitel dieses Buches durchzieht. Der Reim
ist jedoch nur eine Form der Klangbeziehungen, die in Gedichten auftreten. Die Betrachtung des Reims ist deshalb in den Zusammenhang einer
generellen Klassifikation und Funktionsanalyse von Klangbeziehungen im
Gedicht zu stellen. Alle Klangbeziehungen fallen — mit Überlegungen, die
Roman Jakobson in Aufnahme von Gerard Manley Hopkins anstellt — unter
die Kategorie des Parallelismus. Hier ist ein übergreifendes Prinzip der Strukturbeschreibung gegeben. Die Forschung hat sich besonders mit der Frage
des Verhältnisses von Klangbeziehungen zu Sinnbeziehungen beschäftigt,
eine Fragestellung, die wiederum von dem in Kapitel 1 dargestellten *interplay*-Modell erfaßt wird.

In diesem Kapitel soll der Leser
— Klangstrukturen in Gedichten klassifizieren lernen,
— Klangstrukturen unter dem Prinzip des Parallelismus verstehend einordnen können,
— das Problem der Klang-/Sinnbeziehungen durchdenken und schließlich
— Entwürfe zu Funktionentafeln von Klangphänomenen im Gedicht kennenlernen.

3.1. Klangbeziehungen als Parallelismus: Roman Jakobson

Metrum/Rhythmus einerseits, das Netz von Klangbeziehungen andererseits
bilden zusammen das *sound stratum* oder *phonetic stratum,* die sinnlich
faßbare Klangschicht des Sprachkunstwerks, die in je unterschiedliche
Beziehungen wechselseitiger Art zu den anderen Schichten des Sprachkunstwerks eintritt.[1] Wie die Realisierung der vorgegebenen metrischen Norm

---

[1] "Every work of literary art is, first of all, a series of sounds out of which arises
the meaning." R. Wellek und A. Warren, *Theory of Literature,* 158.

eines Verses vor allem an die suprasegmentalen Phoneme des Satzes gebunden ist *(stress, pitch, juncture)*, so werden die Klangbeziehungen aus der Phonemstruktur der Wörter aufgebaut. Während beispielsweise im altgermanischen Stabreimvers bestimmte Klangbeziehungen (Stäbe) in ihrem Vorkommen geregelt waren, sind Klangbeziehungen im Versinneren im modernen deutschen, englischen und französischen Vers frei verfügbar. Die am weitesten geregelten Klangbeziehungen stellt in modernen deutschen, englischen und französischen Gedichten der Endreim dar: Bestimmte Strophenformen verlangen zwingend bestimmte Reimfolgen (Beispiel: Sonett, *ottava rima,* Terzine usw.), *heroic couplets* sind paarweise gereimt; daneben gibt es eine Fülle von Formen, in denen die Verwendung des Endreims nicht geregelt ist.

In der zweifachen Funktion des Wortes als Sinnträger und als Klangträger, die hier zum Tragen kommt, überwiegt einmal diese, ein andermal jene Funktion, wiewohl nur ganz selten Wörter als reine Klangträger ohne Sinn auftreten *(nonsense verse),* sehr häufig jedoch die Klangfunktion völlig hinter der semantischen und syntaktischen Funktion der Wörter zurücktritt. Die Aktualisierung der in jeder Phonemfolge potentiell angelegten Klangwirkung als eines bewußt oder unbewußt gesteuerten dichterischen Aktes bedarf in jedem Fall des Kontextes; Klangfiguren ergeben sich wie metrische Schemata erst durch die Wiederholung vergleichbarer Elemente. Der Dichter, der den Klang der Wörter im Vers strukturbildend einsetzt, muß in der Regel die Setzung der Wörter im poetischen Kontext unter dem doppelten Auswahlkriterium des angemessenen Sinns und des angemessenen Klangs zugleich vornehmen, woraus sich nicht selten Spannungen ergeben. Beide Kriterien fallen nur in der Onomatopoiie zusammen.[2] Über die der Onomatopoiie zugrunde liegenden linguistisch begründbaren *symbolreferent*-Beziehungen im einzelnen Wort hinaus ergibt sich im Gedicht ein Wechselspiel von Bedeutung und Klang, das allerdings nicht generalisierbar ist, sondern wie jede Form von *interplay* im Kontext gedeutet werden muß.[3] Klang-Sinn-Beziehungen konstituieren sich ebenso wie Vers-Sinn-Beziehungen jeweils nur im Kontext des konkreten Einzeltextes und werden

---

[2]   H. Wissemann, *Untersuchungen zur Onomatopoiie* (Heidelberg: Winter, 1954); R. Brown, *Words and Things* (New York, [8]1966); S. Ullmann, *Language and Style* (Oxford, 1964); P. Delbouille, *Poésie et sonorités: La critique contemporaine devant le pouvoir suggestif des sons* (Paris, 1961).

[3]   Analog gilt hier Wimsatts und Beardsleys Satz: "But you cannot write a grammar of the meter's interaction with the sense, any more than you can write a grammar of the arrangement of metaphors." "The Concept of Meter", *PMLA,* 75 (1959), 596.

gewissermaßen *a posteriori* interpretierbar. Deshalb sind auch Versuche, dem Wortklang apriorisch bestimmte Ausdrucksvalenzen zuzuschreiben — etwa dunklen Vokalen Trauer, hellen Vokalen Freude usw. — insgesamt zum Scheitern verurteilt — womit, um es nochmals zu sagen, durchaus nicht ausgeschlossen ist, daß sich nicht im Einzelgedicht solche Ausdrucksvalenzen konkret konstatieren lassen. Klangbeziehungen und der Reim im besonderen sind ein spezialisierter Fall eines Grundprinzips poetischer Texte überhaupt, des Parallelismus:

TEXT 1

> Rhyme is only a particular, condensed case of a much more general, we may even say the fundamental, problem of poetry, namely *parallelism*. Here again [Gerard Manley] Hopkins, in his student papers of 1865, displayed a prodigious insight into the structure of poetry:
>
>> The artificial part of poetry, perhaps we shall be right to say all artifice, reduces itself to the principle of parallelism. The structure of poetry is that of continuous parallelism, ranging from the technical so-called Parallelisms of Hebrew poetry and the antiphons of Church music up to the intricacy of Greek or Italian or English verse. But parallelism is of two kinds necessarily — where the opposition is clearly marked, and where it is transitional rather or chromatic. Only the first kind, that of marked parallelism, is concerned with the structure of verse — in rhythm, the recurrence of a certain sequence of syllables, in metre, the recurrence of a certain sequence of rhythm, in alliteration, in assonance and in rhyme. Now the force of this recurrence is to beget a recurrence or parallelism answering to it in the words or thought and, speaking roughly and rather for the tendency than the invariable result, the more marked parallelism in structure whether of elaboration or of emphasis begets more marked parallelism in the words and sense. [...]
>
> Briefly, equivalence in sound, projected into the sequence as its constitutive principle, inevitably involves semantic equivalence, and on any linguistic level any constituent of such sequence prompts one of the two correlative experiences which Hopkins neatly defines as "comparison for likeness's sake" and "comparison for unlikeness's sake".[4]

---

[4]   Roman Jakobson, *Style in Language,* 368f; vgl. G.M. Hopkins, "Poetic Diction", *The Journals and Papers,* ed. Humphry House, Graham Storey (London: O.U.P., [2]1966), 84.

3.2. Der Endreim

Endreim ist definiert als Gleichlaut (Phonemübereinstimmung) vom letzten betonten Vokal an, dabei wird in der Regel Ungleichheit des/der diesem Vokal vorausgehenden Konsonanten verlangt.

Beispiel:

Über allen Gipfeln	a
Ist Ruh,	b
In allen Wipfeln	a
Spürest du	b
Kaum einen Hauch;	c
Die Vögelein schweigen im Walde.	d
Warte nur, balde	d
Ruhest du auch.	c

(Goethe, „Wandrers Nachtlied")

Das Reimschema wird üblicherweise durch Kleinbuchstaben notiert, im Beispiel also ababcddc. Das Beispiel zeigt, daß Reime ein- und zweisilbig sein können, gelegentlich kommen auch drei- und mehrsilbige Reime vor.

Beispiel:

Touch her not scournfully;	a
Think of her mournfully,	a
Gently and humanely;	b
Not of the stains of her,	c
All that remains of her	c
Now is pure womanly.	b

(Thomas Hood, "The Bridge of Sighs")

Reimvorschriften sind, wie alle poetischen Normen, zeitabhängig und dem historischen Wandel unterworfen. Dies gilt beispielsweise für die Verwendung des identischen Reims, der lange Zeit als Kunstfehler angesehen worden ist oder für die Beurteilung des rührenden Reims (frz. *rime riche*), der in der deutschen Dichtung als Fehler galt, dagegen in der französischen Dichtung unanstößig ist. Drei- und mehrsilbige Reime werden traditionell im Englischen mit komischer Wirkung verwendet:

Beispiel:

Though never nurtured in the lap
Of luxury, yet I admonish you,
I am an intellectual chap,
And think of things that would astonish you.

(W.S. Gilbert)

Das hindert freilich Dichter wie Gerard Manley Hopkins, Thomas Hood oder Thomas Hardy nicht, drei- (oder gar vier-)silbige Reime in durchaus ernster Absicht zu verwenden.

Bei der Beurteilung der Reinheit des Reims ist der historische Lautstand zugrundezulegen. Berühmte Beispiele belegen, daß die Dichter gelegentlich die Verhältnisse nicht der Hochsprache, sondern eines Dialekts zugrunde-gelegt haben:

Beispiel:
  Ach, neige,
  Du Schmerzensreiche,
  Dein Antlitz gnädig meiner Not!
                    (Goethe, *Faust,* I)

Ebenso wie die Ausbildung der Reimvorschriften, ihre Kanonisierung, als historischer Prozeß verläuft, ist auch die gegenläufige Bewegung, das Ver-meiden des Endreims z.B. bei den Symbolisten, den Modernisten (z.B. T.S. Eliot und Ezra Pound)[5] oder die bewußte Störung des reinen Reims durch *pararhyme (consonantal half rhyme)* eine Entwicklung, die im allgemeinen Kontext der poetischen Normen einer Zeit zu analysieren und ästhetisch zu bewerten ist.

3.3. Klassifizierung von Reimen

Die Klassifizierung von Reimen erfolgt nach unterschiedlichen Kriterien und terminologisch nicht immer einheitlich. Wir nennen nur die wichtigsten Begriffe.

3.3.1. Klassifizierung nach der Silbenzahl

einsilbige Reime (männliche Reime; masculine rhymes):
Ruh/du

zweisilbige Reime (weibliche Reime; feminine rhymes, double rhymes):
Gipfel/Wipfel

dreisilbige Reime (triple rhyme):
scournfully/mournfully; Sinnende/Beginnende; vergehende/flehende; ver-sinkende/blinkende/Winkende

---

[5]   Vgl. T.S. Eliot, *The Music of Poetry* (1942); Ezra Pound, "A Retrospect", *Literary Essays of Ezra Pound,* ed. T.S. Eliot (London: Faber, 1954, rpt.).

3.3.2. Klassifizierung nach der „Fülle" des Reims

3.3.2.1. Gleichklang von *mehr* Lauten als in der Reimdefinition festgelegt:

rührender Reim (rime riche)

Übereinstimmung auch des/der Konsonanten vor dem letzten betonten Vokal:

Beispiele:
> père/propère; paisible/risible[6]

> Hier durch die Schanz und Stadt rinnt allzeit frisches Blut.
> Dreimal sind schon sechs Jahr, als unsrer Ströme Flut,
>> (Gryphius, „Tränen des Vaterlandes")

> Es lispeln und wispeln die schlüpfrigen Brunnen,
> von ihnen ist diese Begrünung gerunnen.
>> (Klaj, „Spazierlust")

> Laßt uns nach der Lieb Willkur
> wandeln auf der Jugend Spur,
> bis das Alter, krumm gebogen,
> komm gezogen,
> mit Kält', Zittern, Furcht und Graus,
> welches mit sich auf dem Rucken
> viel Leids bringet, uns zu drucken,
> bis es uns macht den Garaus!
>> (Weckherlin, „Küß")

identischer Reim (engl. identical rhyme; frz. rime du même au même)

Wiederholung desselben Wortes im Reim:

Beispiel:
> Ein Kaufmann, der sein Gut nur einem Schiffe traut,
> ist hochgefährlich dran, indem es bald kann kommen,
> daß ihm auf einen Stoß sein Ganzes wird genommen.
> Der fehlt, der allzuviel auf ein Gelücke traut.
>> (Paul Fleming, „Zur Zeit seiner Verstoßung")

---

[6] Beispiele nach Elwert, 89.

grammatischer Reim

Verwendung zweier grammatisch unterschiedlicher Formen desselben Stammes *(polyptoton):*

Beispiel:

> Ce qu'Amors viaut, doi je amer.
> Et moi doit ele ami clamer?
> Oil voir, par ce que je l'aim.
> Et je m'anemie la claim.
>   (*Yvain,* 1453ff.)

> . . . tragischer Klage wunderlich entstellt.
> Noch ist die Welt voll Rollen, die wir spielen.
> Solang wir sorgen, ob wir auch gefielen,
> spielt auch der Tod, obwohl er nicht gefällt.
>   (Rilke, ,,Todes-Erfahrung'')

homophoner/äquivoker/paronomastischer Reim (frz. rime équivoquée)

Gleichlautende, aber bedeutungsmäßig unterschiedene Reimwörter:

Beispiel:

> The better part with Mary and with Ruth,
> Chosen thou hast; and they that overween,
> And at thy growing vertues fret their spleen,
> No amber find in thee, but pity and ruth.
>   (Milton, *Sonnets,* IX)

> Captain or Colonel, or Knight in Arms,
> Whose chance on these defenceless dores may sease,
> If deed of honour did thee ever please,
> Guard them, and him within protect from harms,
> He can requite thee, for he knows the charms
> That call Fame on such gentle acts as these,
> And he can spred thy Name o're Lands and Seas,
> What ever clime the Suns bright circle warms.
>   (Milton, *Sonnets,* VIII)[7]

3.3.2.2.   Gleichklang von *weniger* Lauten als in der Reimdefinition festgelegt, bzw. ungleiche Betonungsverhältnisse.

leichter Reim (engl. light rhyme; frz. rimes faibles)

Reim zwischen betonten und unbetonten Silben:

---

[7]   Weitere Beispiele vgl. S. 83: Donne, ''Good Friday''.

Beispiele:

> ... you whom the East
> With draught of thin and pursuant cold so nips
> Breathe Easter now; you serged fellowships,
> You vigil-keepers with low flames decreased,
> God shall o'erbrim the measures you have spent
> With oil of gladness; for sackcloth and frieze
> And the ever-fretting shirt of punishment
> Give myrrhy-threaded golden folds of ease.
> > (Hopkins, "Easter Communion")

> One short sleepe past, wee wake eternally,
> And death shall be no more, Death thou shalt die.
> > (Donne, *Holy Sonnets,* 6)

Halbreim (engl. slant rhyme, off rhyme, half rhyme, pararhyme, near rhyme)

Unter diesem Begriff werden in unterschiedlicher Systematik alle Fälle von — bewußter — Vermeidung des vollkommenen/vollen Reims gefaßt — also nicht einfach unreine Reime. Am wichtigsten sind hier

Assonanz (assonance)

— Gleichklang der ‚Reim'-vokale, Ungleichheit der auf den Tonvokal folgenden Konsonanten: — und

Konsonanz (consonance)

Nichtübereinstimmung der ‚Reim'-vokale, jedoch Übereinstimmung der auf den Tonvokal folgenden Konsonanten.

In der Dichtung des 20. Jahrhunderts findet sich dieses Setzen einer Formkonvention und zugleich ihre Durchkreuzung als bewußtes Spiel mit der Form.

Assonanz

Beispiel:

> John MacDonald found a corpse, put it under the sofa,
> Waited till it came to life and hit it with a poker,
> Sold its eyes for souvenirs, sold its blood for whisky,
> Kept its bones for dumb-bells to use when he was fifty.
> > (MacNeice, "Bagpipe Music")

Wilfred Owen verwendet systematisch konsonantischen Halbreim (Ungleichheit des ‚Reim'-vokals, Gleichheit der den Tonvokal umrahmenden Konsonanten):

Beispiel:

>Move him into the sun —
>Gently its touch awoke him once,
>At home, whispering of fields unsown.
>Always it woke him, even in France,
>Until this morning and this snow.
>If anything might rouse him now
>The kind old sun will know.
>
>Think how it wakes the seeds, —
>Woke once, the clay of a cold star.
>Are limbs, so dear-achieved, are sides,
>Full-nerved — still warm — too hard to stir?
>Was it for this the clay grew tall?
>— O what made fatuous sunbeams toil
>To break earth's sleep at all?
>
>   (Owen, "Futility")

[ababcc'c; pararhymes: sun/sown; snow/now; seeds/sides; star/stir; tall/toil]

Bei Dylan Thomas verbinden sich verschiedene Formen von Halbreim mit komplexen Klangbindungen im Versinneren:

Beispiel:

>Now
>Say nay,
>Man dry man,
>Dry lover mine
>The deadrock base and blow the flowered anchor,
>Should he, for centre sake, hop in the dust,
>Forsake, the fool, the hardiness of anger.
>
>Now
>Say nay,
>Sir no say,
>Death to the yes,
>The yes to death, the yesman and the answer,
>Should he who split his children with a cure
>Have brotherless his sister on the handsaw.
>
>   (Dylan Thomas, "Now")

[now/nay; man/mine; anchor/anger; answer/handsaw; usw.]

3.3.3. Klassifizierung nach der Aufteilung der Reimsilben

gespaltene Reime
Aufteilung des Reims auf mehrere Wörter:

Beispiel:

> Touch her not scornfully;
> Think of her mournfully,
> Gently and humanly;
> Not of the stains of her,
> All that remains of her
> Now is pure womanly.
>
> > (Thomas Hood, "The Bridge of Sighs")[8]

gebrochene Reime

Teilung eines Wortes durch den Reim:

Beispiel:

> I caught this morning morning's minion, king-
> dom of daylight's dauphin, dapple-dawn-drawn Falcon in his riding
> > (Hopkins, "The Windhover")[9]

> England, whose honour O all my heart woos, wife
> To my creating thought, would neither hear
> Me, were I pleading, plead nor do I: I wear-
> y of idle a being but by where wars are rife.
> > (Hopkins, "To seem the stranger")

> Jeder weiß, was so ein Mai-
> käfer für ein Vogel sei.
> > (Wilhelm Busch, *Max und Moritz*)

3.3.4. Klassifizierung nach der Reimstellung/Abfolge der Reime

Gehäufter Reim, fortgesetzter Reim (frz. rime continue)

Beispiel:

> Am Gestade Palästinas, auf und nieder, Tag um Tag,
> „London?" frug die Sarazenin, wo ein Schiff vor Anker lag.
> „London!" bat sie lang vergebens, nimmer müde, nimmer zag,
> Bis zuletzt an Bord sie brachte eines Bootes Ruderschlag.
>
> Sie betrat das Deck des Seglers, und ihr wurde nicht gewehrt.
> Meer und Himmel. „London?" frug sie, von der Heimat abgekehrt,
> Suchte, blickte, durch des Schiffers ausgestreckte Hand belehrt,
> Nach den Küsten, wo die Sonne sich in Abendglut verzehrt.
> > (C.F. Meyer, „Mit zwei Worten")

[aaaa bbbb usw.]

---

[8]   Zugleich ein Beispiel für *triple rhyme,* der sich durch das ganze Gedicht zieht.

[9]   Zugleich Beispiel für *light rhyme.*

Paarreim (engl. rhyming couplets, frz. rimes plates, rimes suivies)

Beispiel:

> Let mans Soule be a Spheare, and then, in this,
> The intelligence that moves, devotion is,
> And as the other Spheares, by being growne
> Subject to forraigne motions, lose their owne,
> And being by others hurried every day,
> Scarce in a yeare their naturall forme obey:
> . . .
> Who sees Gods face, that is selfe life, must dye;
> What a death were it then to see God dye?
> . . .
> If on these things I durst not looke, durst I
> Upon his miserable mother cast mine eye,
> Who was Gods partner here, and furnish'd thus
> Halfe of that Sacrifice, which ransom'd us?
>
> (Donne, "Good Friday")[10]

[aa bb cc dd etc.]

Kreuzreim (alternierender Reim, engl. alternate rhyme, frz. rimes croisées)

Beispiel:

> Ich sehe dich in tausend Bildern,
> Maria, lieblich ausgedrückt,
> Doch keins von allen kann dich schildern,
> Wie meine Seele dich erblickt.
>
> Ich weiß nur, daß der Welt Getümmel
> Seitdem mir wie ein Traum verweht,
> Und ein unnennbar süßer Himmel
> Mir ewig im Gemüte steht.
>
> (Novalis, ,,Marienlied")

[abab cdcd]

Verschränkter Reim (umschlingender Reim, umarmender Reim, engl. embracing rhyme, fzr. rime embrasée)

Beispiel:

> Les amoureux fervents et les savants austères
> Aiment également, dans leur mûre saison,
> Les chats puissants et doux, orgueil de la maison,
> Qui comme eux sont frileux et comme eux sédentaires.

---

[10] Zugleich Beispiel für identischen Reim *("dye" / "dye")* und für homophonen Reim *("I" / "eye")*.

Amis de la science et de la volupté,
Ils cherchent le silence et l'horreur des ténèbres;
L'Érèbe les eût pris pour ses coursiers funèbres,
S'ils pouvaient au servage incliner leur fierté.

(Baudelaire, "Les Chats")

[abba cddc]

Schweifreim (engl. tail rhyme)

Beispiel:

Der Mond ist aufgegangen,
Die goldnen Sternlein prangen
Am Himmel hell und klar;
Der Wald steht schwarz und schweiget,
Und aus den Wiesen steiget
Der weiße Nebel wunderbar.

(Claudius, ,,Abendlied")

[aabccb]

3.3.5. Verstärkte Reimbindungen

Binnenreim und *Schlagreim* (als ein Spezialfall des Binnenreims) übertragen die Gesetzmäßigkeiten des Endreims auf die horizontale Gliederung
des Verses. Als Binnenreim gilt zunächst jede Phonemgruppenwiederholung
analog zu den Reimregeln im Versinneren, dann jedoch in spezialisierterem
Sinn — als *leonine rhyme* — die Markierung der Halbversgliederung
durch Reim. Als Schlagreim gilt das Reimen mehrerer aufeinanderfolgen-
der Wörter.

Beispiele:

Binnenreim:

On ear and ear two noises too old to end
Trench — right, the tide that ramps against the shore;
With a flood or a fall, low lull-off or all roar,
Frequenting there while moon shall wear and wend.
Left hand, off land, I hear the lark ascend,
His rash-fresh re-winded, new-skeined score
In crips of curl off wild winch whirl, and pour
And pelt music, till none's to spill nor spend.

(Hopkins, "The Sea and the Skylark")

Lieb und Leid im leichten Leben
Sich erheben, abwärts schweben;
Alles will das Herz umfangen,
Nur verlangen, nie erlangen.

In dem Spiegel all ihr Bilder,
Blicket milder, blicket wilder,
Kann doch Jugend nichts versäumen,
Fort zu träumen, fort zu schäumen.

(Brentano, ,,Frühes Liedchen'')

Halbversreim (Zäsurreim) und Endreim:

Wir hatten gebauet ein stattliches Haus
Und drin auf Gott vertrauet, trotz Wetter, Sturm und Graus.

Wir lebten so traulich, so einig, so frei,
Den Schlechten ward es graulich, wir hielten gar zu treu!

Sie lugten, sie suchten nach Trug und Verrat,
Verleumdeten, verfluchten die junge grüne Saat.

(August von Binzer, ,,Burschenschaftslied'')

Schlagreim:

Sein Blick ist vom Vorübergehn der Stäbe
so müd geworden, daß ihn nichts mehr hält.
Ihm ist, als ob es tausend Stäbe gäbe
und hinter tausend Stäben keine Welt.

(Rilke, ,,Der Panther'')

3.4. Vertikale und horizontale Einbindung des Reims

Über die konventionelle Reimtheorie hinaus ist das Augenmerk auf die Einbindung des Reims horizontal in die Verszeile, bzw. auf die vertikale Verstärkung der Reimwirkung durch ,,intensivierte Reimbindungen'' zu richten. Intensivierte Reimbindungen, wie sie Ants Oras[11] am Beispiel von Spensers *Faerie Queene* herausgearbeitet hat, verstärken die Kohärenz der Reime untereinander, also die vertikale Bindung, z.B. durch reichen Reim, durch gehäuften Reim oder (im Englischen) durch häufige Verwendung des hier relativ seltenen zwei- bzw. dreisilbigen Reims.

---

[11] Ants Oras, ''Intensified Rhyme Links in the ʻFairie Queeneʼ, *JEGP*, 54 (1955), 39–60.

Horizontale Einbindungen des Reims in die Verszeile, wie sie Karl Knauer an Baudelaires Sonetten demonstriert hat, verstärken die Kohärenz der Verszeile.

Knauer hat durch Computer-Analyse verschiedene typische Fälle der Verdichtung der Reimlaute am Versanfang bzw. ihre Verdünnung im Versinneren vor den Reimstellen nachgewiesen und die Reimlaute in allgemeine Messungen von Phonemrekurrenzen (Klangwiederholungen) im Gedicht einbezogen.

TEXT 2

Reimzonen und Versanfangszonen

Man beobachtet wiederholt auftretende Verdichtungen oder Verdünnungen von Klangfarbenrekurrenzen in gewissen Versgegenden. Von besonderem Interesse ist hier die Reimzone, eine Art Hinterland des Reimwortes, das zuweilen den Klangcharakter dieser Versgegend in bedeutender Weise mitbestimmt. Ein Reimwort auf /ã/ z.b. wird andererseits dadurch besonders hervorgehoben, daß auch weiter zurück, aber in merklicher Nähe /ã/ auftritt: *enfants* und *encens* in den *Correspondances*. Das Sonett *Sed non satiata* bringt drei Reimzwillinge, zwei Reimdrillinge mit /a/, außerdem einen Zwilling mit /i/, füllt also fast die Hälfte seiner Reimstellen mit Rekurrenzverdichtungen, so daß man zu der Aussage neigt, Baudelaire habe mit diesem Gestaltdetail zumindest musikalisch experimentiert. [. . .] Manchmal wird eine noch breitere Reimzone mit der Vokalqualität der zunächst stehenden Reime angereichert. [. . .] Durchaus entsprechende Beobachtungen macht man in der Versanfangszone. In *Le tonneau de la haine* steht die klanglich wie gehaltlich wichtige definierende Formel „Haine est" mit dem weiteren Zwilling „meme elle" viermal in unmittelbarer Nähe der Versanfänge und scheint andere /ɛ/ in die gleiche Richtung zu ziehen.[12]

Solche Untersuchungen integrieren den Endreim in die gesamte Klangstruktur eines Gedichtes und bestimmen entsprechend seine Funktion.

3.5. Funktion des Reimes

Bezogen auf den Einzelvers, besteht die wichtigste formale Funktion des Reims darin, das Versende, ggf. auch die Zäsur zu markieren; bezogen auf

---

[12] Karl Knauer, „Die Analyse von Feinstrukturen im sprachlichen Zeitkunstwerk", *Mathematik und Dichtung*, 193—210.

das strophisch gegliederte Gedicht leistet der Reim die Markierung dieser Strophengliederung. Das Reimschema ist beispielsweise ein wichtiger Indikator für den jeweiligen Sonett-Typ;[13] bestimmte Strophen- und Gedichtformen weisen kunstvolle Reimgerüste auf.

Beispiele:

ottava rima (abababcc):

Dreimal zwei Verse mit alternierendem Reim werden durch ein Reimpaar abgeschlossen:

> It was upon a day, a summer's day; —
> Summer's indeed a very dangerous season,
> And so is spring about the end of May;
> The sun, no doubt, is the prevailing reason;
> But whatsoe'er the cause is, one may say,
> And stand convicted of more truth than treason,
> That there are months which nature grows more merry in, —
> March has its hares, and May must have its heroine.
> (Byron, Don Juan, Canto I, CII)

> Der Morgen kam; es scheuchten seine Tritte
> Den leisen Schlaf, der mich gelind umfing,
> Daß ich, erwacht, aus meiner stillen Hütte
> Den Berg hinaus mit frischer Seele ging;
> Ich freute mich bei einem jeden Schritte
> Der neuen Blume, die voll Tropfen hing;
> Der junge Tag erhob sich mit Entzücken,
> Und alles war erquickt, mich zu erquicken.
> (Goethe, „Zueignung")

Spenserstrophe (Spenserian stanza) (ababbcbcc):

Erweiterung der achtzeiligen *ballade* (ababbcbc, fünfhebig-jambisch) um einen Alexandriner:

> The joyous birdes shrouded in chearefull shade,
> Their notes unto the voyce attempred sweet;
> Th'Angelicall soft trembling voyces made
> To th'instruments divine respondence meet;
> The silver sounding instruments did meet
> With the base murmure of the waters fall;
> The waters fall with difference discreet,
> Now soft, now loud, unto the wind did call:
> The gentle warbling wind low answered to all.
> (Spenser, The Faerie Queene, II, XII)

[13] Vgl. Walter Mönch, *Das Sonett: Gestalt und Geschichte* (Heidelberg, 1955).

Villanelle:

In der Regel neunzehnzeiliges Gedicht in Strophen zu drei Versen mit nur zwei Reimen, wobei die erste und dritte Zeile des ersten Terzetts alternierend als Schlußverse der folgenden Terzette wiederholt werden. In der Schlußstrophe, die vier Zeilen hat, werden beide Zeilen wiederholt: AbA'abA abA'abA abA'abA abAA'.

> Slowly the poison the whole blood stream fills.
> It is not the effort nor the failure tires.
> The waste remains, the waste remains and kills.
>
> It is not your system or clear sight that mills
> Down small to the consequence a life requires;
> Slowly the poison the whole blood stream fills.
>
> They bled an old dog dry yet the exchange rills
> Of young dog blood gave but a month's desires;
> The waste remains, the waste remains and kills.
>
> It is the Chinese tombs and the slag hills
> Usurp the soil, and not the soil retires.
> Slowly the poison the whole blood stream fills.
>
> Not to have fire is to be a skin that shrills.
> The complete fire is death. From partial fires
> The waste remains, the waste remains and kills.
>
> It is the poems you have lost, the ills
> From missing dates, at which the heart expires.
> Slowly the poison the whole blood stream fills.
> The waste remains, the waste remains and kills.
>
> (William Empson, "Missing Dates")

Starke horizontale Einbindung des Reims in die Verszeile verstärkt den Zusammenhalt der Zeile, starke vertikale Bindungen der Reimwörter untereinander verstärken die Kohärenz der Strophen bzw. des gesamten Gedichts. Die zeilentrennende Funktion des Reims widerstreitet mit der zeilenverbindenden Funktion des Enjambements. Schwächung des Reims durch Verwendung „unbedeutender Reimwörter" und Stärkung des Enjambements finden sich in effektvoller Weise bei Rilke.[14]

Theoretisch umstritten ist das Verhältnis von Klang und Bedeutung im Reim. Die traditionelle Position verlangt Gleichheit im Klang, aber Ungleichheit hinsichtlich des Sinns:

---

[14] A. Wagner, *Unbedeutende Reimwörter und Enjambement bei Rilke und in der neueren Lyrik* (Bonn, 1930).

TEXT 3

> . . . there are two elements in the beauty rhyme has to the mind, the likeness or sameness of sound and the unlikeness or difference of meaning.[15]
> Vous ferez rimer ensemble, autant qu'il se pourra, des mots très-semblables entre eux comme SON, et très-différents entre eux comme SENS.[16]

W.K. Wimsatt demonstrierte durch seine Untersuchungen an Popes Reimen, wie Klangbeziehungen zugleich Sinnbeziehungen setzen, und Roman Jakobson formuliert kategorisch: "Rhyme necessarily involves the semantic relationship between the rhyming units".[17] Seine zusammen mit Claude Lévi-Strauss vorgelegte strukturalistische Untersuchung von Baudelaires "Les Chats" demonstriert u.a. die semantische Funktion des Reims.

Jurij M. Lotman faßte das Verhältnis von Klang und Bedeutung im Reim als dialektisches. Er insistiert darauf, daß in der Wortkunst generell die Trennung von Klang und Sinn unmöglich sei:

TEXT 4

> Der musikalische Klang der poetischen Rede ist *ebenfalls eine Art der Übermittlung von Information,* also von Inhalt, und er kann in diesem Sinne nicht in Gegensatz treten zu allen anderen Arten von Informationsvermittlung, die der Sprache als semiotischem System eigen ist. Aber diese besondere Art — die ,Musikalität' — entsteht nur bei höchster Gebundenheit der verbalen Struktur — in der Dichtung, und sie darf nicht verwechselt werden mit den musikalischen Elementen der natürlichen Sprache, z.B. der Intonation. [. . .]
> [Über den Bedeutungsaspekt der Reimwörter:]
> Daß zwischen den Reimwörtern Bindungen auf der Ausdrucksebene vorhanden sind, läßt uns stillschweigend annehmen, daß auch bestimmte inhaltliche Bindungen da seien, und bewirkt eine semantische Annäherung. Außerdem wird [. . .], während in der Sprache die kleinste Einheit des lexikalischen Inhalts das Wort ist, in der Dichtung das Phonem, über seine Rolle als sinndifferenzierendes Element hinaus, auch zum Träger lexikalischer Bedeutung. Die Laute haben Bedeutung. Schon deshalb wird eine klangliche (phonologische) Annäherung auch zu einer Annäherung der Begriffe. Somit kann man sagen, daß der Prozeß der Zusammen- und Gegenüberstellung, dessen

---

[15] Gerard Manley Hopkins, *The Journals and Devotional Writings,* 286.

[16] T. de Banville.

[17] *Style in Language,* 367.

verschiedene Aspekte verschieden deutlich im Klang- und Sinnprofil des Reims zutage treten, das Wesen des Reims als solchen ausmachen. Die Natur des Reims liegt in der Annäherung des Verschiedenen und in der Aufdeckung des Unterschieds im Ähnlichen. Der Reim ist seiner Natur nach dialektisch.[18]

Das Verhältnis der klanglichen zur semantischen Ebene im Reim kann ebenso wenig in Gestalt einer Grammatik beschrieben werden wie die Interaktion des Metrums mit der sprachlichen Realisierung der Verszeile; seine Wirkung und Funktion muß im Strukturzusammenhang des konkreten Einzeltextes interpretiert werden. Prekär ist es deshalb, wenn ein weitverbreitetes Handbuch bestimmten Reimen oder Reimanordnungen feste Valenzen zuordnen will. Wir zitieren dies als abschreckendes Beispiel:

TEXT 5

Rhyme-schemes, even in the abstract, execute meaningful gesture. Abab describes the thrust and parry, give-and-take of leisurely discursive development; abba describes, apart from its self-stabilizing chiastic structure, an aggressive movement, in which the aa pair outflanks and envelops the bb couplet, so that the bb couplet is ever in danger of becoming a mere parenthetic insertion.[19]

Andererseits bedarf es nicht des Rekurses auf so berüchtigte Reime wie *Herz/Schmerz* und *Liebe/Triebe,* um zu demonstrieren, wie sich bestimmte Reime durch ihren traditionellen Gebrauch abnutzen. Das Widerstreben gegen abgeklapperte traditionelle Reime hat bei vielen Autoren die Suche nach neuen unverbrauchten Reimkombinationen ausgelöst oder gar — besonders in der Moderne — dazu geführt, daß der Endreim insgesamt verpönt wurde.

3.6. Reim im Ensemble weiterer Klangbindungen

Unter den Klangbeziehungen lyrischer Texte ist der Endreim das augenfälligste Phänomen; überblickt man die Geschichte der deutschen und englischen Lyrik von den Anfängen bis in die Moderne, so beherrscht er zwar für einige Jahrhunderte die lyrische Dichtung, stellt jedoch von einem

---

[18] Jurij M. Lotman, *Die Struktur literarischer Texte* (München: Fink, 1972), 180f., 186.

[19] Clive Scott in *A Dictionary of Modern Critical Terms,* ed. Roger Fowler (London: Routledge, 1973), 161f.

übergreifenden systematischen Standpunkt aus nur eine typische Form der Klangbindung dar. Gerard Manley Hopkins' Definition von Klangbindungen im lyrischen Text umgreift denn auch prinzipiell alle Fälle:

TEXT 6

Lettering of syllables

To this belong, rhyme, alliteration, assonance. They are all a sameness or likeness of some or all of the elementary sounds, the letters, of which syllables are made. Syllables so agreeing or resembling may be said to *chime* or widely *rhyme* but we keep rhyme for a more special or narrower sense. When they are used as intermittent figures of verse they must be emphatic syllables.[20]

Hopkins diskutiert insbesondere die Alliteration als die markanteste Form der klanglichen Bindung innerhalb der Verszeile: konsonantische (oder auch vokalische) Anlautbindung:

TEXT 7

It is natural to begin with *alliteration,* which is the easiest. It is the beginning with the same sound, as *may, must, man, mother* with *m;* that is with the same consonant or with any vowel, for all vowels alliterate, [. . .] Therefore the line —

    And apt *alliteration's* artful *aid* —

alliterates. [. . .] Any vowels then alliterate but with a soft or imperfect alliteration, but in consonants only the same and those perfectly. [. . .] The best alliterations are in emphatic monosyllables or first syllables. [. . .] Alliteration was an essential element in Anglo-Saxon or Old English verse, as *Piers the Plowman,* also in Icelandic. As a grace but unessential it is often used in prose and very thickly in Latin verse, more sparingly in Greek, thickly in modern English verse: one may indeed doubt whether a good ear is satisfied with our verse without it. It is common in proverbs of course (Faint heart never won fair lady).[20]

Der Text beleuchtet vom Standpunkt eines englischen Lyrikers des 19. Jahrhunderts den Stellenwert, den bestimmte Klangbindungen zu bestimmten Zeiten hatten. So wie der aus der mittellateinischen Dichtung übernommene Endreim den altgermanischen Stabreim ablöst, so verliert in der Moderne auch der Endreim wieder seine dominante Stellung und wird durch

---

[20] G.M. Hopkins, *The Journals and Devotional Writings,* 283f.

freiere, zugleich ungleich komplexere Klangbindungen teils ersetzt, teils ergänzt. Dabei sind positionsmäßig Morphemanlaut, -inlaut und -auslaut gleichermaßen einbezogen, wie denn auch alle Klangbindungen in vertikalen und horizontalen Mustern (oder in Kombination beider Prinzipien) auftreten können. Zwar hat man versucht, solche komplexen Klangstrukturen in entsprechend verwickelten Strukturformeln wiederzugeben (Karl Knauer, David I. Masson), es hat sich aber gezeigt, daß es auch hier weniger auf elaborierte Klassifikation als auf die Funktionsbeschreibung im Kontext ankommt.

3.7. Funktionen von Klangbeziehungen allgemein

Die bisher am weitesten ausdifferenzierte Funktionstafel des Klanges hat David Masson aufgestellt.[21] Wir folgen Massons Einteilung in fünf Grundfunktionen, vereinfachen jedoch in den Feingruppierungen, weil die allzu weit getriebene Ausdifferenzierung von Kategorien nicht so sehr Prinzipielles erfaßt, sondern lediglich Einzelfälle katalogisiert.

TEXT 8

Funktionentafel der Klangbeziehungen

    1. *Klang in markierender, gliedernder Funktion*

  1.1. *im Bereich des Verses*

1.1.1. Markierung der Hebungspositionen, fortlaufend oder sporadisch, mitlaufend oder gegenläufig.

1.1.2. Markierung der Teilung des Verses durch klanglichen Zusammenschluß der Kola in sich selbst und Kontrast zwischen den Kola.

1.1.3. Markierung des Enjambements durch Klangbrücken zwischen den durch Enjambement verbundenen Versen.

1.1.4. Markierung des Versendes durch Reim, Bindungen des Reims in die Zeile, sowie vertikale Bindungen der Reimwörter untereinander.

  1.2. *im Bereich der Aussage, der Rhetorik, der Syntax*

1.2.1. Unterstreichung der syntaktisch-rhetorischen Gliederung durch parallele Klangmarkierung

---

[21] D.I. Masson, "Sound in Poetry", *Princeton Encyclopaedia of Poetry and Poetics,* ed. Alex Preminger et al., Enl. Ed. (Princeton U.P., 1974; London: MacMillan, 1975), 784—790.

1.2.2. Bildung klein- und großräumiger Klang-Sinn-Beziehungen: Zusammenschluß von Wörtern durch Leitklänge; kleinräumig: synonyme Doppelgruppe, Gruppen Attribut-Beziehungswort, Subjekt-Verb usw.; großräumig: Durchstrukturierung eines ganzen Gedichts durch Leitklänge, Verbindung von Schlüsselwörtern zu Beziehungsmustern (leitmotivische Wirkung)

2. *Klang in mimetisch-evokativer Funktion*

2.1. *Abbildung äußerer Wirklichkeit:*

2.1.1. Onomatopoiie im engeren und weiteren Sinn: Imitation von Geräuschen, Bewegungen, anderen dinglichen Qualitäten

2.1.2. Sprachgestus und Lautgebärde

2.2. *Darstellung innerer Wirklichkeit:*

Darstellung von Gefühlen etc. des Sprechers und korrespondierende Evokation eines emotiven Responses im Hörer/Leser Euphonie/Kakophonie

3. *Klang in (allgemein) ästhetischer Funktion*

3.1. allgemeine Klangstimmung, Klangfarbe

3.2. Klangspiele, Diagrammtechnik

3.3. Klangmagie

In jüngerer Zeit hat sich Ulrich Gaier den Klangbeziehungen und -funktionen in deutschen Gedichten gewidmet. Er stellt vier verschiedene Eigenschaften der Klangkörper der Wörter heraus: 1. zeitfüllend zu sein, 2. Verschiedenartigkeit in Bezug auf die Sprachklänge aufzuweisen, 3. „als Trägermedium für Gesetzmäßigkeiten zu dienen, die [. . .] sich in einer seiner Qualitäten, sei es Betonung, Länge oder Lautart, ansiedeln und ausdrücken", 4. „durch besondere Anordnung Klangmittel für die Sinngebung des Hörers disponibel werden zu lassen". Entsprechend diesen Eigenschaften legt er vier „Verwendungsbereiche" fest' 1. Wiederholung, 2. Lautnachahmung, 3. Metrum und Rhythmus, 4. Figuration. Für jeden Verwendungsbereich ermittelt er wiederum vier „Wirkrichtungen". Für die zwei in diesem Kontext interessierenden Verwendungsbereiche — die Bereiche Metrum und Rhythmus einerseits, Figuration andererseits, können hier außer Betracht bleiben – sind dies:[22]

---

[22] Ulrich Gaier, *Form und Information: Funktionen sprachlicher Klangmittel,* Konstanzer Universitätsreden, 29 (Konstanz: Universitätsverlag, 1971), 14ff.

I. Wiederholung	II. Lautnachahmung
Suggestivität	Sprachmagie/Sprachalchimie
Automatik (Propaganda)	Geräuschnachahmung
Sympathie-/Mitleidsbedürfnis	Gefühls- oder Assoziationswerte von
Ausdruck der Information	Lauten
(Mimesis von Wiederholung,	manieristische Lautspielerei
Dauer, Periodizität)	

Die hier aufgeführten Möglichkeiten der Funktionalität der Klangschicht stehen im Zusammenhang der Gesamtstruktur eines poetischen Textes:

TEXT 9

> Es wurde wiederholt betont, daß in der Dichtung die Form in den Vordergrund trete, die Aufmerksamkeit auf die Form gerichtet sei. Gewiß spielt die äußere Form, der Ausdruck in der Dichtung eine weit größere Rolle als in der Alltagssprache oder in der Wissenschaft. Die äußere Form ist jedoch nur insofern bedeutend, als sie wörtlich „bedeutungsvoll", Ausdruck und zugleich Inhalt ist, [. . .] Auch in der Alltagssprache ist der Ausdruck stets „doppelsinnig". Was jedoch die Dichtung von anderen sprachlichen Äußerungen unterscheidet, ist der enge Zusammenhang zwischen den verschiedenen gleichzeitigen — formalen und inhaltlichen — Mitteilungen in der Dichtung. [. . .] Der Inhalt des Gedichtes bildet mit den gelegentlichen und permanenten stilaren Meldungen eine unzertrennbare Einheit, eine Hierarchie, die man vielleicht mit der Struktur der musikalischen Töne, mit der Einheit von Grundton und Obertönen vergleichen könnte.[23]

Besonders statistische Methoden der Klanguntersuchung legen es nahe, das gehäufte Auftreten bestimmter Phonemgruppen als strukturell relevant anzusehen. Dabei bleibt häufig außer acht, daß auch die statistische Unterrepräsentiertheit bestimmter Klangphänomene interpretationsbedürftig ist: Das Fehlen von Reim ist unter Umständen bedeutsamer als sein Auftreten.

---

[23] Ivan Fónagy, „Der Ausdruck als Inhalt: Ansätze zu einer funktionellen Poetik", *Mathematik und Dichtung*, 272f.

TEXT 10

In poetry, any conspicuous similarity in sound is evaluated in respect to similarity and/or dissimilarity in meaning. But Pope's alliterative precept to poets — "the sound must seem an Echo of the sense" — has a wider application. In referential language the connection between *signans* and *signatum* ist overwhelmingly based on their codified contiguity, which is often confusingly labeled "arbitrariness of the verbal sign." The relevance of the sound-meaning nexus is a simple corollary of the superposition of similarity upon contiguity. Sound symbolism is an undeniably objective relation rounded on a phenomenal connection between different sensory modes, in particular between the visual and auditory experience [...]
Poetry is not the only area where sound symbolism makes itself felt, but it is a province where the internal nexus between sound and meaning changes from latent into patent and manifests itself most palpably and intensely, [. . .]. The super-average accumulation of a certain class of phonemes or a contrastive assemblage of two opposite classes in the sound texture of a line, of a stanza, of a poem acts like an "undercurrent of meaning", to use Poe's picturesque expression. [. . .] However effective is the emphasis on repetition in poetry, the sound texture is still far from being confined to numerical contrivances, and a phoneme that appears only once, but in a key word, in a pertinent position, against a contrastive background, may acquire a striking significance. As painters used to say, "Un kilo de vert n'est pas plus vert qu'un demi kilo".[24]

Ulrich Gaier hat am Beispiel von Mörikes Gedicht „Um Mitternacht" demonstriert, wie die Klangwiederholung entweder die ‚Information' unterstützt oder — ein häufig übersehener Punkt — verschleiert, je nachdem, ob die Klangschicht die Aufmerksamkeit des Lesers/Hörers auf die ‚Information' — besser vielleicht: den denotierten Sachverhalt — oder auf sich selber lenkt.

TEXT 11

So wie Mörike formulierte, enthält die erste Zeile außer dem „i" in „stieg" nur „a" in den betonten Silben: „Gelassen stieg die Nacht ans Land". So wird die fast undurchbrochene Einheit eines Klanges hergestellt, die, wie wir nachher feststellen werden, zur Verschleierung

---

[24] Roman Jakobson, "Closing Statement: Linguistics and Poetics", *Style in Language*, 372–374.

des Informativen wesentlich beiträgt. Ähnlich wirkt der Reim; er bindet durch einen Gleichklang zwei Zeilen zu einer Einheit, die unter Umständen informativ voneinander abweichen, wie zum Beispiel die Tempora der beiden ersten Zeilen: „Gelassen stieg . . . " und „Lehnt träumend".

Wir können also vorläufig die Vermutung aussprechen, daß es im Gebrauch der Sprache Mittel gibt, die die Informativität eines Textes, also sein Vermögen, für den Hörer als Informationsquelle wichtig zu werden, schwächen oder auch [. . .] steigern können. Diese Mittel sind rein formaler Natur; sie haben nichts mit der Eigenschaft der Wörter zu tun, Bedeutungsträger zu sein, sondern beruhen darauf, daß in der Sprache Wörter als hörbare Klangkomplexe verwendet werden. Das Arrangement der Klangmittel, die gedanklich bedeutungslose formale Anordnung kann also, so vermuten wir, Bedingung der Auffassung von Information sein.[25]

Alle Klanganalysen dürfen allerdings nicht bloß anhand der gedruckten Seite vorgenommen werden, sie müssen vielmehr die *Wahrnehmbarkeit* solcher Klangphänomene in Rechnung stellen. Schon 1935 legt Heinrich Lützeler fest: „Der Höreindruck entscheidet".[26] Hopkins verlangt für intermittierende Klangfiguren die Plazierung auf "emphatic syllables", setzt damit von vornherein eine Verbindung zwischen Vers und Klang, und zwar dergestalt, daß die Klangerwartung des Hörers so an emphatische Stellen des Verses gebunden wird, daß Klangphänomene gewissermaßen bevorzugt an diesen Stellen „abgetastet" werden; umgekehrt bewirkt die Durchführung dieses Prinzips auch die klangliche Auszeichnung der Tonstellen des Verses. Über die Bedeutsamkeit der Wahrnehmbarkeit von Klangwirkungen herrscht theoretisch Konsens, dennoch ist mit der empirischen Erforschung dieses Sektors noch kaum begonnen worden.

3.8.   Funktion komplexer Klangfiguren im Gedichtkontext (Beispiel)

Es folgt eine ausführliche Beschreibung der Klangbeziehungen in einer Sonettoktave und die Analyse ihrer Funktionen im Kontext dieses Gedichtes.

---

[25] Ulrich Gaier, *Form und Information,* 10f.

[26] Heinrich Lützeler, „Die Lautgestaltung in der Lyrik", *Zs. für Ästhetik,* 29 (1935), 196.

On ear and ear two noises too old to end
ɔn 'iə ənd 'iə 'tuː 'nɔɪzɪz 'tuː 'əuld tuː'end

Trench — right, the tide that ramps against the shore;
'trenʃ 'raɪt 'taɪd 'ræmps ə'genst 'ʃɔə

With a flood or a fall, low lull-off or all roar,
'flʌd 'fɔːl ˌləu 'lʌl ˌɔf 'ɔːl 'rɔə

Frequenting there while moon shall wear and wend.
'-ent waɪl 'muːn 'wɛə -nd 'wend

Left hand, off land, I hear the lark ascend,
'left 'hænd ˌ-f 'lænd 'h- 'lɑːk '-end

His rash-fresh rewinded new-skeined score
'ræʃ 'freʃ ˌrɨ'waɪndɪd ˌnjuː 'skeɪnɪd 'skɔə

In crisps of curl off wild winch whirl, and pour
'krɪsps 'kəːl 'waɪld 'wɪnʃ 'wəːl 'pɔə

And pelt music, till none's to spill nor spend.
'pelt 'm- tɪl 'n - n 'spɪl n- 'spend

(Gerard Manley Hopkins, "The Sea and the Skylark")

Detailanalyse Zeile für Zeile:

1. Vers: Die erste Gedichtzeile enthält eine extreme Häufung langer Vokale bzw. Diphthonge, wobei die beiden Halbverse je auf einen vokalischen Leitklang (iə bzw. uː) gestellt sind. Die Konsonantengruppen (überwiegend Nasale und Liquide) unterstützen die Wirkung der Langvokale und Diphthonge. Die Zeile wird artikulatorisch gelängt, der „Schönklang" wird gewissermaßen ausgekostet.

Funktionen: 1. Mimesis des Nicht-Endenden ("too old to end")[27]; 2. Formale Unterstützung der 4+6 Teilung des fünfhebig jambischen Verses, klangliche Markierung der Akzentstellen.

2. Vers: Wie im Enjambement die syntaktische Einheit über die Versgrenze hinaus in den zweiten Vers hinübergezogen ist ("trench" als *rejet*), so übernimmt der Versanfang von 2 auch klangliche Elemente aus der ersten Zeile (-enː in "end"/"trench"). Dieses Moment der Gleichheit verbindet sich je-

---

[27] Hopkins hat sich programmatisch zur Onomatopoiie — "word-painting" — bekannt. Des weiteren bildet er in diesen Versen feste Klangmuster der walisischen Dichtung nach. Vgl. Hans-Werner Ludwig, *Barbarous in Beauty: Studien zum Vers in Gerard Manley Hopkins' Sonetten* (München: Fink, 1972), 282–295.

doch mit einem anderen der Ungleichheit: statt der Sonanten der ersten Zeile nun scharfe konsonantische Klänge /tr/ und / ʃ /. Das Klangbild der ersten Zeile wird übernommen und zugleich kontrastiv umgebildet. Die Anlautkonsonantengruppe /tr/ des ersten Wortes von Zeile 2 wird zusammen mit dem konsonantischen Auslaut (/ ʃ / bzw. /s/, /st/) zum Leitklang des Restes der Zeile. Dabei tritt zusätzlich Binnenreim auf ("right" — "tide"), und die Vokale werden bis zum Versende abgetönt.

Funktionen: 1. Mimesis der Schärfe der Wahrnehmung in "trench"; Onomatopoiie weiter in "ramps"; 2. sinnfällige Verknüpfung von "right" und "tide" — vgl. dazu parallel in Zeile 5 "left hand, off land" — als Klang-Sinnbeziehung, 3. formaler Zusammenschluß der Verszeile, Markierung des Enjambements durch Gleichklang und zugleich Fremdklang.

3. Vers: Im Zusammenwirken von syntaktisch-semantischen, onomatopoetischen und rhythmischen Qualitäten bringt der dritte Vers den Höhepunkt der Objektmimesis: Meer, das an die Küste anbrandet. Zwei parallele syntaktische Glieder bilden den nach der vierten metrischen Position (der zweiten Hebung) geteilten Vers: schematisch a_1 „or" a_2, b_2 „or" b_1, mit chiastischer Anordnung der Glieder. Dieser Anordnung auf der syntaktisch-semantischen Ebene entspricht ein aus Kongruenz und Variation, Gleichheit und Verschiedenheit raffiniert zusammengesetztes Klangmuster. Parallelität zwischen den Versteilen mit beschwerender Verdoppelung des letzten Glieds zeichnet die Vokalreihe aus (/ʌ/–/ɔ:/ ǀ ǀ/ʌ/–/ɔ:/–/ɔ:/). Die erste Vershälfte ist durch Alliteration zusammengebunden, wobei die Konsonantengruppe /fl-/ bei ihrer Wiederholung auseinandergezogen wird /f-l/ (*augmentation* oder *widening* in D.I. Massons Terminologie). Über die Binnenteilung des Verses hinweg wirkt der /-l/-Auslaut in die zweite Vershälfte klanglich strukturierend hinein, wobei nun allerdings der im zweiten Versteil klanglich mit "fall" korrespondierende parallele Klangträger ("all") nicht zugleich der korrespondierende Sinnträger ist; dieser tritt unter Sprengung der Symmetrie des Versaufbaus um eine Hebungsposition verzögert ein: vokalischer Gleichklang, aber konsonantischer Fremdklang: "roar", zugleich wiederum Onomatopoiie wie auch schon in "lull". Im übrigen trägt auch die Versfüllung zur Mimesis bei. Während im ersten Versteil durch Doppelsenkungen der Vers stark steigend dynamisiert wird, findet sich nach der Teilung ein unentschiedenes Schwanken der rhythmischen Kontur ("low lúll-off": amphibrachischer ‚Wort'fuß) vor dem durch Senkungsnull bewirkten Zusammenprall der letzten beiden Hebungen des Verses ("áll róar").

Funktionen: 1. Objektmimesis ("flood — fall : lull — roar"); 2. formale Markierung der Versgliederung; 3. reizvolle Spannung zwischen konkurrierenden Kunstprinzipien: klangliche Symmetrie und semantische Asymmetrie: In musikalischer Analogie: Snykopierung des "roar". 4. Insgesamt Klangverdichtung als Markierung des Quartetthöhepunkts.

4. Vers: Im letzten Vers des ersten Quartetts ist die klangliche Auszeichnung merklich weniger dicht als in den vorangegangenen Versen. Einerseits findet sich entsprechend der Reimstruktur die Gruppe /-end/ wieder, die bereits zu Beginn der Zeile als „Vorecho" ("frequenting") und dann verdichtet in der Reimzone auftritt ("and wend"), zugleich findet sich in "moon" neben dem konsonantischen Auslautecho /-n/ auch der zweite der vokalischen Leitklänge der ersten Zeile wieder. Die alliterativ gebundene Doppelgruppe "wear and wend" bildet das Ab- und Zunehmen des Mondes ab, "wear" steht zusätzlich noch in Binnenreimbeziehung zu "there" im ersten Versteil.

Funktionen: 1. Formale Vorbereitung des Reims am Versanfang, Verstärkung des Reims in der Reimzone; Stärkung des umschließenden Reims des ersten Quartetts; Wiederaufnahme der Klangstimmung der ersten Zeile /u:/ und /n/, /nd/. 2. Objektmimesis: Mondphasen (alliterative Gruppe als Ausbildung eines periodischen Verlaufs). 3. Insgesamt Verdünnung der Klangbeziehungen als Vorbereitung des Quartettschlusses.

Das zweite Quartett folgt insgesamt in der Gliederung und der Verteilung der Gewichte parallel dem im ersten etablierten Schema. Auf eine relativ klangneutrale Eingangszeile folgt mit den beiden mittleren Versen der Höhepunkt optisch-akustischer Mimesis und schließlich wieder analog zu Vers 4 eine beruhigte Schlußzeile.

5. Vers: Am Versanfang findet sich die mnemotechnische Verdichtung der Ortsbestimmung zur Binnenreimformel ("left hand, off land") analog zu Vers 2 ("right, the tide"). /l-/-Alliteration verbindet diese Ortsangabe mit dem wichtigsten Bedeutungsträger des Quartetts ("lark"). Die Vokale auf den Tonsilben bilden mit Ausnahme des „Fremdklangs" in „hear" eine Abtönungsreihe *("vowelling off")*: /ae/ — /ae/ — /a:/ — /e/. Neben dieser Vokalreihe kehren auch die schließenden Konsonanten des Reims in der Binnenreimformel wieder ("hand" — "land" — "ascend") — ein Beispiel für die horizontale Einbindung des Reims und seine Vorbereitung in der Versanfangszone. Der Fremdklang "hear" ist semantisch wie klanglich an "ear" aus Vers 1 gebunden, stellt also eine weitere Parallele in der Konstruktion der beiden Quartette dar.

Funktionen: 1. Formale Parallelität zum ersten Quartett. 2. Vertikale Einbindung des Reims. 3. Klangliche Auszeichnung des wichtigsten Bedeutungsträgers.

6. Vers: Die Verse 5 und 6 bringen ein elaboriertes Bild für den Lerchen-
gesang, das Abwickeln eines gesträhnten Seidenbandes, das wellig-kräuse-
lig von einer sich schnell drehenden Haspel wirbelt: synästhetische Um-
setzung des akustischen Eindrucks ins Optische. In der Klangschicht findet
sich von Vers 6 an bis zum Quartettende ein dominantes Gestaltungsmittel,
die Auszeichnung von Doppelgruppen durch unterschiedliche Klangmittel
(Binnenreimtechnik mit leichter vokalischer bzw. konsonantischer Variation: "rash-fresh", "-winded — skeined"; Alliteration: "crisps" — „curl";
"wild winch whirl"; "pour" — "pelt"; "spill" — "spend"; Verbindung von
Binnenreim und Alliterationsmustern "curl" — "whirl"). Die Klanggruppen
des 6. Verses gliedern die Zeile zunächst in zwei Teile (modifizierte Binnen-
reime "rash-fresh" sowie "re-winded new-skeined"), wobei "score" als
Reimwort durch Alliteration an die zweite Binnenreimgruppe gebunden ist.
Zwischen beiden Binnenreimgruppen gibt es über /r/-Anlaut und /ʃ/-Auslaut
(bezogen auf die erste Gruppe) zusätzliche Bindungen, zusätzlich erhält
sich von Zeile 5 in der Auslautgruppe /-nd/ bzw. /-n-d/ ein Reimecho.

Funktionen: 1. Unterstreichung der syntaktisch-rhetorischen Gliederung
durch Klangmarkierung; Bildung von Klang-Sinnbeziehungen: Zusammenschluß von Wörtern durch Leitklänge, hier Doppelgruppen. 2. Reimecho.
3. Zusammenschluß des zweiten Quartetts durch durchlaufende Klangtechnik. 4. Beteiligung des Klangs an der Bildstruktur: Klang in metaphorischer
Funktion.

7. Vers: In Vers 7 setzt sich die klangliche Bindung von Wortgruppen,
die für das gesamte Quartett charakteristisch ist, fort: Alliteration und
Binnenreim ("crisps of curl" bzw. "wild winch whirl"). Mit dem *contre-
rejet* "and pour" wird ein neuer Klang in die Zeile eingeführt, der in Vers 8
weitergeführt wird: Doppelgruppe „pour and pelt". Betrachtet man die
Konsonantenfolge über die Verse 6 und 7 gemeinsam, so ergibt sich ein mar-
kantes kombinatorisches Muster: /r- ʃ / → /sk-/ → /kr-/ → /k-/. Jeweils ein
konsonantisches Element wird aus der vorangehenden Konsonantenkombi-
nation weitergeführt und mit einem neuen Konsonanten kombiniert, der
dann seinerseits weitergeführt wird.

Funktionen: Wie Vers 6, zusätzlich klangliche Markierung und Verstärkung des Enjambements.

8. Vers: Die Klanggruppierung im letzten Vers des zweiten Quartetts folgt
der durch das starke Enjambement vorgegebenen syntaktisch-rhythmischen
Kontur. Nachdem das erste Glied dieses Verses in die das Versende 7/8
übergreifende Doppelgruppe eingespannt ist, richtet sich der zweite Versteil
auf die alliterierende Doppelgruppe "spill nor spend" aus. Auch hier finden

sich subtile Klangbindungen vom ersten zum zweiten Versteil. So enthält "pelt" den Reimvokal, und seine konsonantischen Bestandteile /p-lt/ erscheinen auf die beiden Glieder der Doppelgruppe aufgespalten, die zusätzlich den sich immer wieder an signifikanter Stelle findenden /s/-Klang an sich zieht:

$$/p\text{-}lt/ \rightarrow /s\text{+}p\text{-}l/ \rightarrow /sp\text{-}/$$

In den Klangteppich gehen weiter das „Vorecho" "till" — "spill" ("till" in unbetonter Position) sowie die partiellen Vorechos der Reimkonsonanten ("and" — "none" — "nor") ein.

Funktionen: 1. Zusammenschluß des zweiten Quartetts durch Fortsetzung des klanglichen Bauprinzips der alliterativen Doppelgruppen. 2. Markierung der Gliederung des letzten Verses durch trennende und verbindende Klangelemente. 3. Insgesamt Verdünnung der Klangbindungen gegenüber den Versen 6 und 7 als Vorbereitung des Quartettschlusses — parallel zum Abschluß des ersten Quartetts.

Zusammenfassung

Von den 40 Hebungsstellen dieser Sonettoktave sind nur zwei ("none", "music") nicht sicher klanglich eingebunden, alle anderen und dazu eine Fülle sinntragender Wörter auf Senkungspositionen gehen ein dichtes Klanggeflecht miteinander ein. Sinngliedernde und onomatopoetische Funktionen sind insgesamt dominant, ohne daß damit die Markierungsfunktion des Klangs für die Versgestalt (Hebungen, Teilungen des Verses, Enjambement) in den Hintergrund getreten wäre. Das Beispiel zeigt, daß bestimmte Klangfunktionen nicht an bestimmte Klangmittel gebunden sind, daß beispielsweise Binnenreim dieselben Funktionen wahrnehmen kann wie Alliteration. Daraus ist abzuleiten, daß es bei der Analyse weniger auf eine Katalogisierung der Klang*formen* — David I. Massons *sound repetition terms* — ankommt als auf die Beschreibung der Klang*funktionen,* die sich im freien Zusammenspiel aller Klangformen herausbilden.

4. Problemfeld IV: Figuren der Wortwiederholung

4.0. Problemstellung und Lernziele

Die Problemstellung dieses Kapitels folgt der der vorangegangenen Kapitel: Klassifikation und Funktionsanalyse von Figuren der Wortwiederholung (rhetorischen Figuren). Der Leser soll folglich
— die häufigsten Wiederholungsfiguren an Beispielen kennenlernen und identifizieren können,
— die Funktion von Wiederholungsfiguren an zwei ausführlich analysierten Texten verstehen.

4.1. Klassifikation und Funktionsanalyse

Die in Kapitel 3 behandelten Klangfiguren beruhen auf der Wiederholung von Phonemen oder Phonemkombinationen. Sie sind, wie gezeigt worden ist, teilweise positions- und frequenzmäßig geregelt (Reim), zum überwiegenden Teil jedoch frei gruppierbar. Sie bilden Regularitäten eigener Ordnung und treten im Einzelfall auch in Wechselbeziehungen zur Bedeutungsschicht ein, ohne daß sie selbst Bedeutung tragen (vom Sonderfall der Onomatopoiie abgesehen). Wiederholungen finden nun ebenso auf den Ebenen von Morphem, Wort, Wortgruppe und Satz statt.[1] Im System der Schulrhetorik fallen solche Wiederholungen unter die *figurae elocutionis* (engl. *schemes*). Figuren und Tropen werden dort gemeinsam unter dem Stichwort *ornatus* behandelt; sie sind nicht ausschließlich Charakteristikum der Lyrik, sondern kommen in Prosa und dramatischen Texten ebenso vor. *Ornatus* sei als „nicht notwendige *virtus elocutionis*"[2] „ein Luxus der Rede", wie Lausberg sagt;[3] er bezweckt die Schönheit der sprachlichen Äußerung". Diese Bestimmung ist insoweit richtig, als Wiederholungsfiguren nicht zwingend vorgeschrieben, vom Autor frei wählbar sind; sie ist indessen mißverständlich oder gar falsch, wenn damit ihre Funktionslosigkeit suggeriert worden wäre.

---

[1] Vgl. das Kapitel „Morphemwiederholungen" bei Rolf Kloepfer und Ursula Oomen, *Sprachliche Konstituenten moderner Dichtung* (Bad Homburg v.d.H: Athenaeum, 1970), 58ff.

[2] H. Lausberg, *Elemente der literarischen Rhetorik* (München: Hueber, ⁵1976), 460

[3] *Ibid.*, 61.

Unter informationstheoretischem Aspekt weisen Äußerungen wie die folgenden *Redundanz* auf:

> Er läuft und läuft und läuft. (VW-Reklame)
> My love is like a red, red rose. (Burns)

In beiden Fällen handelt es sich um die wörtliche Wiederholung unmittelbar aufeinander folgender Wörter oder Wortgruppen, also um die Figur der *geminatio* oder *epanalepsis* (engl. *immediate repetition*). Allerdings ergeben sich auch hinsichtlich der Bestimmung dieser Wendungen als redundant Schwierigkeiten, wenn man beispielsweise versuchen sollte, die beiden Beispiele auf ihre bloße „Information" zu reduzieren. Die Lösungen —

> * Er läuft (immerzu/unaufhörlich).

oder:

> * My love is like a red rose, —

befriedigen offensichtlich nicht. Das erste Beispiel meint auch nicht einfach, daß ein VW unaufhörlich, immerzu, *ad infinitum* läuft, auch wenn Text (und Bild) das auf der Oberfläche der Äußerung zu sagen scheinen. Der Werbeslogan verlangt eine Übersetzung auf eine andere Ebene und bedeutet dann: Dieser Wagen ist besonders verläßlich, hat eine lange Lebensdauer, läßt seinen Fahrer nicht im Stich usw. Und im zweiten Beispiel bedeutet die Häufung des Adjektives "red" weder einfach eine Steigerung von "red" — "very red" ist unsinnig — noch bedeutet es einfach gar nichts, so daß man es weglassen könnte. Der Versuch der Reduktion der Beispielssätze auf ihren „Informationsgehalt" durch Wegnahme von Redundanz hat die Verwendung des Begriffs der Information selbst in Frage gestellt, insoweit sie als denotierter Inhalt aus der Sprachäußerung abstrahierbar sein sollte. Vielmehr hat sich am Beispiel gezeigt, daß die Form der Sprachäußerung, hier konkret die Wiederholungsfigur der *geminatio,* den Inhalt verändert und zwar so, daß die Form selber zum Bedeutungträger wird.

TEXT 1

In der natürlichen Sprache tauchen neben Geordnetheiten auf der Ebene der Sprache (langue), die sinndifferenzierenden Charakter haben, sporadisch auch gewisse Geordnetheiten auf der Ebene der Rede (parole) auf. Wir pflegen sie nicht zu bemerken, da sie beim Akt der sprachlichen Kommunikation keinerlei strukturelles Gewicht haben.

Sobald wir aber mit einem künstlerischen Text zu tun haben, ändert sich die Situation entscheidend. Hier muß der Empfänger der Mitteilung aufgrund des Textes erst jene spezifische Sprache erschließen, in der sich der Akt der künstlerischen Kommunikation vollzieht. Wie wir gesehen haben, gehen dabei Eigenschaften der Mitteilung über in

Kodeeigenschaften, und jegliche Geordnetheit des Textes beginnt nun, als strukturspezifisch und somit bedeutungstragend interpretiert zu werden. Und wenn der Dichter in dem Text, den er schafft, im Verhältnis zur natürlichen Sprache zusätzliche Geordnetheiten findet, so ist auch der Leser berechtigt, seinerseits ebenso zu verfahren und in der Schöpfung des Dichters gewisse zusätzliche Geordnetheiten zweiten Grades zu entdecken. Oben war gezeigt worden, daß diese Geordnetheiten auf zwei Klassen zurückgeführt werden können: solche der Äquivalenz und solche der Anordnung oder Reihenfolge. Zur ersten Klasse gehören alle Arten von Wiederholungen im literarischen Text.[4]

Das zweite Beispiel zeigt eindrücklich, daß durch die Wiederholungsfigur die Aussage emotiv eingefärbt wird, daß möglicherweise der Ausdruck des Affekts (Liebesbeziehung) hier sogar vor der inhaltlichen Aussage (Vergleich Geliebte : rote Rose) rangiert oder doch wenigstens eine unaufhebbare Einheit mit letzterer eingegangen ist. Auch das erste Beispiel entfaltet seine Wirkung auf der emotiven Ebene, es nimmt den Leser/Hörer für das Produkt ein, für das es Reklame macht. Beide Beispiele machen eindrücklich klar, daß unter dem Aspekt der Wirkstruktur von Texten Wiederholungsfiguren, wie überhaupt das, was im rhetorischen System *ornatus* heißt, keinesfalls bloße Ausschmückung, „Luxus der Rede" ist, und daß die in der Stiltheorie immer wieder anzutreffende Trennung von Inhalt und Ausdruck den beobachteten Sachverhalt nicht trifft. Schon bei Gottsched werden die Figuren nicht als bloßer Schmuck der Rede gewertet, sondern als „Sprache der Affekte" bezeichnet, eine Bestimmung, die sich genauso bei Johann Jacob Breitinger findet.[5] Entsprechend begreift ein moderner Stiltheoretiker, Stephen Ullmann, Phänomene wie die hier dargestellten unter dem Prinzip der *expressiveness:*

TEXT 2

For the student of style, 'expressiveness' covers a wide range of linguistic features which have one thing in common: they do not directly affect the meaning of the utterance, the actual information which it conveys. Everything that transcends the purely referential and communicative side of language belongs to the province of expressiveness:

[4] Jurij M. Lotman, *Die Struktur literarischer Texte* (München: Fink, 1972), 158f.; vgl. auch 34: „Alles im Kunstwerk ist Mitteilung".

[5] Walter Jens, „Rhetorik", *Reallexikon der deutschen Literaturgeschichte,* ed. W. Kohlschmidt und W. Mohr, 2. Aufl., Bd. 3 (Berlin, 1971), 434ff.; vgl. Johann Christoph Gottsched, *Grundriß zu einer Vernunfftmäßigen Redekunst* (Hannover, 1729).

emotive overtones, emphasis, rhythm, symmetry, euphony, and also the so-called 'evocative' elements which place our style in a particular register (literary, colloquial, slangy, etc.) or associate it with a particular milieu (historical, foreign, provincial, professional, etc.).[6]

Sieht man einmal von dem bereits diskutierten Problem der künstlichen Trennung von Inhalt und Ausdruck ab, das sich auch in diesem Text wiederfindet, so findet sich hier ein Katalog expressiver Sprachverwendung, der das, was Sprache der Affekte heißt, zu konkretisieren imstande ist. Auch hier gilt wie für alle stilistischen Phänomene, daß das stilistische Detail erst im Kontext seine je spezifische Bedeutung erhält und daß deshalb die konkrete Analyse einzelner Texte an die Stelle einer prinzipiell unmöglichen Bedeutungslehre stilarer Merkmale treten muß. Die Figurenlehre der traditionellen Rhetorik stellt hier allerdings ein Klassifizierungsraster zur Verfügung, das mehr ist als eine bloße Liste von *termini technici*; das rhetorische System gewinnt seine Anschaulichkeit und historische Konkretisierung in den vielen klassisch gewordenen *exempla,* die im Sinne einer impliziten Stilistik durch die Zeiten tradiert worden sind. Frühere individuelle stilare Realisierungen werden für spätere Texte gewissermaßen zum Kode.[7] Das stilistische Modell von "choice and expressiveness", das wir in Kapitel 1 vorgestellt haben, geht davon aus, daß der Autor zwischen verschiedenen stilaren Möglichkeiten frei wählen kann. Dieses Modell, das geeignet sein mag, die Verhältnisse auf der Produktionsseite zu beschreiben, berücksichtigt jedoch die Rezeptionsseite nicht zureichend. Jurij M. Lotman macht darauf aufmerksam, daß der Leser/Hörer immer nur die eine realisierte stilare Botschaft vor sich hat.

TEXT 3

Zunächst einmal ist anzumerken, daß die Vorstellung des dichterischen Schaffensprozesses als Auswahl einer der möglichen Varianten des Ausdruck eines vorgegebenen Inhalts unter Berücksichtigung bestimmter einschränkender formaler Regeln [. . .] an einer gewissen Vereinfachung leidet. Nehmen wir aber einmal an, ein Dichter würde tatsächlich so verfahren [. . .]. Für [den Empfänger] wird der Ausdruck zum Inhalt — er nimmt den poetischen Text nicht als einen von mehreren möglichen auf, sondern als einen einmaligen und unwiederholbaren. Der Dichter *weiß*, daß er auch anders hätte schreiben können, — für den Leser gibt es in einem Text, den er als künstlerisch vollwertig aufnimmt, nichts Zufälliges. Es ist dem Leser eigen, *anzu-*

6   Stephen Ullmann, *Language and Style,* 101.

7   Jurij Lotman, *Struktur,* 37, *cf.* 33.

nehmen, daß der Text nicht anders geschrieben werden konnte. [. . .]
Ein Leser, der das Gefühl für die Notwendigkeit der Dichtung hat,
sieht in ihr nicht etwa ein Mittel, das in Versen zu sagen, was man
auch in Prosa hätte mitteilen können, sondern eine Art, eine besondere Wahrheit auszudrücken, die außerhalb des poetischen Textes
nicht konstruiert werden kann.[8]

Wiederholungsfiguren entfalten ihre Wirkung im Kontext individueller
poetischer Texte, aber auf der Basis dessen, was sich aufgrund früherer
Texte als Kode herausgebildet hat. Dabei zeigt sich einmal mehr, daß die
verschiedenen Wiederholungsfiguren in ihrer Wirkung häufig austauschbar
sind, daß deshalb die Analyse nicht bei einer Klassifizierung und begrifflichen Benennung solcher Wiederholungsfiguren stehenbleiben darf, diese
Aufgabe vielmehr jener anderen unterzuordnen ist, die Funktion der Wiederholungsfiguren im Kontext zu analysieren.

In verschiedenen Stilistiken und Rhetoriken finden sich unterschiedliche
Klassifizierungssysteme für den Bereich der Wiederholungsfiguren. Insgesamt herrscht die Tendenz, die Vielfalt der Begriffsdifferenzierung der
Schulrhetorik zurücktreten zu lassen zugunsten einer auf Hauptkategorien
beschränkten Funktionsanalyse. Wir verfahren hier ähnlich. Wir fassen in
diesem Kapitel diejenigen Figuren zu einer Gruppe zusammen, bei denen
es sich

1. um die wörtliche Wiederholung von Wörtern und Wortgruppen in bestimmten typischen Anordnungen und
2. um vergleichbare Fälle unter ,,Lockerung der Gleichheit hinsichtlich
   eines Teiles des Wortkörpers''[9] handelt.

Dagegen werden Formen des Parallelismus, der Umstellung und der Un-
vollständigkeit des sprachlichen Ausdrucks dem folgenden Kapitel ,,poeti-
sche Syntax'' zugeordnet.

4.2. Schema der Wiederholungsfiguren

4.2.1. Wörtliche Wiederholung

4.2.1.1. Wörtliche Wiederholung eines Wortes oder einer Wortgruppe in un-
mittelbarem Kontakt (typische Fälle z.B. zweifach oder dreifach):

geminatio/epanalepsis/immediate repetition

---

[8]   *Ibid.,* 49f.

[9]   Lausberg, *Elemente,* 91.

Beispiele:

Tiger, tiger, burning bright
In the forests of the night,
What immortal hand or eye
Could frame thy fearful symmetry?

(William Blake, "The Tiger")

Ah, happy, happy boughs! that cannot shed
Your leaves, nor ever bid the Spring adieu;
And, happy melodist, unwearied,
For ever piping songs for ever new;
More happy love! more happy, happy love!
Forever warm and still to be enjoyed,
Forever panting and forever young;
All breathing human passion far above,
That leaves a heart high-sorrowful and cloyed,
A burning forehead, and a parching tongue.

(Keats, "On A Grecian Urn")

Sah ein Knab' ein Röslein stehn,
Röslein auf der Heiden,
War so jung und morgenschön,
Lief er schnell, es nah zu sehn,
Sah's mit vielen Freuden.
Röslein, Röslein, Röslein rot,
Röslein auf der Heiden.

(Goethe, ,,Heidenröslein")

4.2.1.2. Wiederaufnahme eines Wortes oder einer Wortgruppe am Ende eines syntaktischen oder metrischen Abschnitts unmittelbar zu Beginn des folgenden:

reduplicatio/anadiplosis/Wortwiederaufnahme

Beispiele:

Nymph of the gard'n, where all beauties be:
Beauties which do in excellencie passe
His who till death lookt in a watrie glasse,
Or hers whom naked the *Trojan* boy did see.

(Sir Philip Sidney, *Astrophel and Stella*)

Poor soul the centre of my sinful earth,
My sinful earth these rebel powers that thee array,
Why dost thou pine within and suffer dearth
Painting thy outward walls so costly gay?

(Shakespeare, *Sonnets,* 146)

4.2.1.3. Mehrfache Fortführung der Figur der *reduplicatio* über drei und mehr Glieder in steigerndem Sinn:

gradatio/Klimax

Beispiele:
> I saw and lik'd, I lik'd but loved not,
> I lov'd, but did not straight what Love decreede:
> At length to Loves decrees, I first agreede.
> Yet with repining at so partial lot.
>> (Sir Philip Sidney, *Astrophel and Stella*)

4.2.1.4. Einrahmung einer Wortgruppe/Phrase/Satz/Vers durch dasselbe Anfangs- und Endglied:

redditio/kyklos/framing

Beispiele:
> Remember March, the Ides of March remember
>> (Shakespeare, *Julius Caesar*)

> Home, you idle creatures, get you home
>> (Shakespeare)

> Kein Busch, kein Schützenrock, kein buntes Fahnenmalen
> schreckt den Krabaten ab! Das Ansehn ist sehr gut,
> Das Ansehn mein' ich nur, das nichts zum Schlagen tut,
> Wir feigsten Krieger wir, die Phöbus kann bestrahlen!
>> (Paul Fleming, „Er beklagt die Änderung
>> und Furchtsamkeit itziger Deutschen")

4.2.1.5. Wiederholung als parallele Anfangsmarkierung:

anaphora/Anapher

Beispiele:
> Some glory in their birth, some in their skill,
> Some in their wealth, some in their body's force,
> Some in their garments though new-fangled ill:
> Some in their hawks and hounds, some in their horse.
>> (Shakespeare, *Sonnets,* 91)

> Jeanne-Marie a des maines fortes,
> Mains sombres que l'été tanna,
> Mains pâles comme des mains mortes.
> — Sont-ce des mains de Juana?

Ont-elles pris les crèmes brunes
Sur les mares des voluptés?
Ont-elles trempé dans les lunes
Aux étangs de sérénités?

Ont-elles bu des cieux barbares,
Calmes sur les genoux charmants?
Ont-elles roulé des cigares
Ou trafiqué des diamants.

> (Rimbaud, "Les mains de Jeanne-Marie")

Traum von der Stunden Dauer,
Wechsel und Wiederbeginn,
Traum — vor der Tiefe der Trauer:
blättern die Rosen hin.

Wahn von der Stunden Steigen
aller ins Auferstehn,
Wahn — vor dem Fallen, dem Schweigen:
wenn die Rosen vergehn.

> (Benn, „Rosen")

Eh der Bann zerreißt, eh die Koppel in Stücke springt,
Eh die Brut dir entgegensieht, wenn dein Hifthorn klingt,
Eh dein Ohr ihn vernimmt, aus der Seele den dumpfen Schrei
Eh reißen Sehnen und Adern und Herz entzwei.

> (Frank Wedekind, „An eine grausame Geliebte")

4.2.1.6. Wiederholung als parallele Schlußmarkierung:

epiphora/Epipher

Beispiele:

Daring as never before, wastage as never before.
Young blood and high blood,
fair cheeks, and fine bodies;
fortitude as never before
frankness as never told in the old days,
hysterias, trench confessions,
laughter out of dead bellies.

> (Ezra Pound, *Hugh Selwyn Mauberley*, IV)

4.2.1.7. Kombination von Anfangs- und Schlußmarkierung, von Anapher und Epipher:

complexio/symploke

Beispiele:

> Alles geben die Götter, die unendlichen,
> Ihren Lieblingen ganz,
> Alle Freuden, die unendlichen,
> Alle Schmerzen, die unendlichen, ganz.
>> (Goethe, „Aus einem Brief an Gräfin Augu-
>> ste zu Stolberg")

4.2.2. Wiederholung unter Variation der wiederholten Glieder

4.2.2.1. Wortspiel: durch teilweise Änderung der Wortform in der Wiederholung entsteht ein Bedeutungskontrast (Pseudo-Etymologie)

annominatio/Paronomasie/pun

Beispiele:

> This may flies do, when I from this must fly.
> These times of woe afford no time to woo.
>> (Shakespeare, *Romeo & Juliet,* III, 3.41
>> bzw. 4.8)

> Yet do thy worst, old Time. Despite thy wrong,
> My love shall in my verse ever live young.
>> (Shakespeare, *Sonnets,* 19)

4.2.2.2. Sonderfall der Paronomasie, die in der Änderung der Wortform
durch Flexion besteht:

polyptoton/metabole/paregmenon

Beispiele:

> And singing still dost soar, and soaring ever singest.
>> (Shelley, "To a Skylark")

> I am to wait, though waiting so be hell
>> (Shakespeare, *Sonnets,* 58)

4.2.2.3. Wiederholung zweier Wörter desselben Stamms:

figura etymologica

Beispiele:

> . . . most horrid sights seen by thy watch.
>> (Shakespeare, *Julius Caesar,* II, 2.16)

Du liebes Kind, komm, geh mit mir!
Gar schöne Spiele spiel' ich mit dir;
(Goethe, „Erlkönig")

4.2.2.4. Wiederholung durch Ersatz des ersten Wortes durch ein Synonym:

synonymia/synonymy

Beispiele:
For thee watch I, whilst thou dost wake elsewhere
(Shakespeare, *Sonnets,* 61)

Nine years she then, nay years, nine years she long
Within her wears, bears, cares and combs the same:

[combs = stores, matures as in honeycombs; zugleich Binnenreim]
(Gerard Manley Hopkins, "To R.B.")

4.3. Funktion der Wiederholungsfiguren im Kontext (Beispiel)

TEXT 4

Verbal parallelism resembles free verbal repetition in that it is *physically* sensible — i.e. audible to the listener, and visible to the reader. This means that the parallelism sets up a special relation between expression and content: the outer form of the message not only expresses underlying meaning but imitates its structure. [. . .] verbal parallelism says the same thing twice over: the expression hammers home the content. To this quality of ‚sound imitating sense' it owes its declamatory force, the power of emphasis which makes it a stock device of political oratory and of emotionally heightened language generally.[10]

Wie die Formen der Klangwiederholung haben auch die Figuren der Wortwiederholung jeweils im Kontext unterschiedliche Funktionen. Als „Sprache der Affekte" gehören sie zum Bereich der "expressiveness", sie färben die Sprachäußerung emotiv ein, sie verweisen auf besondere Sinnbeziehungen (Antithese, Paradox, Ironie) zwischen durch Wiederholung verbundenen Wörtern, Wortgruppen und Versen, sie übernehmen jedoch ebenfalls wie die Klangfiguren gliedernde, strukturierende Funktion entweder zusätzlich zu

---

[10] Geoffrey Leech, *A Linguistic Guide to English Poetry,* 85.

der metrisch rhythmischen Gliederung oder — im Falle freier Verse — an deren Stelle. Solche Funktionen der Wortwiederholungen sollen abschließend an zwei Beispielen im Kontext exemplifiziert werden.

Beispiel:

> When you will ever, Peace, wild wooddove, shy wings shut,
> Your round me roaming end, and under be my boughs?
> When, when, Peace, will you, Peace? I'll not play hypocrite
>
> To own my heart: I yield you do come sometimes; but
> That piecemeal peace is poor peace. What pure peace allows
> Alarms of wars, the daunting wars, the death of it?
> (Hopkins, "Peace")

Der Textausschnitt, die (verkürzte) Oktave eines Sonetts des Typs "curtal sonnet", verwendet eine emotional hochgespannte Sprache, Ausdruck des verzweifelten Fragens des Sprechers. Neben den Wiederholungsfiguren, die hier analysiert werden, sind besonders Abweichungen von der regulären Syntax (Inversionen, Sperrstellungen usw.) charakteristisch.[11] Innerhalb der ersten strophischen Einheit, dem um einen Vers verkürzten ersten Quartett (Verse 1—3) wird der erste Alexandriner-Halbvers von Vers 1 nicht nur einfach an entsprechender Stelle von Vers 3 — gewissermaßen rahmend — wiederholt, beim zweiten Auftreten wird zusätzlich das Fragewort "when" verdoppelt und die Verdoppelung der Anredeform "Peace" und ihre Sperrstellung bilden eine Art Epipher über zwei jeweils dreisilbige Wortgruppen, die, obwohl syntaktisch nicht parallel gebaut, durch die Stellungsfigur der Epipher entsprechend strukturiert erscheinen, wobei dann sekundär die /w/-Alliteration in "when" — "will" zusätzlich wirksam wird und zu dieser parallelen Gruppenanfangs- und -endmarkierung beiträgt. Die Wiederholungsfiguren stabilisieren in der beschriebenen Weise die Formalstruktur des ersten Kurz-Quartetts (Rahmung: Vers 1 zu Vers 3 und Gruppenbildung in Vers 3, zugleich Abgliederung dieser parallelisierten Gruppen in Vers 3 von dem neuen Satz, der die Quartettfuge übergreift — Strophenenjambement). Im Bereich der Aussage färben die Wiederholungsfiguren die einfache Frage („Wann kommst du, Friede?") emotiv ein (Dringlichkeit: „Wann *endlich* . . . ":Verzweifeltsein über das Ausbleiben des Friedens), steigern damit die Aussage und bilden so den Höhepunkt des ersten Kurzquartetts.

Im zweiten Kurzquartett wird der Sprechton zunächst wieder auf die Ebene der rationalen Argumentation zurückgenommen. Mit Vers 5 beginnt erneut eine „Aufladung" der Aussage, diesmal durch eine komplexe, mehrfache

---

[11]   Vgl. Kapitel 5 zur poetischen Syntax.

Paronomasie: "piece" — "peace" und "poor" — "pure" mit wiederum analog zu Vers 3 epiphorisch eingesetztem „peace" im ersten Versteil. Die Technik der Epipher setzt sich mit "wars" in die Schlußzeile fort, wobei die beiden durch die Epipher parallelisierten Gruppen durch ein drittes (klanglich alliterativ eingebundenes) Glied semantisch gesteigert werden: "the death of it" (eine Art Klimax). Beide Kurzquartette verwenden zur emotiven Aufladung des Textes, für den Wechsel des Sprechtons von eher rationaler Argumentation zu stark affektgeladenem Sprechen, neben den sich ebenfalls in beiden Versgruppen findenden Formen syntaktischer Deviationen verschiedene Arten von Wiederholungsfiguren. Die unterschiedlichen *Formen* (Anapher, Epipher, Geminatio einerseits, Paronomasie andererseits) haben dabei durchaus parallele *Funktionen*.

Beispiel:

Shine! shine! shine!	Geminatio
Pour down your warmth, great sun!	
While we bask, we two together,	
Two together!	Anadiplosis
Winds blow south, or winds blow north,	Anapher/Isokolon/Anti-
Day come white, or night come black,	these
Home, or rivers and mountains from home,	Redditio
Singing all time, minding to time,	Epipher/Isokolon
While we two keep together.	Complexio (Verse 3+9)

(Walt Whitman, "Out of the Cradle Endlessly Rocking")

Das Gedicht "Out of the Cradle Endlessly Rocking" besteht aus einem narrativen Rahmen, der unterbrochen wird von stärker lyrischen Abschnitten, poetischen Äquivalenten des Gesangs des *mocking-bird,* den der Sprecher des Gedichts in Dichtung übersetzt. Der zu analysierende Textabschnitt ist der erste dieser lyrischen Einschübe. Alle diese lyrischen Textteile beginnen mit der dreifachen Wiederholung des ersten Wortes, gewissermaßen als Kennmelodie:

Blow! blow! blow!
. . .
Soothe! Soothe! Soothe!
. . .
Loud! Loud! Loud!

Die Funktion dieser ersten *geminatio* ist also vor allem strukturierender Art, sie hebt die lyrischen Teile von den narrativen ab. Eine genaue Analyse erweist, daß in diesem Textteil Wiederholungsfiguren der unterschiedlichsten Form in ungewöhnlicher Häufung und Verbindung auftreten, sie bilden zusammen mit Formen des syntaktischen Parallelismus ein enges Beziehungsgeflecht sprachlicher Zeichen, in dem es zwar auch so etwas wie Inhalt gibt, allerdings gewinnen die Wiederholungsfiguren die Dominanz vor der denotierten Bedeutung des Textes, auf die sich der Leser mit einiger bewußter Anstrengung und unter Ausblendung der „Musik" dieser Verse konzentrieren muß, um sie überhaupt wahrzunehmen. Es ist nicht zufällig, daß dieser Textteil als das dichterische Äquivalent, die „Übersetzung" (wie der Rahmentext sagt), des Vogelliedes gelten soll. Die „Semantisierung der Form", die für lyrische Texte überhaupt charakteristisch ist, gewinnt hier eine zusätzliche mimetische Dimension.

5. Problemfeld V: Poetische Syntax

5.0. Problemstellung und Lernziele

Die Untersuchung der Syntax in lyrischen Texten hat, verglichen etwa mit der Bedeutung, die die Untersuchung von Vers, Bildlichkeit oder auch der rhetorischen Figuren im engeren Sinne gewonnen hat, eher ein Randdasein gefristet. Erst die neuere linguistisch orientierte Poetik hat diese Fragestellung belebt, wobei sie sich freilich auf wichtige frühere Arbeiten stützen konnte. In diesem Kapitel geht es zwar zunächst wieder darum, an Beispielen das typische Forminventar poetischer Syntaxverwendung unterscheiden und klassifizieren zu lernen, im Mittelpunkt stehen jedoch Überlegungen zu typologischen und historischen Ansätzen der Syntaxanalyse. Während typologische Ansätze auf die Etablierung von Syntax*typen* ausgerichtet sind, die zwar an Texten gewonnen worden sind, deren Leistung dann jedoch gewissermaßen textübergreifend und überzeitlich festgelegt wird, widmet sich die historisch arbeitende Analyse dichterischer Syntax den Texten einer bestimmten Zeit, sucht Gemeinsamkeiten und Unterschiede zur früheren oder späteren Dichtersprache, um auf diesem Wege die historischen Besonderheiten der Dichtung eines Autors, einer Werkgruppe, eines *genres* oder einer Epoche herauszuarbeiten. Beide Verfahren werden anhand der Arbeiten wichtiger Exponenten demonstriert, wobei daran zugleich Beschreibungsverfahren überhaupt deutlich werden. Alsdann gilt das Hauptaugenmerk wiederum der Funktionsanalyse und hier besonders den Arbeiten einer linguistischen Poetik (Jakobson, Levin, Leech), wobei erneut die Leistungsfähigkeit des Deviationsmodells (Norm und Abweichung) zur Diskussion steht.

In diesem Kapitel soll der Leser folglich
— typische Formen der Abweichung von der Normalsyntax benennen lernen,
— typologische und historische Ansätze in der Analyse poetischer Syntax unterscheiden lernen,
— Entwürfe zur Funktionsbestimmung syntaktischer Abweichungen kennenlernen und auf ihre Leistungsfähigkeit hin durchdenken.

5.1. Rhetorische Figuren als Abweichung von der „Normalsyntax"

Eine Anzahl rhetorischer Figuren findet ihren systematischen Platz erst in diesem Kapitel, weil sie sich am besten als syntaktische Abweichungen verstehen lassen. Die linguistisch orientierte Poetik hat in den letzten Jahren den Blick auch für die Formen und Funktionen der Syntax in poetischer Sprache geschärft und damit die eher klassifizierende Darstellung der Schulrhetorik im Sinne einer Funktionenlehre der Dichtersprache auch in diesem Punkt weiterentwickelt.

In diesem Kapitel werden zunächst vier Kategorien der Syntaxbehandlung in der Dichtersprache beschrieben, und zwar

1. Parallelität in der Anordnung der Satzglieder bzw. ganzer Sätze *(Parallelismus/Isokolon/Chiasmus)*

2. Verknüpfung von Sätzen und Satzgliedern *(Asyndeton/Polysyndeton)*

3. Abweichungen von der regulären Anordnung der Satzglieder *(Hyperbaton/Inversion/Parenthese)*

4. Reduktion von Sätzen durch die Auslassung von normalerweise struktur- und verständnisnotwendigen syntaktischen Gliedern *(Ellipse/Zeugma)*.

5.1.1.   Parallelität in der Anordnung von Satzgliedern bzw. ganzer Sätze

Parallelismus und sein Spezialfall *Chiasmus* (als die stellungsmäßige Umkehrung, Überkreuzstellung) sind dadurch gekennzeichnet, daß Satzteile aufeinander bezogener Sätze oder ganze Sätze einander im Bauplan sowie stellungs- und funktionsmäßig zugeordnet sind. Solche Sätze sind also syntaktisch strenger geregelt als dies grammatisch erfordert ist. Der Fachausdruck der Schulrhetorik für den strengen Parallelismus ist *Isokolon,* er bezeichnet den syntaktisch parallelen Bau von Satzgliedern, Sätzen oder auch ganzen Perioden.

Beispiele:

Parallelismus
> The cock is crowing
> The stream is flowing
> The small birds twitter
> The lake doth glitter
> > (Wordsworth, "Written in March")

> . . .
> Rosen setzen, Ulmen pflanzen,
> Schlittenfahren, fastnachtstanzen,
> Netze flicken, Lauten rühren,
> Häuser bauen, Kriege führen,

Frauen nehmen, Kinder zeugen,
Übermorgen Kniee beugen,
Übermorgen Knechte löhnen,
Übermorgen Gott versöhnen —
Morgen bin ich tot.

(Werner Bergengruen, ,,Leben eines Mannes")

Chiasmus

Down dropt the breeze, the Sails dropt down,
'Twas sad as sad could be
And we did speak only to break
The silence of the Sea.

(Coleridge, "The Rhyme of the Ancient Mariner")

Chiasmus und Parallelismus

She is all States, and all Princes I
Nothing else is.
Princes do but play us; compar'd to this
All honour's mimic; All wealth alchemy.

(John Donne, "The Sunne Rising")

Forsche der Philosoph, der Weltmann handle! Doch wehe uns,
Handelt der Forscher und gibt, der es vollzieht, das Gesetz.

(Goethe, ,,Doppelter Irrtum")

Der Begriff *Parallelismus* ist in seiner neuzeitlichen Verwendungsweise weniger technisch als *Isokolon,* er umfaßt beispielsweise auch die als *parallelismus membrorum* (Lowth) oder hebräischer Parallelismus bezeichnete rhythmisch-rhetorische Gedankenwiederholung innerhalb einer Verszeile, die über den Einfluß der Bibel auch nachhaltig auf die Dichtersprache eingewirkt hat.

Beispiel:

1 Wohl dem Manne,
  der nicht wandelt
  im Rate der Gottlosen, (a)
  noch tritt auf den Weg der Sünder, (a)
  noch sitzt im Kreise der Spötter, (a)
2 sondern seine Lust hat am Gesetz des Herrn (b)
  und über sein Gesetz sinnt Tag und Nacht. (b)
3 Der ist wie ein Baum, gepflanzt an Wasserbächen,
  der seine Frucht bringt zu seiner Zeit (c)
  und dessen Blätter nicht verwelken, (c)
  und alles, was er tut, gerät ihm wohl.

4   Nicht so die Gottlosen;
    sondern sie sind wie die Spreu, die der Wind verweht. (c)
5   Darum werden die Gottlosen nicht bestehen im Gericht, (d)
    noch die Sünder in der Gemeinde der Gerechten. (d)
6   Denn der Herr kennt den Weg der Gerechten; (e)
    Aber der Gottlosen Weg führt ins Verderben. (e)

(Psalm 1)[1]

Solche Wiederholung erfolgt in der Regel einmal (bb), seltener auch zweimal (aaa). Das Verhältnis der wiederholten Glieder zueinander kann *synonym* sein (Wiederholung desselben Gedankens in abgewandelter Formulierung; vgl. dd) oder auch *antithetisch* (ee). Eine dritte Möglichkeit besteht in der Weiterführung eines Gedankens (*synthetisch;* vgl. ccc).[2]

5.1.2. Verknüpfung von Sätzen und Satzgliedern

Hier hat die bereits im Verskapitel besprochene asyndetische Reihung ihren Ort, die in Interaktion mit dem metrischen Schema durch Überfülle an tontragenden Silben eine besondere Emphase der Versrede bewirkt. Umgekehrt ist die polysyndetische Verknüpfung von Satzgliedern häufig die Ursache von Versen, in denen metrische Strukturierung (Senkungs-/Hebungsfolge) und syntaktische Gliederung nahtlos übereinstimmen. Dies gilt besonders wieder für den Fall, daß aneinandergereihte gleichrangige Satzglieder durch „und" verbunden werden:

Beispiele:

Asyndeton

Batter my heart, three person'd God; for, you
As yet but knocke, breathe, shine, and seeke to mend;
(Donne, *Holy Sonnets,* 10)

I saw him, I
Assayl'd, fight, taken, stabb'd, bleede, fall and dye.
(Donne, "Elegie: On His Mistris")

Polysyndeton

By town, and tower, and hill, and cape, and isle,
(Tennyson, "Mine be the strength")[3]

---

[1]   Text nach der Zürcher Bibel.

[2]   Vgl. *RGG*[3] s.v. „Formen" I.2; vol. II, 996.

[3]   Vgl. oben S. 57

5.1.3. Abweichung von der regulären Anordnung der Satzglieder

Unter diese Rubrik fallen alle Formen ungewöhnlicher Wortstellung von einfachen Inversionen bis zu gewaltsamer Auf- und Unterbrechung der Reihenfolge der Glieder im Satz *(Hyperbaton, Tmesis):*

Beispiele:

Einfache Inversion
>Hänschen klein
>ging allein
>. . .

>Des Menschen Seele
>Gleicht dem Wasser:
>. . .
>>(Goethe, „Gesang der Geister über den Wassern")

>. . . the racing lambs too have fair their fling.
>>(Hopkins, "Spring")

>When will you ever, Peace, wild wooddove, shy wings shut,
>Your round me roaming end, and under be my boughs?
>When, when, Peace, will you, Peace? I'll not play hypocrite
>To own my heart: . . .
>>(Hopkins, "Peace")

>Death or distance soon consumes them: wind
>What most I may eye after, be in at the end
>I cannot, . . .
>>(Hopkins, "The Lantern out of Doors")

Großräumigere Inversionen
>By that window what task what fingers ply,
>I plod wondering, . . .
>. . .
>Come you indoors, come home; your fading fire
>Mend first and vital candle in close hearts's vault:
>>(Hopkins, "The Candle Indoors")

>Der himmlischen, still wiederklingenden,
>Der ruhigwandelnden Töne voll,
>Und gelüftet ist der altgebaute,
>Seeliggewohnte Saal; . . .
>>(Hölderlin, „Friedensfeier")

Hyperbaton

(im engeren Sinn: Sperrstellung syntaktisch zusammengehöriger Teile durch
eingeschobene syntaktische Glieder — z.B. durch Parenthese, Anredeformen
usw.)

> Though as a beechbole firm, finds his, as at a rollcall, rank
> (Hopkins, "Harry Ploughman")

> And who goes there?
> I think; where from and bound, I wonder, where,
> With, all down darkness wide, his wading light?
> (Hopkins, "The Lantern out of Doors")

> Wie die Löwin, hast du geklagt,
> O Mutter, da du sie,
> Natur, die Kinder verloren.
> Denn es stahl sie, Allzuliebende, dir
> Dein Feind, . . .
> (Hölderlin, „Friedensfeier")

Großräumiges Hyperbaton

> A bugler boy from barrack (it is over the hill
> There) — boy bugler, born, he tells me, of Irish
>   Mother to an English sire (he
> Shares their best gifts surely, fall how things will),
> This very day came down to us after a boon he on
> My late being there begged of me, overflowing
>   Boon in my bestowing,
> Came, I say, this day to it — to a First Communion.
> (Hopkins, "The Bugler's First Communion")

Tmesis

(Aufspaltung eines zusammengesetzten Wortes oder auch Stamm- und Nach-
silbe eines Wortes durch ein eingeschobenes Glied)

> How a lush-kept plush-capped sloe
> Will, mouthed to flesh-burst,
> Gush! — flush the man, the being with it, sour or sweet,
> Brim, in a flash, full! —
> (Hopkins, *The Wreck of the Deutschland*, 8)[4]

---

[4] = "brimful, in a flash".

5.1.4. Reduktion von Sätzen durch Auslassung struktur- und (teilweise) verständnisnotwendiger syntaktischer Elemente

Beispiele:

Ellipse

(Aussparung syntaktisch wichtiger Satzglieder)

> Länger hält die Mutter nicht das Zürnen,
> Öffnet das bekannte Schloß geschwind:
> „Gibt es hier im Hause solche Dirnen,
> Die dem Fremden gleich zu Willen sind?"
> So zur Tür hinein.
> Bei der Lampe Schein
> Sieht sie — Gott! sie sieht ihr eigen Kind.
>
> (Goethe, „Die Braut von Korinth")

Aposiopese

(Abbruch der Rede, z.B. am emotionalen Höhepunkt)

> But how shall I . . . make me room there:
> Reach me a . . . Fancy, come faster —
> Strike you the sight of it? look at it loom there,
> Thing that she . . . there then! the Master,
> *Ipse,* the only one, Christ, King, Head:
>
> (Hopkins, *The Wreck of the Deutschland,* 28)

Zeugma

(ein Satzglied bezieht sich gleichzeitig auf mehrere andere)

> Der Havel das Eis, den Kröten den Mund
> Öffnet April.
>
> (Peter Huchel, „Die dritte Nacht April")

5.2. Typologische und historische Ansätze

5.2.1. Syntaxtypen: Dionysios von Halikarnassos und Norbert von Hellingrath

Die Funktionsanalyse der poetischen Syntax ist, verglichen mit der Aufmerksamkeit, die man dem Vers oder der Bildlichkeit gewidmet hat, eher eine vernachlässigte Disziplin. Dabei stellt schon die hellenistische Rhetorik entsprechende Kategorien zur Verfügung. Dionysios von Halikarnassos unterscheidet in seiner Schrift *De compositione verborum* zwei

Haupttypen der syntaktischen Verbindung und einen dritten gemischten Typ. Der erste Typ, „harte Fügung" [ἁρμονία αὐστηρά] genannt, ist durch die Selbständigkeit der Satzglieder gegenüber dem Ganzen der sprachlichen Äußerung charakterisiert. Paradebeispiel hierfür ist Pindar. Der zweite Typ heißt „glatte Fügung" [ἁρμονία γλαφυρά] und ist entsprechend charakterisiert durch die nahtlose, „glatte" Einbindung der Satzglieder in den Sprachzusammenhang. Beispiel Sappho. Der dritte Typ heißt „wohlgemischte" Fügung [ἁρμονία εὔκρατος] und enthält Elemente beider Typen.[5] Norbert von Hellingrath hat diese Kategorien in seiner Arbeit über Hölderlins Pindarübersetzungen wiederaufgegriffen und auf Hölderlins Stil überhaupt angewendet:

TEXT 1

[. . .] Wozu es gut sein wird jener polaren teilung des lyrischen styls zu gedenken /wie sie die hellenistische rhetorik lehrte/ wenn sie eine ἁρμονία αὐστηρά von einer ἁρμονία γλαφυρά unterscheidet und als den bedeutendsten dichter in der ersten den Pindar nennt. Wir können diese bezeichnung als *harte* und *glatte fügung* wiedergeben und sagen sie mache sich geltend durch härte und glätte der fugen zwischen den einzelnen elementen/ und dies durch die drei gleichlaufenden schichten hindurch: den rhythmus der worte/ des melos/ der laute. diese drei parallelen rhythmen werden in harter fügung irrationalere minder übersichtliche minder gebundene (nicht etwa minder gehaltene) und in höherem grade einzige bildungen aufweisen. für uns/ die wir von der begrifflich unsinnlichen seite herkommen/ wird als wesentlich erscheinen dass in harter fügung möglichst das einzelne wort selbst taktische einheit sei/ in glatter dagegen das bild oder ein gedanklicher zusammenhang meist mehrere wörter sich unterordnend. die glatte fügung ist also minder unmittelbar und wird daher leicht bei fortschreitendem schwinden der sinnlichkeit der alleinherrschaft in der dichtung sich nähern/ wobei dann bezeichnend ist dass die einheiten fest/stereotyp/ werden d.h. dass das wort als untergeordneter bestandteil immer gleich in starren überlieferten verbindungen auftritt. in der deutschen literatur wurde dieser styl zu einem der hellenistischen unbekannten grade fortgebildet — besonders in der spätern Romantik und aus dem volkslied heraus . . . [Anmerkung hierzu:] glatte fügung ist der eigentliche styl der reimpoësie / mindestens da wo sie in freiem jambischem (oder trochäischem) gange ganz einfache formen annimmt. die schönsten beispiele vielleicht hat EICHENDORFF gegeben.[6]

---

5 *Fischer Lexikon Literatur* 2/2, 428.

6 Friedrich Norbert von Hellingrath, *Pindarübertragungen von Hölderlin* (Leipzig: Breitkopf & Härtel, o.J. [1911]), 1f.

Hellingrath gibt selbst folgende Beispiele für glatte und harte Fügung:

Beispiele:

glatte Fügung:

Ein kirchhof war der garten/
Ein blumenbeet das grab/
Und von dem grünen baume
Fiel kron und blüte ab.

harte Fügung:

Himmlischer ohr hört das geton der bewegten
Sterne, den gang/ den Seleno und Pleione
Donnern/ kennt es/ und freut/ hinhörend/
Sich des geflügelten halls/
Wenn der planet/ fliehend/ sich wälzt/ und im kreislauf
Eilet/ und wenn/ die im glanze sich verbergen/
Um sich selber sich drehn/ sturmwinde
Rauschen und meere dann her . . .
                    (Klopstock, „Die Zukunft")

Hellingrath arbeitet auf einen Gegensatz zweier Syntaxtypen hin, den er so beschreibt:

TEXT 2

wo glatte fügung einfachste formen und ordnungen/ viel gebrauchte worte/ möglichst wenig auffälliges zeigte/ erstaunt die harte durch ungewonnte und fremde sprache. der glatten fügung kam alles darauf an zu vermeiden dass das Wort selbst dem hörer sich aufdränge. der sollte gar nicht bis zum worte gelangen/ nur damit verbundene associationen erfassen die als factoren das eigentlich wesentliche bildhafte oder gefühlartige ergeben, daher musste das wort möglichst bescheiden zurücktreten/ mit möglichst geringer spannung dem zusammenhang sich einordnen. harte fügung dagegen tut alles das wort selbst zu betonen und dem hörer einzuprägen/ es möglichst der gefühls- und bildhaften associationen entkleidend auf die es dort gerade ankam. hier wird also in der wortwahl/ auch wo man keine besondere dichtersprache hat/ das tägliche und gewohnte vornehmlich aber die hergebrachte verbindung gemieden/ das schwere prangende und die vielsylbige zusammensetzung gesucht/ als welche von selbst ton und sinn auf sich lenken. [. . .] im syntaktischen derselbe gegensatz: dort das einfachste und schmiegsamste/ hier erstaunlichere satzgefüge: anakoluthe/ bald prädicatlos hingestellte worte/ in deren kürze ein satz zusam-

mengedrängt ist/ bald weitgespannte perioden/ die zwei drei mal neu
einsetzen und dann doch überraschend abbrechen: nur niemals die
widerstandslose folge des logischen zusammenhangs/ stets voll jähen
wechsels in der construction und im widerstreit mit den perioden
der metrik. [. . .][7]

In vergleichbarer Weise bezieht Todd K. Bender Gerard Manley Hopkins'
"non-logical syntax", die Verwendung verschiedener Formen des Hyper-
batons, auf Pseudo-Longinus *(Über das Erhabene),* der die Wirkung von
Asyndeton und Hyperbaton als Abbildung von Leidenschaft, als Mimesis
der nicht-logischen Folge von Ideen, als Abbildung des Denkprozesses,
nicht des fertigen Gedankens charakterisiert.[8]

5.2.2. Manieristische Syntax: E.R. Curtius und G.R. Hocke

Typologische Ansätze sind auf überhistorische Konstanten aus. Dies charakterisiert auch Ernst Robert Curtius' Unterscheidung des klassischen und des
manieristischen Stils, der Gustav René Hocke in seiner Studie *Manierismus
in der Literatur* gefolgt ist.[9] Der manieristische Stil zeichnet sich nach
Curtius im Bereich der Syntax durch das Vorherrschen von Hyperbaton,
Periphrasis, Annominatio, durch Asyndeton und Pointenstil aus.[10] Hocke
stellt „para-rhetorische Lieblingsfiguren des Manierismus" zusammen.[11]

Im Sinne eines solchen typologischen Ansatzes werden John Donne, einer
der Hauptvertreter der *Metaphysical Poetry* (des 17. Jahrhunderts) einerseits, Gerard Manley Hopkins, der die Sprachinnovatorik der Modernisten
vorwegnehmende englische Dichter der zweiten Hälfte des 19. Jahrhunderts,
sowie T.S. Eliot von David Morris unter dem gemeinsamen Nenner des
Manierismus zusammengebracht.[12] Auch hier bilden Ellipsen, Inversionen
und Parallelismen den gemeinsamen Bestand syntaktischer Kunstmittel.

---

[7] Hellingrath, 4f.

[8] Todd K. Bender, *Gerard Manley Hopkins: The Classical Background and Critical Reception of His Work* (Baltimore: Johns Hopkins P., 1966), 97ff.

[9] Ernst Robert Curtius, *Europäische Literatur und lateinisches Mittelalter* (Bern: Francke, [1]1948, [4]1963), 277ff.; Gustav René Hocke, *Manierismus in der Literatur: Sprach-Alchimie und esoterische Kombinationskunst* (Reinbek: Rowohlt, 1959).

[10] E.R. Curtius, *Europ. Literatur,* 277ff.

[11] G.R. Hocke, *Manierismus,* 142 vgl. 147.

[12] David Morris, *The Poetry of G.M. Hopkins and T.S. Eliot in the Light of the Donne Tradition* (Bern: Francke, 1953).

Solche Beispiele für stiltypologische Ansätze mögen genügen, um zu zeigen, daß hier quer zur geschichtlichen Entwicklung bestimmte Stilkonstanten herausgearbeitet werden, die im Extremfall — G.R. Hocke — auf ein bestimmtes Menschenbild, das des „problematischen" Menschen, zurückgeführt werden: „Dieser Kult, die Liturgie des Manierismus aller Zeiten, ist nicht allein historisch, sondern auch psychologisch und existentiell interessant, weil er sich auch als ästhetische Erscheinungsform der *psychischen Struktur des problematischen Menschen* darstellt, des Menschen, der an überlieferten Maßstäben für sich, um sich und über sich zu zweifeln beginnt und deswegen nicht selten in einem auch fruchtbaren Sinne, also in einem auch theologisch-antiklassischen Sinne, „positiv' ver-zweifelt".[13]

5.2.3. Historischer Ansatz: Hugo Friedrich, William E. Baker

Im Unterschied zu den skizzierten stiltypologischen Ansätzen kommt Hugo Friedrich[14] auf historischem Wege zu seiner Darstellung der modernen Lyrik, indem er, ausgehend von Baudelaire und der französischen Romantik, eine sich im 19. Jahrhundert vollziehende ästhetische Wende beschreibt und ihre Ausprägungen sodann komparatistisch innerhalb des Gesamtfeldes der europäischen Lyrik des zwanzigsten Jahrhunderts aufsucht. Auch hier sind naturgemäß die ausgemachten Merkmale der Dichtersprache nicht auf den Bereich der Syntax beschränkt; sie finden aber auch hier ihren Niederschlag. Zur Beschreibung moderner Lyrik, historisch genauer der Lyrik „von der Mitte des neunzehnten bis zur Mitte des zwanzigsten Jahrhunderts", findet Hugo Friedrich bei den Theoretikern und Praktikern dieser Lyrik überwiegend *negative* Kategorien, also solche, die selber den in dieser Zeit vollzogenen Bruch mit den etablierten dichterischen Traditionen ausdrücken. Im Bereich der Syntax sind dies beispielsweise Kategorien wie Unverständlichkeit, Verzicht auf Interpunktion, Zerdehnung des Satzes, Satzfeindschaft, Entmachtung des Verbums, Ellipsen, syntaktische Reduktion, bloßes Nebeneinander von Wörtern usw.[15] So charakterisiert Hugo Friedrich die dichterische Sprache Mallarmés, eines Autors, für den Dichten das „Sagen des Ungesagten" ist, wie folgt:

---

[13] Hocke, *Manierismus in der Literatur,* 302.

[14] Hugo Friedrich, *Die Struktur der modernen Lyrik* (Reinbek: Rowohlt, [1]1956, [9]1967).

[15] Hugo Friedrich, *Die Struktur der modernen Lyrik.* 101, 116, 152—160, 282, *et passim.*

TEXT 3

> Die Mittel einer solchen dichterischen Sprache müssen ungewöhnlich sein. Wir können sie hier nur andeuten. So findet man Verben im absoluten Infinitiv (statt der zu erwartenden konjugierten Form), Partizipien nach dem Muster des lateinischen Ablativus absolutus, grammatisch unbegründete Inversionen, Aufhebung des Unterschieds zwischen Einzahl und Mehrzahl, adjektivische Verwendung des Adverbs, Verkehrung der normalen Wortfolge, neuartige Unbestimmtheitsartikel usw. Statt den zeitlichen oder logischen Abfolgen in den Sachen und Themen nachzugehen, macht *Mallarmé* den fast unmöglichen Versuch, mittels der notwendigerweise zeitlichen Entfaltung der Sprache etwas Simultanes, ja Zeitenthobenes auszusagen. [. . .]
>
> Die Stilmittel *Mallarmés* bezwecken, im Widerstand gegen die moderne Lesehast einen Bezirk zu schaffen, worin das Wort seiner Ursprünglichkeit und Beständigkeit zurückgegeben ist. Bezeichnend, daß dies nur gelingt mittels Zertrümmerung des Satzes zu Fragmenten. Diskontinuität statt Verbindung, Nebeneinandersetzen statt Fügung: das sind die Stilzeichen einer inneren Diskontinuität, eines Sprechens an der Grenze zum Unmöglichen. [. . .][16]

William E. Baker untersucht die Entwicklung der Syntax in der anglo-amerikanischen Dichtung zwischen (grob) 1870 und 1930, also den historischen Wandel der Dichtersprache vom Viktorianismus zur Moderne. Durch quantitative Analysen an Text-*samples* aus dem Werk von 30 Autoren kann Baker zeigen, daß typische syntaktische Gestaltungsweisen des ausgehenden 19. Jahrhunderts, "elaboration" und "dislocation" genannt, in der Dichtung des beginnenden 20. Jahrhunderts vor allem durch ein weiteres Prinzip, "fragmentation", abgelöst werden. Bakers Untersuchung basiert auf einem Deviationsmodell; seine drei Syntaxtypen stellen Abweichungen von der Normalsyntax ("regular sentence structure") dar:

TEXT 4

> *Syntactic Dislocation*
> Thus a syntactic 'dislocation' is defined as an alteration in the normal location of words or word groups . . .
>
> *Elaboration*
> 'Elaboration' is a quantitative change in character, in that an extraordinary number of word groups with the same character function together in one sentence and often, though not necessarily, in the same location.

---

[16] *Ibid.*, 116f.

Fragmentation

'Fragmentation' is an unusual alteration in location; it occurs when a word or word group is without an orthodox location with respect to other words. And a regular sentence is, of course, a string of words of appropriate character in their customary locations.[17]

Dislocation umfaßt alle Formen von Inversion und Hyperbaton, also die ungewöhnliche *Anordnung* von syntaktischen Gliedern; *Elaboration* basiert auf der ungewöhnlichen *Häufung* funktional gleichrangiger Glieder, z.B. auf der Häufung von Verben, Adjektiven, Nominalgruppen usw. Baker kann zeigen, wie beide Formen, *dislocation* wie *elaboration,* in übersteigerter Form zu *fragmentation* führen können, zur Aufhebung der üblichen grammatischen Strukturen, im ersten Fall dadurch, daß mehrfache Um- und Sperrstellungen die syntaktischen Strukturen des Satzes nicht mehr erkennen lassen, im zweiten Fall dadurch, daß die gehäuften, parallelen Glieder nicht mehr zusammengehalten werden und sich verselbständigen.

Konventionelle Umstellungen sind in der Dichtersprache des 19. Jahrhunderts häufig, z.B. durch Reimzwänge oder aus Gründen der Versfüllung verursacht (Beispiel: Tennyson). Sie setzen dem Verständnis keine besonderen Schwierigkeiten entgegen, der Leser rekonstruiert vielmehr spontan für sich die normalen grammatischen Beziehungen.

TEXT 5

Longfellow writes

Have I dreamed? Or was it real,
What I saw as in a vision,
When to marches hymeneal
In the land of the Ideal
Moved my thought o'er Fields Elysian?

and we record three dislocations, all in one sentence. Like almost all of Longfellow's "variations", these result from *a reversal of the usual sequence of two clearly related grammatical elements.* After the switch, the elements are usually quite as obviously related as they were in their more customary order. Displaced adjectives, for example, are almost never separated from the noun head; they are simply shifted from a position before the noun to one after it, as in

---

[17] William E. Baker, *Syntax in English Poetry:* 1870–1930 (Berkeley: U. of California P., 1967), 18.

"Fields Elysian". [. . .] The most salient characteristics of such conventional dislocation are that only some elements in the sentence pattern shift position, and that the shift does not alter or confuse the grammatical relations between such elements. The poet may thus vary the cadence, sound pattern, and emphasis of a line without changing his meaning appreciably.[18]

Andererseits sind es gerade solche Umstellungen, die die Dichtersprache des Viktorianismus von der Umgangssprache abheben. Pound wendet sich vom Standpunkt des Modernismus folgerichtig gegen solche „Tennysonianness" wie "addled mosses dank",[19] und es gehört zu den Prinzipien des Imagismus, daß Lyrik ebenso genau und präzise sein muß wie Prosa.

An Brownings dramatischen Monologen demonstriert Baker die Wirkung der Parenthese, der Unterbrechung des Satzflusses und der Einschaltung eines syntaktisch fremden, zumeist jedoch gedanklich zusammengehörigen Gliedes.

Beispiel:
> I learn this from epistles which begin
> Here where the print ends, — see the pen and ink
> Of the advocate, the ready at a pinch! —
> "My client [. . .]

Hier leistet die Parenthese die Illusion der spontanen Rede. E.E. Cumings' Gedichte zeigen extreme Formen von syntaktischer *dislocation,* die es unmöglich machen, eine reguläre syntaktische Struktur im nachhinein zu konstruieren. Dichtung dieser Art basiert auf einer Art Spezialgrammatik, die ihre eigenen Kombinationsregeln hat. Bezogen auf die Normalsyntax, ergeben sich vielfältige — und konkurrierende — Möglichkeiten der syntaktischen Entschlüsselung.

Beispiel:
> helves surling out of eakspeasies per (reel) hapsingly
> proregress heandshe-ingly people
> trickle curselaughgroping shrieks bubble
> squirmwrither staggerful unstrolls collapsingly
> flash of-faceness stuck thumblike into pie
> is traffic this recalls hat gestures bud
> plumbtumbling hand voices Eye Doangivuh sud-

---

[18] *Ibid.,* 28f.

[19] Ezra Pound, Brief an Harriet Monroe vom Januar 1915, *Letters,* 91.

denly immense impotently Ey Doancare Eye
And How replies the upsquirtingly careens
the to collide flatfooting with Wushyuname
a girl-flops to the Geddup curb leans
carefully spewing into her own Shush Shame
as (out from behind Nowhere) creeps the deep thing
everybody sometimes calls morning.

(E.E. Cummings)

Elaboration, die Überfrachtung des Satzes mit einer größeren Zahl funktionsgleicher Wörter und Wortgruppen, die von einem schwachen Verb nur ungenügend gebunden werden, macht den typischen Ton Swinburnescher Gedichte aus — "a weak statement (usually passive) from which radiate intricate dependent clauses 'hinged' on important nouns":

Beispiel:

Upon her raiment of dyed sendaline
Were painted all the secret ways of love
And covered things thereof,
That hold delight as grape-flowers hold their wine;
Red mouths of maidens and red feet of doves,
And brides that kept within the bride-chamber
Their garment of soft shame,
And weeping faces of the wearied loves
That swoon in sleep and awake wearier,
With heat of lips and hair shed out like flame.

(Swinburne, "Ballad of Death")

Wortwiederholung und Alliteration dienen in diesem Beispiel dazu, einzelne Versteile zusammenzuschließen.

TEXT 6

In this particular passage, the 'main clause' consists of a weak passive verb, its locative complement and the generalized subjects 'secret ways of love' and 'covered things', which the string of appositive noun phrases in effect replaces. [. . .] an imbalance occurs because the specific, concrete images, as well as the notable activities in the sentence [. . .] are concentrated in structures generated by the series of nouns — itself depending from the generalized subjects. Refining within the frame of a relatively weak and vague assertion, the poet creates detailed, vivid portraits. The energy of the verbs is thus not transmitted from sentence to sentence with cumulative intensity, as in narration or argument, but is diffused within a closed system; the structure is not dynamic, but static.[20]

Fragmentation entsteht aus elaborierten syntaktischen Strukturen, wenn die Nomina, von denen die das Hauptgewicht der Deskription tragenden syntaktischen Glieder abhängen, zu schwach sind, um das syntaktische Gebäude insgesamt zusammenzuhalten, oder auch durch Auslassung der ohnehin schwachen Verben.

TEXT 7

In Bryant's extended simile, in Swinburne's excessively diffuse repletions, and in Tennyson's inordinately loose and sometimes ambiguous modifiers, there emerge certain unusual syntactic characteristics with a common base. These poets extend or modify a poetic theme by generating from one noun or a group of nouns complex, dependent structures. The dependent structures often are related to the noun kernel by means of clear, traditional grammatical signals; but this primary noun may itself have only an implicit or uncertain relation to its context (usually a sentence, surrounding or adjoining it), or it may generate a passage whose importance is out of keeping with the grammatical emphasis the noun receives in its context. Consequently, the noun and its subordinated elements tend to become to a degree autonomous.[21]

Nomina sind die Grundbausteine fragmentierter syntaktischer Strukturen; Verben sind ausgefallen oder haben ihre Kraft als Strukturträger der syntaktischen Gebilde verloren. Solche "independent noun phrases" bilden die Basis von Whitmans Katalogen, sie werden durch Wiederholungsfiguren (z.B. Wortwiederholung, Anaphorik) aneinandergereiht:

TEXT 8

Whitman's 'catalogues', for example, very often grow out of a sentence framework; but these great heaps of nouns and noun phrases more than unbalance that framework — they effectively unhinge it. A reader can only superficially distinguish one of these immense sentences from other blocs of clearly independent fragments. Sometimes, indeed, the sense of the passage depends on our ability to dissociate items in the catalogue from the context of the sentence. [21]

---

[20] William E. Baker, *Syntax*, 42.

[21] *Ibid.*, 52.

Beispiel:
> Trippers and askers surround me
> People I meet, the effect upon me of my early life
>   or the ward and city I live in, or the nation,
> The latest dates, discoveries, inventions, societies,
>   authors old and new,
> My dinner, dress, associates, looks, compliments, dues,
> The real or fancied indifference of some man or woman
>   I love,
> The sickness of one of my folks or of myself, or ill-
>   doing or loss or lack of money, or depressions
>   or exaltations,
> Battles, horrors of fratricidal war, the fever of doubt-
>   ful news, the fitful events;
> These come to me days and nights and go from me again,
> But they are not the Me myself.
>   (Whitman, *Song of Myself*)

Am Beispiel von Eliot demonstriert Baker *fused structures,* Wortgruppen, die in ihrer syntaktischen Struktur mehrdeutig sind; Hart Crane liefert das Beispiel für den Typ des *disintegrating sentence,* der zunehmenden Auflösung eines zunächst kohärenten Satzes.

Alle diese im Detail durchaus unterschiedlichen Formen der Aufhebung der traditionellen Syntax sind gleichgerichtete Versuche, die festgefahrene, elaborierte Dichtersprache des Spätviktorianismus zu überwinden:

TEXT 9

> Catalogues furnish the best examples of fragments as replicas of immediate sense expérience. Cleanth Brooks defines such poetry, after John Crowe Ransom's suggestion, as *'physical poetry,* a poetry of things without ideas'; about the early twentieth-century revolt from Victorianism he says,
> > The poets attempt to do in one generation what it requires generations of poets to do. The result is a retreat toward the elementary undifferentiated 'stuff' of poetry. Indeed, there is a great deal of primitivism to be found in the poetry of the revolt. With the rejection of formal verse systems there is a reversion to loose chant lines and repetitions (Sandburg's 'Chicago'); complex structure, logical or symbolical, gives way to the simple method of development by cumulative accretion — poems develop by the poets' piling up detail on detail (H.D.'s 'Sea Gods'); raw 'content' overrides and determines form [...][22]

---
[22] *Ibid.,* 130; vgl. Cleanth Brooks, *Modern Poetry and the Tradition* (Chapel Hill: U. of North Carolina P., 1939), 71, 74.

5.3. Ansätze zu einer Funktionstheorie der poetischen Syntax

5.3.1. Wolfgang Kayser: „Überschuß an Bedeutung"

Wolfgang Kayser hat in einem Aufsatz aus dem Jahre 1947[23] auf Unterschiede in der Syntax der Verssprache und der Prosa hingewiesen und die Erforschung der Syntax der Verssprache als Desiderat herausgestellt. Denn der Hinweis auf Zwänge von Reim und Metrum reicht als Erklärung für die syntaktischen Gestaltungszüge der Lyrik ebensowenig aus wie der Verweis auf den — ohnehin überlasteten — Rhythmusbegriff, der zudem selber Funktion eben der Phänomene ist, die es zu erklären gilt. Kayser demonstriert am Beispiel des vorangestellten Genetivs, das er durch eine Reihe von Nationalliteraturen verfolgt, wie durch die Umstellung in der Trennung der sinntragenden Begriffe und ihrer Verteilung auf die Hebungsstellen des Verses die entsprechende Nominalphrase an Nachdruck gewinnt, wie gleichzeitig durch die Umstellung ein „Überschuß an Bedeutung" erzeugt wird, der der normalen Wortfolge nicht eigen ist.

Beispiel:
> . . . de meu rosto a côr tostada . . .
> (meines Gesichts gebräunte Farbe)
> Mas teme que dos Deuses a vingança
> Venha punir . . .
> (Aber fürchte, daß der Götter Rache zu strafen kommt)
> (Barbosa de Bocage)

TEXT 10
> Vergleichen wir die Konstruktion mit der prosaischen: . . . que a vingança dos Deuses venha punir . . . , so fällt als erstes auf, daß diese schneller bzw. jene langsamer gesprochen wird. Dadurch intensiviert sich eine vom vorgestellten Genetiv ausgehende Wirkung: die Bedeutung "dos Deuses" wird jetzt ungleich eindringlicher, eigenwertiger, als wenn sie in die glattere Fügung der Prosa gestellt würde, wo sie sozusagen im Umkreis und Schlagschatten von vingança steht. Bei der Vorstellung entsteht ein Überschuß an Bedeutung, der außerhalb des logischen Satzzusammenhangs bleibt. Genau genommen, tritt sogar eine kleine Bedeutungsveränderung ein. Nachgestellt gibt die Genetivpräposition die Beziehung zwischen den beiden Substantiven an. Vorgestellt gibt sie zugleich eine räumliche Herkunft an. Während der nachgestellte Genetiv vor allem logisch funktioniert, zeigt sich im vorgestellten eine besondere hervorrufende Kraft. [. . .]

[23] Wolfgang Kayser, „Zur Frage von Syntax und Rhythmus in der Verssprache", *Trivium,* 5 (1947), 283—292.

Liest man noch einmal die Prosafassung neben der Versfassung, so zeigt sich, daß durch die Vorstellung und den Rhythmus die geschlossene, enge, glatte Fügung der Prosa aufgelöst wird. Statt eines einheitlichen Höhenzuges ragen jetzt mehrere Gipfel auf: Dos Deuses/a vingança/venha/punir. Wenn wir die Leistung im Bedeutungsmäßigen übertreibend wiedergeben wollten, müßten wir sagen: aus dem Raum um die Götter naht etwas, das ist die göttliche Rache; und sie eilt heran, und sie wird strafen ... [...]

Durch die besondere Fügung (vorgestellter Genetiv) und den Rhythmus werden einzelne Satzglieder mit einem Überschuß an Bedeutung erfüllt, entfaltet sich die hervorrufende Kraft der Verssprache. [...] Das Verhältnis hat sich umgekehrt: die Satzglieder funktionieren jetzt nicht mehr als bloße Teile eines Satzes, das heißt Sachverhaltes, sondern der Satzzusammenhang ermöglicht den Satzteilen besondere Wirkungen. [...][24]

Wolfgang Kaysers Aufsatz ist das frühe Beispiel einer Funktionsanalyse dichterischer Syntax, eines Ansatzes, der fragt: „Was leistet das beobachtete sprachliche Phänomen für den Aufbau des dichterischen Werkes?"[25] In breitem Rahmen sind solche Funktionsanalysen durch die linguistische Poetik in der Aufnahme des Prager Strukturalismus möglich geworden.

5.3.2. Roman Jakobson: „Poesie der Grammatik und Grammatik der Poesie"

In einem vielbeachteten Aufsatz aus dem Jahre 1961 greift Roman Jakobson Erkenntnisse von Gerard Manley Hopkins aus dem Jahre 1865 zur Funktion des grammatischen Parallelismus *(figure of grammar)* auf und leitet daraus die Forderung nach der gründlichen Erforschung von grammatischen Äquivalenzen in der Dichtung ab.

Hopkins hatte in seinem Essay "On the Origin of Beauty" das Schöne als „Gleichmäßigkeit oder Ähnlichkeit gemischt mit Ungleichmäßigkeit oder Unterschiedlichkeit" und die Wahrnehmung der Schönheit als „Vergleich im Hinblick auf Gleichheit oder auf Ungleichheit" bestimmt. Beide Vergleichsoperationen basieren auf einem gemeinsamen Prinzip, das Hopkins als Parallelismus bezeichnet und das in der modernen linguistischen Theorie unter dem Begriff ‚Äquivalenz' gefaßt wird.

---

[24] *Ibid.*, 289–291.

[25] *Ibid.*, 288.

TEXT 11

Then there are practically only these two kinds of comparison in poetry, comparison for likeness' sake, to which belong metaphor, simile, and things of that kind, and comparison for unlikeness' sake, to which belong antithesis, contrast, and so on. Now there is a convenient word which gives us the common principle for both these kinds of comparison — Parallelism. Hebrew poetry, you know, is structurally only distinguished from prose by its being paired off in parallelism, subdivided of course often into lower parallelisms. This is well-known, but the important part played by parallelism of expression in our poetry is not so well known; I think it will surprise anyone when first pointed out. At present it will be enough to remember that it is the cause of metaphor, simile, and antithesis, to see that it is anything but unimportant.[26]

In späteren Aufzeichnungen, den Vorlesungsnotizen zu "Rhythm and the other structural parts of rhetoric — verse" aus den Jahren 1873/74, greift Hopkins diese Grundbestimmung des Parallelismus wieder auf und unterscheidet in Äquivalenzen der Klangschicht *(figure of spoken sound)*, also Vers, Reim usw. einerseits,[27] grammatische Äquivalenzen *(figure of grammar)* andererseits, zu denen er sowohl die rhetorischen Figuren als auch die Tropen rechnet:

TEXT 12

Beyond verse as thus defined there is a shape of speech possible in which there is a marked figure and order not in the sounds but in the grammar and this might be shifted to other words with a change of specific meaning but keeping some general agreement, as of noun over against noun, verb against verb, assertion against assertion etc, e.g. Foxes (A) have (B) holes (C) and birds of the air (A') have (B — not B' here) nests (C'), or more widely even than this / with a change of words but keeping the grammatical and logical meaning —— as / Foxes have holes and birds of the air have nests (that is / Beasts have homes to live in) but the Son of Man has not where to lay His head (that is / Man has not a home to live in): the subjects of the clauses being changed the one does no more than say yes, the other no. Hebrew poetry is said to be of this nature. This is *figure of grammar* instead of *figure of spoken sound,* which in the narrower sense is verse.[28]

---

[26] G.M. Hopkins, *Journals,* 106.

[27] Siehe oben Kap. 1.

[28] G.M. Hopkins, *ibid.,* 267.

Der Text demonstriert eindrücklich, daß grammatische Äquivalenzen — "noun against noun, verb against verb" usw. — wie auch klangliche Äquivalenzen von der Bedeutung der Wörter ablösbar sind und daß ihre Funktion im Text in der Herstellung von Beziehungen der Entsprechung und der Entgegensetzung besteht. Diese Funktion des grammatischen Parallelismus ist nicht an die Poesie gebunden, der Hinweis auf "Hebrew poetry" macht jedoch deutlich, daß solcher grammatischer Parallelismus auch als Organisationsprinzip von Poesie fungieren kann. In solche grammatischen Äquivalenzbeziehungen können prinzipiell alle grammatischen Kategorien eintreten. Hinsichtlich ihrer besonderen Funktion greift Jakobson jedoch eine Klasse heraus, die der Pronomina (im weiteren Sinn):

TEXT 13

> Die wesentliche Rolle, die von verschiedenen Arten von Pronomina in dem grammatischen Gefüge der Dichtung gespielt wird, beruht auf der Tatsache, daß Pronomina, im Gegensatz zu allen anderen selbständigen Wörtern, nichts als grammatische, bezügliche Einheiten sind; und neben substantivischen und adjektivischen Pronomina müssen wir in diese Gruppe auch adverbiale Pronomina und die sogenannten substantivischen (oder besser pronominalen) Verben wie *sein* und *haben* einschließen.[29]

Die hier als Pronomina bezeichneten Wortklassen sind reine Funktionsträger des Satzes, deren Funktion darin besteht, Beziehungen zwischen anderen Wörtern zu setzen. Deshalb spielen sie in Formen des grammatischen Parallelismus eine ganz besonders wichtige Rolle. Das Prinzip der grammatischen Äquivalenz ist mit der Sprache selbst gesetzt; die Dichter können ihm nicht ausweichen, es allerdings nach ihren eigenen künstlerischen Prinzipien nutzen.

TEXT 14

> Der obligatorische, verbindliche Charakter der grammatischen Prozesse und Begriffe in unserer Sprache nötigt den Dichter, sie in Rechnung zu ziehen; entweder er strebt nach Symmetrie und hält sich an diese einfachen, wiederholbaren, durchsichtigen Strukturen, die auf einem binären Prinzip beruhen, oder aber er setzt sich darüber hinweg, wenn es ihm nach einem ,organischen Chaos' verlangt. Ich schrieb schon an anderer Stelle, daß die Reimtechnik, entweder grammatisch oder antigrammatisch ist, nie jedoch agrammatisch' und das gleiche gilt für das Verhältnis einer Dichtung zur Grammatik überhaupt.[30]

---

[29] Roman Jakobson, „Poesie der Grammatik und Grammatik der Poesie", *Mathematik und Dichtung*, 21—32, hier 28f.

[30] *Ibid.*, 27.

Die grammatische Figur ist in ihrem Ausdruckswert am besten in poetischen Systemen erschließbar, in denen der Parallelismus strukturbildend vorgeschrieben ist; umgekehrt ist auch in solchen poetischen Systemen ablesbar, was als grammatische Äquivalenzen gelten kann.

Die *figure of grammar* tritt gelegentlich — „in bilderlosen Gedichten" — an die Stelle von Tropen, häufiger jedoch gehen grammatischer Parallelismus und Tropen eine enge Verbindung ein. Der Zusammenschluß von Zeilen nach dem Prinzip des grammatischen Parallelismus und entsprechend die Abhebung solcher Zeilengruppen von anderen, die nach einem anderen grammatischen Äquivalenzprinzip aufgebaut sind, dient häufig zur Untergliederung poetischer Texte. Jakobsons Beispiel ist Andrew Marvells *To His Coy Mistress* „mit seinen drei grammatisch dreifach abgegrenzten und unterteile Absätzen".[31]

5.3.3.   Grammatical Deviation: Samuel R. Levin und Geoffrey N. Leech

Samuel R. Levin faßt Abweichungen von der normalen Syntax, die in dichterischen Texten vorkommen, nach den Kategorien "internal deviation" und "external deviation" auf:

TEXT 15

> Cases of deviation may be classified into two types. First, there is that type of deviation which takes place against the background of the poem, where the norm is the remainder of the poem in which the deviation occurs. Second, then, is that type where the deviation is to be explicated against some norm which lies outside the limits of the poem in which the deviation occurs. For convenience of reference, we may call these two types internal and external deviation, respectively.[32]

Während *internal deviations,* also Abweichungen von der durch den Kontext selbst gesetzten Norm, verhältnismäßig leicht zu erklären sind, bereiten *external deviations* deshalb besondere Probleme, weil es im Einzelfall schwierig ist, die externe Norm festzulegen, gegen die solche Abweichungen zu bewerten sind. Weder ist der Rekurs auf eine normative Grammatik zulässig, noch genügt ein statistisches Modell, das Auskünfte über die Wahr-

---

[31] *Ibid.,* 26.

[32] Samuel R. Levin, "Internal and External Deviation in Poetry", *Word,* 21 (1965), 226.

scheinlichkeit des Eintretens eines sprachlichen Phänomens gibt. Auch bereitet die Gleichsetzung von syntaktischer Abweichung mit *ungrammaticalness* methodische Schwierigkeiten. Einfache Ja-/Nein-Entscheidungen hinsichtlich der Grammatikalität von Sprachäußerungen lassen sich nur in einer Minderzahl der Fälle treffen — und zwar in der Regel in solchen, die für die Analyse der Dichtersprache wiederum von relativ geringem Interesse sind. Es hat sich als notwendig erwiesen, verschiedene Grade der Grammatikalität zu unterscheiden, wobei wiederum Kriterien für die Einordnung von Phänomenen auf der Grammatikalitäts-Skala schwer zu objektivieren sind.

Syntaktische Abweichungen lassen sich als solche der Wortfolge, solche der Selektion oder schließlich als Kombination aus den ersten beiden Kategorien bestimmen:

TEXT 16

> In general, a sequence may be deviant for one of three reasons: it may instance a wrong word order, it may instance a wrong word selection, or it may instance a combination of the preceding. Put another way, it may violate a phrase-structure or transformation rule, it may violate a word-category rule, or it may violate both.[33]

Mit Chomsky nimmt Levin an, daß abweichende syntaktische Strukturen so interpretiert werden, daß sie auf vergleichbare wohlgeformte Sprachäußerungen bezogen werden. Es wird unterstellt, daß einfache Umstellungen wie beispielsweise
"Shines in the mind of heaven God"
interpretatorisch gewissermaßen „normalisiert" werden, was im Falle dieses Beispiels ohne Anstrengung möglich ist:
"God shines in the mind of heaven".
Damit soll nicht gesagt sein, daß die syntaktische Inversion keinen stilistischen Effekt hätte, wohl aber daß sich die Frage der Grammatikalität solcher Sprachäußerung nicht ernsthaft stellt. Der Leser weist die Äußerung nicht als ungrammatisch zurück, anders gesagt: Umstellungen dieses Grades werden, wiewohl als in der Alltagsrede ungewöhnlich erkannt, innerhalb der Bandbreite syntaktischer „Freiheiten" angesiedelt, die gemeinhin der Dichtung eingeräumt wird. Levin diskutiert Fälle von eklatanterer syntaktischer Abweichung (vom Typ "word category violation"), wobei sich zeigt, daß es im Einzelfall außerordentlich schwierig sein kann, den durch die Abweichung erzeugten poetischen Effekt genau zu bestimmen.

---

[33] *Ibid.*, 234.

TEXT 17

In cummings' line
[Anyone lived in a pretty how town]

— disregarding *anyone lived* — the deviation is produced by the adverb *how* occurring where the rules require an adjective. On a priori grounds it is possible to take any deviant sequence and attempt to rationalize it as a case of either word order or word category violation. In actual cases, however, the structure of the deviant sequence will generally dictate the choice. In the present instance, given the amount and type of structure incorporated in the phrase "lived in a pretty how town" we conclude that the structure of *pretty how town* is Adj., Adj., Noun, i.e. we interpret the sequence as a case of word category violation. The alternative, to construe the sequence as Adj., Adv., Noun, thus making it violate a word order rule, would lead us to conclude that the sequence was nonsense, and our natural inclination to redeem whatever we read rules out this analysis. The result of the interpretation then, is to conflate *how* with the category Adjective. This is a paradigmatic conflation and is, in principle, more viable poetically than syntactic conflation, or that type in which two variant word orders are entertained simultaneously. In the particular example it is hard to specify the poetic effect, since the word *how* is conflated with the high-order grammatical category Adjective, and these two elements are too disparate for easy fusion.[34]

Das Textbeispiel illustriert anschaulich einen Interpretationsweg für abweichende syntaktische Strukturen, den Versuch, die abweichende Struktur auf Strukturen wohlgeformter Sätze zu beziehen, wobei von mehreren sich anbietenden Strukturen die plausibelste ausgewählt wird. Anders gesagt, die zu interpretierende Sprachäußerung wird prinzipiell als sinnvoll angesehen. Levin deutet hier auch ein Kriterium für Grade von Grammatikalität an, wenn er darauf hinweist, daß das Adverb *how* gewissermaßen nur unter hohem Widerstand der syntaktischen Struktur die Funktion des Adjektivs einnehmen kann ("too disparate for easy fusion"). Deutlich ist ebenfalls, daß die Entscheidung über den Grad der Abweichung nicht mit der normativen Frage der Akzeptabilität der zur Diskussion stehenden Textzeile gekoppelt ist.

Geoffrey N. Leech analysiert ein berühmtes Beispiel, die Titelzeile aus Dylan Thomas' Gedicht *A Grief Ago,* die als Verletzung einer Selektionsregel klassifiziert werden kann:

---

[34] *Ibid.,* 235.

TEXT 18

By the standards of the accepted linguistic code, any selection which is not one of the selections allowed by the rules has a null probability: in other words, its occurrence within the language is impossible. But for a poet, the question of whether to obey the rules of the language or not is itself a matter of choice. This is shown visually in the 'special paradigm' of fig. [b] below as opposed to the 'normal paradigm' of fig. [a], which illustrates the set of possibilities regularly available in the language. The example is a famous case of linguistic deviation in poetry, Dylan Thomas's phrase 'a grief ago':

fig. [a] NORMAL PARADIGM

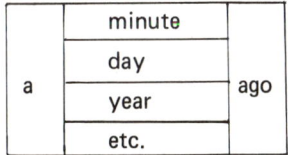

a	minute	ago
	day	
	year	
	etc.	

fig. [b] SPECIAL PARADIGM

a	minute day year etc.	NORMAL	ago
	grief	DEVIANT	

The poet in this phrase has gone beyond the normal range of choice represented in fig.[a], and has established, for the occasion, the paradigm represented by fig. [b]. The word *grief,* being placed in a position normally reserved for nouns of time-measurement, has to be construed as if it *were* a noun of time-measurement.

I have here taken a case favourable to the all-or-nothing view of linguistic rules. The rule Dylan Thomas ignores, in its most general form, may be expressed as follows: 'Only phrases based on nouns of time-measurement may enter into the construction —— *ago',* and it seems quite a straightforward matter to determine when this rule has been observed, since the nouns of time measurement *minute, day,* etc., constitute quite a small, listable group. Yet even in this case, we have to consider the question 'How deviant?' rather than simply 'Deviant or normal?'. Take for example the following phrases:

1. many moons ago
2. ten games ago
3. several performances ago
4. a few cigarettes ago
5. three overcoats ago
6. two wives ago
7. a grief ago
8. a humanity ago

These violations of the rule just stated are listed in order of (in my judgment) diminishing acceptability. At the 'most normal' end, expressions like 'many moons ago' have become so entrenched in the poetic idiom of the language that one needs a separate dictionary entry for *moon* to cater for it: 'the length of time between one new moon and the next' (i.e. 'lunar month'). The next two examples, 'ten games ago' and 'several performances ago', are perfectly plausible in appropriate situations — say at a tennis match and at an operatic production. 'A few cigarettes ago', 'three overcoats ago', and 'two wives ago' are slightly more bizarre, but it is not in the least inconceivable that someone should want to measure his existence in terms of the life of a cigarette, of an overcoat, or of a marriage. Only example (8) is so weird as to make it almost possible to say 'this phrase could not occur'. The more acceptable of these expressions can be paralleled by other quasi-acceptable time phrases such as 'since the bomb', 'before electricity', and 'after Freud'.[35]

Leech's Versuch, eine Skala der grammatischen Abweichungen und damit der Akzeptabilität der Wendung "a grief ago" zu entwerfen, ist bemerkenswert. Er zeigt, daß es mit einer einfachen grammatischen Beschreibung nicht getan ist; weiterhin daß alle Urteile über die Akzeptabilität von Sprachäußerungen auf dem Konsens der Sprachgemeinschaft beruhen. Aber selbst wenn Einigkeit über die jeweilige Skala der grammatischen Abweichung bestünde, stellt sich im konkreten Akt der Rezeption von Dichtung die Frage, wieweit der Leser eine von der üblichen Syntax abweichende Wendung im Erwartungshorizont von Dichtung und aufgrund seiner eigenen Leseerfahrungen und Kenntnis des Werkes eines Dichters nicht nur als akzeptabel, sondern darüber hinaus als für eine bestimmte Art von Lyrik typisch ansieht, inwieweit also der scheinbare Normverstoß seinerseits geradezu wiederum normbildend wirkt. Leech's Zusammenfassung seines Kapitels "The Creative Use of Language" zeigt mit wünschenswerter Klarheit und Ehrlichkeit die Schwierigkeit an, das Konzept der sprachlichen Abweichung hinreichend zu operationalisieren und zu objektivieren:

---

[35]   Geoffrey N. Leech, *A Linguistic Guide to English Poetry*, 29—31.

TEXT 19

> We are now able to see the difficulty of determining the exact limits
> to what is permitted to happen within the English language, and to
> realize that my earlier distinction between creativity within the
> language and outside the language [. . .] was something of an ideali-
> zation. It is more realistic to think of degrees of audacity ranging
> between the extreme creative exuberance of a Dylan Thomas or a
> James Joyce, and the sober restraint of a Dryden or a Pope. Perhaps
> these two tendencies can be associated with the elusive concepts of
> 'Classicism' and 'Romanticism'. Ezra Pound suggests that classical
> writers, in one sense, are those that look 'for the *least possible* variant
> that would turn the most worn-out and commonest phrases of jour-
> nalism into something distinguished'. [. . .][36]

Im Anschluß an die Ästhetik der Prager Schule bezeichnet S.R. Levin —
und mit ihm auch G.N. Leech — die Funktion von linguistischen Abweichungen aller Art in der Dichtung als "foregrounding" oder auch als "de-
automatization of language":

TEXT 20

> . . . deviation in poetry is an attribute of form. And because devia-
> tion is an attribute of form, the interest in responding to it, attaches
> only secondarily to what the deviant expression is saying, but im-
> mediately the expression itself. It is this characteristic of a deviant
> expression, that of calling attention to itself as object, which gives it
> its importance in stylistic analysis. And it is this same characteristic
> that prompts the consistent and sustained use of such expression in
> poetry.[37]

5.4. Exemplarische Studien zur Funktion grammatischer Kategorien in poetischen Texten: Francis Berry und Helmut Viebrock

Roman Jakobson hatte ausgeführt, daß zwar prinzipiell alle grammatischen
Kategorien in poetischen Texten in Äquivalenzbeziehungen eintreten können, daß jedoch gleichzeitig im Einzeltext solche Äquivalenzen jeweils nur
durch wenige strukturbildende grammatische Elemente aufgebaut werden:

---

[36] *Ibid.*, 33.

[37] S.R. Levin, "Internal and External Deviation in Poetry", 226.

TEXT 21

Eine unvoreingenommene, aufmerksame, erschöpfende, ganzheitliche Beschreibung von Auswahl, Verteilung und Wechselbeziehung verschiedener morphologischer Klassen und syntaktischer Konstruktionen in einem bestimmten Gedicht überrascht den Betrachter selbst durch unerwartete, auffallende Symmetrien, ausgewogene Strukturen, wirkungsvolle Anhäufungen von gleichwertigen Formen und ins Auge fallenden Gegensätzen; und nicht zuletzt durch die strenge Beschränkung im Inventar der im Gedicht verwendeten morphologischen und syntaktischen Bestandteile; gerade diese Aussonderung erlaubt andererseits, die meisterhafte Wechselwirkung der tatsächlich verwerteten Komponenten zu verfolgen.[38]

Diese Beobachtung rechtfertigt einen Ansatz wie den von Francis Berry, der in seiner *Poets' Grammar*[39] ausgewählte dichterische Texte auf die Leistung der grammatischen Kategorien Verbum (Tempus, Modus), Pronomen und Präposition hin untersucht. Neuerdings hat auch Helmut Viebrock in seiner *Theorie und Praxis der Stilanalyse* die Leistung einiger grammatischer Kategorien (Satzgefüge, Adjektiv, Personalpronomen und Tempuswechsel) an drei ausgewählten Gedichttexten des 20. Jahrhunderts demonstriert.[40]

Wir greifen je ein Beispiel aus diesen beiden Arbeiten heraus, Berrys Analyse der Funktion des Konjunktivs in Andrew Marvells Gedicht "To his Coy Mistress" und Viebrocks Untersuchung der Leistung des Adjektivs in Dylan Thomas' Gedicht "Fern Hill".

5.4.1. Die Funktion von Tempus und Modus in Marvells Gedicht 'To his Coy Mistress' (Francis Berry)

Beispiel:

Had we but World enough, and Time,
This coyness Lady were no crime.
We would sit down, and think which way
To walk, and pass our long Loves Day.

---

[38] Roman Jakobson, "Poesie der Grammatik", *Mathematik und Dichtung,* 26.

[39] Francis Berry, *Poets' Grammar: Person, Time and Mood in Poetry* (London: Routledge, 1958).

[40] Helmut Viebrock, *Theorie und Praxis der Stilanalyse: Die Leistung der Sprache für den Stil, dargestellt an Texten der englischen Literatur der Gegenwart* (Heidelberg: Winter, 1977).

Thou by the *Indian Ganges* side
Should'st Rubies find: I by the Tide
Of *Humber* would complain. I would
Love you ten years before the Flood:
And you should if you please refuse
Till the conversion of the *Jews.*
My vegetable Love should grow
Vaster than Empires, and more slow.
An hundred years should go to praise
Thine Eyes, and on thy Forehead Gaze.
Two hundred to adore each Breast:
But thirty thousand to the rest.
An Age at least to every part,
And the last Age should show your Heart.
For Lady you deserve this State;
Nor would I love at lower rate.
    But at my back I alwaies hear
Times winged Charriot hurrying near:
And yonder all before us lye
Desarts of vast Eternity.
Thy Beauty shall no more be found;
Nor, in thy marble Vault, shall sound
My ecchoing Song: then Worms shall try
That long preserv'd Virginity:
And your quaint Honour turn to dust;
And into ashes all my Lust.
The Grave's a fine and private place,
But none I think do there embrace.
    Now therefore, while the youthful hew
Sits on thy skin like morning dew,
And while thy willing Soul transpires
At every pore with instant Fires,
Now let us sport us while we may;
And now, like am'rous birds of prey,
Rather at once our Time devour,
Than languish in his slow-chapt pow'r.
Let us roll all our Strength, and all
Our sweetness, up into one Ball:
And tear our Pleasures with rough strife,
Through the Iron gates of Life.
Thus, though we cannot make our Sun
Stand still, yet we will make him run.
                    (Andrew Marvell, "To his Coy Mistress")

Das "argument by mood [modus]" des Sprechers des Gedichts verläuft in drei Schritten, den drei Teilen des Gedichts (Verse 1—20, 21—32, 33—46).

Teil 1 steht ganz im Modus des "subjunctive" in der Funktion des Irrealis. In der hypothetischen Welt des Konjunktivs, so das Argument des Sprechers, gibt es keine Einschränkungen räumlicher oder zeitlicher Art. In seinem intellektuellen Spiel mit der Möglichkeit, von der der Sprecher genau weiß, daß sie nie Wirklichkeit werden kann, entwirft er eine Fülle von Alternativen der Liebesverehrung ("desiring") des Mannes und der Liebeswahl ("choosing") der Frau, wobei "desiring" and "choosing" unter dem Modus des Konjunktivs getrennte Aktivitäten bleiben können: Da die Zeit hypothetisch aufgehoben ist, erklärt sich der Sprecher auch bereit zu warten, solange sie das will:

> I would
> Love you ten years before the Flood
> And you should if you please refuse
> Till the Conversion of the Jews.

Der Konjunktiv erweist sich als Modus der spielerisch frei verfügbaren Zukunft.

Teil 2 bringt die Korrektur des hypothetischen Ansatzes:

> But at my back I alwaies hear
> Times winged Charriot hurrying near.

Die Herrschaft der Zeit wird im Modus des Indikativs zweifelsfrei bekräftigt: das Futurum als dominante grammatische Zeit bestimmt die Diagnose der Vergänglichkeit sowohl der Schönheit der Frau als auch der Begierde des Mannes. Die spielerische Möglichkeit des ersten Teils ist durch die harte Realität des zweiten Teils abgelöst worden.

Die Folgerung aus diesem dialektischen Argument, das zeitlose Möglichkeit mit zukünftiger Wirklichkeit kontrastiert, ist in Teil 3 die bedingungslose Hingabe an die Gegenwart, signalisiert durch das den Teil eröffnende temporale Adverb "now", aber ebenso durch das Präsens als grammatisches Tempus. Allerdings herrscht der Modus des Imperativs; noch steht die Liebeserfüllung aus, sie wird als "invitation to present enjoyment" vorweggenommen, existiert gewissermaßen unreal. Daß sie nicht real existiert, ist Auslöser und Triebfeder des Gedichts. Erst die letzten beiden Zeilen suggerieren durch den Modus des Indikativs, daß das Vorweggenommene auch real Wirklichkeit werden wird. Berrys Textanalyse zeigt eindrücklich die Funktionalität von grammatischer Zeit und Modus in diesem Gedicht:

TEXT 22

> We have said enough I think, to show that the structure of To his Coy Mistress is rigorously determined by its Verb forms. It is a poem

in three sections in three contrasting Tenses and Moods, each section, having adopted its chosen Tense or Mood, remaining pure in its choice. It is this dominance of the Verbs, and Marvell's respect for the laws of time and space — the Personal Pronouns being at the mercy of the nouns of which they are subject or complement — and with the freedom of choice restricted to freedom within these laws — which this dominance implies, that makes the poem so severely classical and gives it that 'tough reasonableness' of which Mr. Eliot speaks.[41]

5.4.2. Die Funktion des Adjektivs in Dylan Thomas' Gedicht 'Fern Hill' (Helmut Viebrock)

Ausgangspunkt für Helmut Viebrocks Analysen ist die Beobachtung, daß von den 459 Wörtern des Gedichts "Fern Hill" 61 (oder 12%) Adjektive oder Partizipien in adjektivischer Funktion sind und daß die Zahl der Adjektive deutlich über die Zahl der Verben (35, darunter nur 17 Vollverben) dominiert. Eine Adjektivstatistik erweist die quantitative Dominanz von "green" (7) und "golden" (4); von zwei Adjektiven abgesehen ("childless" und "dying"), bezeichnen alle Adjektive "beglückende Eigenschaften und erfreuliche Zustände". Auffällig sind die Koppelungen von Adjektiven zu syntaktischen Zwillingsformen, unter denen die Verbindung "green and golden" wiederum die hervorstechendste ist. Viebrock zeigt, wie sich in den zu Zwillingsgruppen verbundenen Adjektiven über klangliche Bindungen „ein Ausgleich der semantischen Gehalte vollzieht". Die Skala der Adjektivkombinationen reicht von dem "green and golden" des Gedichtanfangs zu dem "green and dying" des Schlusses:

Beispiel:

Str.2:   And as I was green and carefree, famous among the barns
        About the happy yard and singing as the farm was home,
            In the sun that is young once only,
                Time let me play and be
            Golden in the mercy of his means,
        And green and golden I was huntsman and herdsman, the calves
        Sang to my horn, the foxes on the hills barked clear and cold,
            And the sabbath rang slowly
            In the pebbles of the holy streams.

---

[41] Francis Berry, *Poets' Grammar,* 110.

Str.6:   Nothing I cared in the lamb white days, that time would take me
Up to the swallow thronged loft by the shadow of my hand,
In the moon that is always rising,
Nor that riding to sleep
I should hear him fly with the high fields
And wake to the farm forever fled from the childless land.
Oh as I was young and easy in the mercy of his means,
Time held me green and dying
Though I sang in my chains like the sea.

Die Adjektive des Gedichts werden durch kühne syntaktische Konstruktionen (elliptische Sätze, Vergleiche) verbunden:

"happy as the grass was green"
"fire green as grass"

Eigenschaften werden in ungewöhnlicher Weise übertragen:

"The foxes on the hills barked clear and cold,
And the sabbath rang slowly in the pebbles of the holy streams."

"the spellbound horses walking warm
Out of the whinnying green stable . . . "

Eine Funktionsanalyse der Hauptmuster der Adjektivgruppierung ergibt den folgenden Befund:

TEXT 23

Die Klassifizierung zeigt bestimmte Typen oder Muster adjektivischer Verwendung in Abweichung von geläufigen Wortfügungen: so durchläuft die Zwillingsform (1. Typus ["young and easy"]) die Skala vom ‚üblichen' "young and easy" über "green and golden" bis "green and dying", so wird die dem Adjektiv als Attribut nachgestellte adverbiale Bestimmung (2. Typus ["young and easy under the apple boughs"]) zu einer eigenen Manier, die die Eigenschaft vor deren Bedingungen setzt; so wird die Zuordnung des Adjektivs zum Substantiv ["lilting house"] zum Mittel der Übertragung einer Eigenschaft von einem Subjekt als Träger auf dessen Objekt im Sinne der ‘pathetic fallacy'. So zeigen allein diese drei Typen eine Präokkupation des Autors mit der Vertauschbarkeit der Träger von Eigenschaften, nämlich den in den sinnlich erfahrbaren Eigenschaften sich berührenden Wesen und Dingen, die nach dem normalen Denk- und Sprachschema getrennt sind. [. . .]

Auf die das Gedicht und die Dichtung von Dylan Thomas insgesamt charakterisierende Prägung und Ausdruckskraft, ihren Stil hin befragt, muß man den dominant adjektivischen oder nominalen Charakter feststellen, womit aber nicht viel gewonnen ist, wenn dieser nicht in seinen spezifischen Zügen genauer charakterisiert wird. Diese Züge sind, nach der Analyse von *Fern Hill,* die Überstellung der Eigenschaft (des Eigenschaftswortes) vom lyrischen Ich (Subjekt) auf seine Umgebung (das Objekt), die gegenseitige Affizierung der Eigenschaften im besonderen, wie der Bilder im allgemeinen, und das mythenschöpferische Verb.[42]

Diese beiden Analysen unterschiedlicher Texte, unterschiedlicher grammatischer Strukturen durch verschiedene Autoren stimmen in den methodischen Prämissen überein, daß die dominanten grammatischen Äquivalenzen eines dichterischen Textes diesen ebenso durchstrukturieren wie dies bei Versstrukturen, Klangstrukturen und Bildstrukturen der Fall ist, weiterhin aber auch, daß solche grammatischen Strukturen ein Indikator sind für ein je charakteristisches Weltverständnis, das sich in dichterischen Texten manifestiert:

TEXT 24

The real reason [for a development of interest in Grammar] is a growing conviction that in referring the laws — or rules — of language to life we understand more about life (even if that increased understanding of life is but to enlarge the mystery of life) and more about poetry communicating the experience of life.[43]

Das in diesen Studien praktizierte Analyseverfahren arbeitet so, „daß . . . jeweils ein dominierender, zunächst intuitiv wahrgenommener Stilzug als sprachliches Phänomen auf seine allgemeine Funktion hin untersucht und dann auf seine Leistungsfähigkeit an dem betreffenden Text hin geprüft wird. [. . .] Es setzt auf der Seite des Sprachmittels die allgemeine Kenntnis der Funktion dieses Mittels voraus, auf der Seite des Textes die allgemeine Kenntnis der Textmittel übersatzmäßiger Art, in denen Sachgehalt, Zweck und ästhetische Form ihrerseits funktionalisiert sind",[44] ist also auf Vermittlung zwischen den allgemeinen grammatischen Strukturen und den mit ihrer Hilfe gebildeten besonderen poetischen Strukturen im Einzeltext ausgerichtet.

---

[42] H. Viebrock, *Die Leistung der Sprache für den Stil,* 139—141.

[43] Francis Berry, *Poets' Grammar,* 4f.

[44] Viebrock, 31f.

6. Problemfeld VI: Bildlichkeit in der Dichtung

6.0. Problemstellung und Lernziele

Nach einem griffigen Wort von Max Eastman besteht Lyrik aus "meter and metaphor" — Vers und Bildlichkeit. Damit sind in der Tat zwei für lyrische Texte konstitutive Bereiche markiert. Metaphorik allerdings, von der dieses Kapitel handelt, ist wiederum durchaus kein allein die Lyrik auszeichnendes Merkmal, was schon daraus hervorgeht, daß die Metaphorik ihren festen Platz im rhetorischen System hat: hier gehören Metapher, Metonymie, Synekdoche usw. zu den Tropen, die als Teil des *ornatus* der Rede behandelt werden. Ist Metaphorik so unbestreitbar Bestandteil der Rede überhaupt, der Alltagsrede ebenso wie aller dichterischen Formen, so hat andererseits die Beschreibung der Metaphorik innerhalb des rhetorischen Systems das eigentliche Charakteristikum der Bildlichkeit in der Lyrik nicht hinreichend erfaßt.

In diesem Kapitel behandeln wir zunächst einleitend das Begriffsspektrum und die ‚Sprachregelung' in einschlägigen Darstellungen, wobei einige wichtige Arbeiten stellvertretend für viele stehen müssen. In einem zweiten Teil stellen wir die Behandlung der Metaphorik in der Schulrhetorik dar und schließen beispielhaft eine neuere Arbeit an, die auf diesem Ansatz aufbaut (G.N. Leech). Teil 3 bringt am Beispiel von Harald Weinrichs Metapherntheorie einen neuen Ansatz, der die alte Substitutionstheorie überwindet. Teil 4 behandelt im Anschluß an Weinrich und Heckhausen und im Rückgriff auf G.N. Leech die Rezeptionsperspektive, Teil 5 Roman Jakobsons sprachanthropologische Fundierung von Metapher und Metonymie. Teil 6 bringt Definitionen und Beispiele im Überblick. Teil 7 schließlich widmet sich der Beispielanalyse eines traditionellen Bildfeldes, demonstriert an Texten aus der englischen Lyrik des 16. und 17. Jahrhunderts.

Der Leser soll bei der Lektüre dieses Kapitels vor allem
— die verworrene Begrifflichkeit auf dem Gebiet der Metaphorik auf unterschiedliche Forschungsziele und -interessen zurückführen und klassifikatorische Ansätze einerseits, funktionale Ansätze andererseits unterscheiden lernen,
— die Stellung der Tropen im System der Schulrhetorik kennenlernen,
— die Schwächen der Substitutionstheorie und die Leistungsfähigkeit von Weinrichs Konterdeterminationstheorie erkennen,
— die empirische Erforschung der Rezeption von Metaphorik als Forschungsdesiderat erkennen,

— die traditionellen klassifikatorischen Begriffe für Metaphorik definieren lernen und sie Beispielen zuordnen können,

— schließlich die Notwendigkeit begründen lernen, die Metaphorik dichterischer Texte auf dem Hintergrund traditioneller Bildfelder zu analysieren.

6.1. Bild/Bildlichkeit/image/imagery/Chiffre: Begriffe und Konzepte

In der mnemotechnischen Formel von Max Eastman, die wir oben zitiert haben, bezeichnet "metaphor" den gesamten Bereich der Metaphorik, der Bildlichkeit, der *imagery*. Welchen dieser Ausdrücke man auch bevorzugt, gemeinsam an ihnen ist, daß hier ein Oberbegriff gesucht worden ist, der eine Reihe von Phänomenen zusammenfaßt, die im rhetorischen System unter verschiedenen *termini technici* erscheinen, und zwar so, daß man sich weniger für die Klassifikation des einzelnen Tropus im Sinne der Schulrhetorik interessiert als für die quer zu solcher Klassifikation verlaufende Bestimmung der Funktionalität der Bildlichkeit im dichterischen Werk. Diese Begriffsbestimmung ist nicht selbstverständlich. Hermann Pongs, dessen monumentale vierbändige Studie *Das Bild in der Dichtung* am Anfang neuerer Versuche zur Erforschung der Bildlichkeit steht,[1] hatte beispielsweise versucht, durch die Einführung des — deutschen — Begriffs *Bild* einen Gegenbegriff zur — griechischen — *Metapher* zu etablieren und damit einen Wesensunterschied auszusagen:

TEXT 1

> Das aus dem Griechischen stammende Wort: Metapher ist bis heute nicht lebendig in die deutsche Sprache eingegangen wie die nahverwandte Prägung: Symbol; es ist Fremdwort geblieben, Fachausdruck der Stillehre, herübergenommen aus der Poetik des Aristoteles, dabei in der Bedeutung heute von der Begriffsbestimmung des Aristoteles verschieden und im Einzelnen in jeder Stillehre anders bestimmt, so daß unter dem Wort eine eigentümliche innere Kraft sich zu bekunden scheint, die der Begriffsbegrenzung spottet. Im Deutschen spricht man statt von Metaphern von „Bildern" der Sprache. Der Begriff des Bildes aber ist noch vieldeutiger als der der Metapher . . . [2]

Pongs versucht über den Wortsinn eine Abgrenzung von Metapher und Bild, wobei das Gewicht seiner Argumentation deutlich in Richtung Bild geht. Er bestimmt an Aristoteles die Metapher als ein „Herübertragen vom einen

---

[1] Hermann Pongs, *Das Bild in der Dichtung,* 4 Bde. (Marburg, 1927ff., rpt.).

[2] *Ibid.,* 1.

zum anderen nach der Ähnlichkeit", das auf der Ähnlichkeit der Dinge beruht. Gegen die Rationalität der Verhältnisgleichung in der Metapher setzt er, entwickelt an deutschen Beispielen, „das schöpferische Bildvermögen der Vorstellungskraft":

TEXT 2

> Das Bild stellt sich dar als Ins-Bild-bringen eines Urbilds, dieses Urbild aber erschafft sich aus dem Unbewußten der Seele; und die verfolgte Entwicklung zeigt es an als immer neuen Griff der Seele ins Unbekannte, Sehnsucht nach dem Transzendenten.[3]

So gelangt er zu einer Abgrenzung von Metapher und Bild, die er als polare Gegensätzlichkeit versteht:

TEXT 3

> Metapher stellte sich dar als Namensübertragung nach der Analogie, Bild als ins Wortbildbringen eines Urbilds, eines Erlebens der Seele. [. . .] So ist Metapher gerichtet auf das Sein der Dinge, die es zu erhellen gilt im Aufdecken bisher unbekannter Analogien durch eine Art Schlußverfahren. Das Bild ist gerichtet auf ein Bildhaftmachen des Unbewußten der Seele durch intuitiv erfaßte Ähnlichkeiten. Das erweitert den Blick auf zwei Grund-Arten, die Welt primär zu erleben: die Welt als Sein um uns und die Welt als Werden in uns. Es ist der Lebensgegensatz des griechischen und des deutschen Menschen, der sich daran auftut . . .

Indessen hat sich diese Unterscheidung — nicht nur wegen ihrer nationalen Obertöne — nicht durchsetzen können. Die *imagery*-Forschung, im angelsächsischen Raum entstanden im Vorfeld des *New Criticism* und belebt durch das Interesse an den *Metaphysical Poets*,[5] war weder an einer rhetorischen Klassifikation im Sinne der Schulrhetorik noch an einer quasi-metaphysischen Wesensbestimmung im Sinne von Pongs interessiert. In Abgrenzung der Sprache der Wissenschaft von der Sprache der Dichtung bestimmt beispielsweise der *new critic* Cleanth Brooks die Sprache der Dichtung als durch Paradoxie gekennzeichnet.[6] Die Struktur des Gedichts wird als

---

[3] *Ibid.*, 21.

[4] *Ibid.*, 23.

[5] Vgl. Kenneth Muir, "Shakespeare's Imagery", *ShS*, 18 (1965), 46—57; William Empson, *Seven Types of Ambiguity* (London, [1]1930); I.A. Richards, *The Philosophy of Rhetoric* (London, [1]1936).

[6] Cleanth Brooks, *The Well Wrought Urn* (New York, 1947), dt. Teilabdruck: *Paradoxie im Gedicht: Zur Struktur der Lyrik* (Frankfurt: Suhrkamp, 1965).

„Gleichgewicht von Kräften" bestimmt. So ist die Wahrheit der Dichtung, anders als die Wahrheit der wissenschaftlichen Sprache, nicht aus dem "process of exploration" ablösbar, in dem sie entsteht, und die Sprache, in der solche dichterische Wahrheit entsteht, ist die Sprache der Paradoxie, Zeichen der dynamischen Einheit von Unvereinbarem. Die Metapher gilt diesem Kritiker als Paradoxie *par excellence,* da sie, weder reine Illustration noch bloßes Ornament, typisches Mittel der Fusion von Form und Inhalt ist.[7]

TEXT 4

> . . . ich bin vielmehr daran interessiert, deutlich zu machen, daß die Paradoxien aus dem Wesen der dichterischen Sprache hervorgehen: sie ist eine Sprache, in der die Mitbedeutungen eine ebenso große Rolle spielen wie die Hauptbedeutungen. Damit meine ich nicht, die Mitbedeutungen seien wichtig, weil sie eine Art Verzierung oder Putz, etwas der vorhandenen Sache Äußerliches liefern. Ich meine, daß der Dichter überhaupt keine eindeutige Bezeichnung verwendet — wie man es vom Wissenschaftler mit Recht sagen kann. Der Dichter muß — in Grenzen — im Fortgang seine eigene Sprache entwickeln. [. . .] der Dichter muß mit Analogien arbeiten. Alle feineren Abstufungen der Emotion erfordern — wie I.A. Richards ausgeführt hat — zu ihrem Ausdruck die Metapher. Der Dichter muß mit Analogien arbeiten, doch die Metaphern liegen nicht auf der gleichen Ebene oder fügen sich nahtlos aneinander. Die Ebenen verschieben sich fortwährend; notwendig treten Überschneidungen, Diskrepanzen, Widersprüche auf. Selbst der klarste und einfachste Dichter wird viel häufiger zu Paradoxien gezwungen als wir annehmen; [. . .] Das Verfahren der Kunst kann — so glaube ich — niemals direkt sein; es ist immer indirekt.[8]

In dem Maße wie die Metapher so zum Inbegriff der dichterischen Sprache wird, erweitert sich der Metaphernbegriff, so daß in letzter Konsequenz einzelne Sprachkunstwerke, ja Dichtung überhaupt als Metapher bezeichnet werden. Damit ist allerdings der Metaphernbegriff extrem aufgeweicht und für analytische Zwecke nicht mehr brauchbar.[9]

[7] Vgl. U. Halfmann, *Der amerikanische "New Criticism"* (Frankfurt: Athenäum, 1971), 71.

[8] Cleanth Brooks, *Paradoxie im Gedicht,* 13—15.

[9] Vgl. L.C. Knights, *"King Lear* as Metaphor", *Further Explorations* (London, 1965), 169—185 und Jürgen Beneke, *Metaphorik im Drama* (Bonn: Bouvier, 1975), 10f.

Die neuere Bildforschung ist geprägt von einer funktionalen Betrachtungsweise, die die Funktion der Bildlichkeit im Strukturganzen dichterischer Werke untersucht. Ein wichtiger Anstoß ist hier aus der Dramenforschung, namentlich aus Untersuchungen zur Bildlichkeit in Shakespeares Dramen entstanden. Die meisten dieser einflußreichen Studien sind an einer genauen Klassifikation von Formen der Bildlichkeit — etwa als Tropen innerhalb des Systems der Schulrhetorik: *metaphora, periphrasis, synecdoche, metonymia, simile* usw. — ebenfalls nicht interessiert, und zwar vor allem aus der Einsicht heraus, daß die *Funktionen* von Bildlichkeit nicht eindeutig an bestimmte *Formen* gebunden sind, vielmehr die Formen hinsichtlich ihrer Funktionen weitgehend austauschbar sind. In diesem Sinn finden sich hier relativ vage und umfassende Bilddefinitionen:

TEXT 5

> I use the term 'image' here as the only available word to cover every kind of simile, as well as every kind of what is really compressed simile — metaphor. I suggest that we divest our minds of the hint the term carries with it of visual image only, and think of it, for the present purpose, as connoting any and every kind of imaginative picture or other experience [. . .] which he uses, in the forms of simile and metaphor in their widest sense, for purposes of analogy.[10]

TEXT 6

> We must refrain from applying any one of these definitions [of metaphor] or one of the conventional systems of classification to Shakespeare's images. Such classification is alien to the vital, organic quality of Shakespeare's language. A separate treatment of comparison, simile, personification, metaphor and metonymy, would only be illuminating if there were a definite and regularly recurring relationship between these formal types and the imagery — e.g. if from the fact that an image appears in the guise of comparison, specific and similar conclusions could be drawn as to the nature and the function of the image. But that is not the case; the same formal type has manifold possibilities of application, and it is solely the context in which the image stands that can offer any information about what a particular formal type may signify "just here".[11]

---

[10] Caroline Spurgeon, *Shakespeare's Imagery and What it Tells Us* (Cambridge: C.U.P., [1] 1935, rpt. 1968), 5.

[11] Wolfgang Clemen, *The Development of Shakespeare's Imagery* (London, 1959, rpt. 1966), 7. Clemen untersucht die Bildlichkeit in Shakespeares Dramen in Bezug auf folgende Momente: 1. "immediate context" ("train of thought, syntax"), 2. "forms of dramatic speech" ("monologue, dialogue"), 3. "motives and situations", 4. "character". *Ibid.*, 3f.

TEXT 7

Under the term imagery I include, in accordance with modern practice, not merely metaphors and similes, but the iteration of significant words and symbols.[12]

Zwar sind sich die meisten Forscher darin einig, daß die Untersuchung der Bildlichkeit im Drama andere Techniken erfordert als in der Lyrik,[13] dennoch setzt sich auch für die Untersuchung der Bilder in der Lyrik die funktionale Betrachtungsweise durch, die ähnlich wie bei der Bildforschung im Drama auf genaue Klassifikation verzichtet.

TEXT 8

In diesem Zusammenhang ist es angebracht, kurz auf den Gebrauch hinzuweisen, den wir von dem Begriff „Bild" machen. Wir gebrauchen ihn nämlich als zusammenfassenden Ausdruck sowohl für Metaphern als auch für Vergleiche, sofern sie nur ein bildliches Element enthalten. Ob ein Bild in direkter Transposition gegeben wird (Metapher), oder ob es durch vergleichende sprachliche Partikel in den Text eingeführt wird (Vergleich), kann zwar unter Umständen sehr bedeutsam sein, spielt jedoch [. . .] im folgenden kaum eine Rolle. Unser Interesse konzentriert sich auf den Inhalt der Bilder, nicht auf die Art, wie sie eingeblendet werden. Mit dem Ausdruck „Bild" erfassen wir also beide Möglichkeiten.[14]

Manfred Hardts Definition enthält das Moment „bildliches Element" und weist damit auf ein zumindest nicht eindeutig geklärtes Problem der wissenschaftlichen Diskussion, die Frage nach der Bildhaftigkeit des dichterischen Bildes. C. Day Lewis hatte in seiner einflußreichen Studie *The Poetic Image* ausdrücklich diese Bildhaftigkeit des "poetic image" bejaht, wenn er so definierte:

---

[12] Kenneth Muir, *Shakespeare as Collaborator* (London 1960), X.

[13] "As a rule, too little attention is paid to the fact that images in a play require quite another mode of investigation than, say, images in a lyric poem. We are able to comprehend a lyric poem — like a painting or a statue — almost at one single glance, "immediately"; a drama, on the other hand, we can understand only through a series of impressions, "successively". Wolfgang Clemen. *A.a.O.*, 5.

[14] Manfred Hardt, *Das Bild in der Dichtung: Studien zu Funktionsweisen von Bildern und Bildreihen in der Literatur* (Diss. Freiburg, 1964), 16f.

TEXT 9

What do we understand, then, by the poetic image? In its simplest terms, it is a picture made out of words. An epithet, a metaphor, a simile may create an image; or an image may be presented to us in a phrase or passage on the face of it purely descriptive, but conveying to our imagination something more than the accurate reflection of an external reality. Every poetic image, therefore, is to some degree metaphorical. It looks out from a mirror in which life perceives not so much its face as some truth about its face. [. . .] The commonest type of image is a visual one; and many more images, which may seem un-sensuous, have still in fact some faint visual association adhering to them. But obviously an image may derive from and appeal to other senses than that of sight.[15]

In C. Day Lewis' Definition ist die Beziehung des dichterischen Bildes zur Malerei ("picture"!), wie sie in der Tradition der "sister arts" im Schlagwort des "ut pictura poesis" angelegt ist, deutlich, auch wenn er neben dem Gesichtssinn ausdrücklich alle anderen Sinne einbezieht. Gemeinsamer Nenner ist die Sinnenhaftigkeit, ja Sinnlichkeit des dichterischen Bildes, das hier den technischen Begriffen Metapher und Vergleich deutlich rangmäßig vorgeordnet ist: denn "an epithet, a metaphor, a simile" sind nicht automatisch "images", sondern *may create* an image"! Das dichterische Bild ist für C. Day Lewis gekennzeichnet durch die Qualitäten "precision and revelation", es ist Träger der dichterischen Emotion:

TEXT 10

We begin to see then, that the poetic image is a more or less sensuous picture in words, to some degree metaphorical, with an undernote of some human emotion in its context, but also charged with and releasing into the reader a special poetic emotion or passion . . . [16]

Entsprechend legt er die Qualität eines dichterischen Bildes als "freshness, intensity, and evocative power" fest:

TEXT 11

What the modern look for in imagery, I suggest, is freshness, intensity and evocative power. Freshness, the potentiality of an image through the novelty of its diction, its material, or both, to reveal something

---

[15] C. Day Lewis, *The Poetic Image* (London: Cape, 1947, rpt.), 18.

[16] *Ibid.,* 22.

we had not realized before, [...] By 'intensity' we mean, I presume, the concentration of the greatest possible amount of significance into a small space; it is noticeable how, in modern verse, metaphor holds the field over simile; intensity is achieved not only in the separate image, but through the closeness of the pattern within which a poem's images are related. Evocativeness is the power of an image to evoke from us a response to the poetic passion.[17]

Die zitierten Textausschnitte zeigen, wie C. Day Lewis die ursprüngliche Konzeption des dichterischen Bildes als vor allem visuelles Bild selber modifiziert, so daß zwar die sinnliche Qualität festgehalten wird, diese jedoch deutlich aus dem abbildenden Bezug äußerer Realität gerückt und hin zur "evocativeness" als einer umfassenden Kategorie einer dichterischen Ausdruckslehre verschoben wird.

Die Verengung von "image" auf das Moment visueller Anschaulichkeit greift insgesamt zu kurz. Andererseits kann unbestritten gelten, daß die Qualität der poetischen Sprache, Welt hervorzurufen, in besonderem Maße an deren Bildhaftigkeit gebunden ist.

TEXT 12

Im Gegensatz zur theoretischen Sprache ist die dichterische durch Bildhaftigkeit gekennzeichnet. Sie gibt nicht Meinungen und Erörterungen von Problemen, sondern ruft Welt in dinglicher Fülle hervor. Da sie sich nicht, wie alle anderen Sprachen, auf eine außerhalb der Sprache vorhandene Gegenständlichkeit bezieht, sie ja vielmehr erst selber schafft, wird sie alle Sprachmittel nützen, die ihr dabei helfen können. [...] solche Bildhaftigkeit ist mehr als bloße Gegenständlichkeit. [...] Es wäre eine völlige Verkennung des Wesens dichterischer Sprache, wenn man meinte, sie lasse sich überhaupt in einen Wettbewerb [mit der Malerei] ein. [...] Die eigentliche Leistung der Bilder liegt gewiß zu einem Teil in ihrer verhältnismäßigen Sichtbarkeit, verhältnismäßig zu dem, was sonst die Sprache leistet. Aber viel machtvoller ist sie im Hervorrufen von Ausdrucksgehalt.[18]

In die Diskussion um die moderne Lyrik ist als weiterer Begriff der der „lyrischen Chiffre" eingeführt worden. Wo der Begriff der Chiffre in prägnantem Sinn verwendet wird und nicht bloß in einem relativ unbestimmten Sinn die Rätselhaftigkeit der modernen Lyrik bezeichnet, markiert er das Ungenügen der etablierten Termini Metapher, Symbol usw. im Hinblick auf das moderne Gedicht:

[17] *Ibid.*, 40.
[18] Wolfgang Kayser, *Das sprachliche Kunstwerk* (Bern: Francke, [1]1948, [17]1976), 119, 122.

TEXT 13

Metapher, Symbol, Bild und Emblem, Termini einer deskriptiven Rhetorik, versagen den Dienst. Das ihnen zugrundeliegende Verständnis der Analogie der Sprache zu einer Wirklichkeit trifft für das moderne Gedicht nicht zu, da dieses erst auf der Suche nach dem Analogon seiner Sprache ist: es sucht sich durch Sprache selbst. Symbol, Metapher und Vergleich setzen die Korrespondenz zu einer vorstellbaren oder Erfahrungsgut gewordenen Wirklichkeit voraus. Das moderne Gedicht ist auf der Suche nach einer Wirklichkeit und seiner ihm angemessenen Sprache. Metaphorische oder symbolische Sprache wäre möglich, wenn die Suche im Gedicht ihr absolutes Ziel erreicht hätte. [. . .] Im modernen Gedicht, das „unterwegs" zu einer Wirklichkeit ist, kommt es daher nicht zur Ausbildung einer im konventionellen Sinne grammatisch richtigen Syntax mit einem *Gegenstand* und einer *Aussage* über diesen Gegenstand: Das Gedicht macht „immer unmittelbar vor der metaphorischen Verdopplung" halt (Heißenbüttel). In den Begriff der Chiffre muß deshalb der *Analogiedefekt* mit hineingenommen werden. Die Chiffre ist nichts Fertiges, sondern Signal im verflochtenen Prozeß der Sprachwerdung des Gedichts. [. . .] Die Chiffre als Strukturphänomen impliziert das noch nicht Gesagte als notwendigen Inhalt.[19]

In diesem Sinn ist das moderne Gedicht ohne Metaphern. Mit Celan:

TEXT 14

Und was wären dann die Bilder?
Das einmal, das immer wieder einmal und nur jetzt und nur hier Wahrgenommene und Wahrzunehmende. Und das Gedicht wäre somit der Ort, wo alle Tropen und Metaphern ad absurdum geführt werden wollen.[20]

6.2. Das dichterische Bild im rhetorischen System

6.2.1. Quintilian

Metapher, Metonymie, Synekdoche, um nur die für unseren Zusammenhang wichtigsten Begriffe hier zu nennen, gehören im rhetorischen System zu den Tropen, die ihrerseits gemeinsam mit den Redefiguren (Schemata) zum *ornatus* der Rede beitragen. Quintilian definiert Tropen wie folgt:

[19] Edgar Marsch, „Die lyrische Chiffre: Ein Beitrag zur Poetik des modernen Gedichts", *Sprachkunst*, 1 (1970), 210f.

[20] Paul Celan, *Der Meridian* (Frankfurt: Fischer, 1961).

TEXT 15

> Es ist also ein Tropus eine Redeweise, die von ihrer natürlichen und
> ursprünglichen Bedeutung auf eine andere übertragen ist, um der Rede
> zum Schmuck zu dienen, oder, wie die Grammatiklehrer meist definie-
> ren, ein Ausdruck, der von der Stelle, bei der er eigentlich gilt, auf
> eine Stelle übertragen ist, wo er nicht eigentlich gilt.[21]

Für die Theoriegeschichte der Metapher bedeutsam und in handbucharti-
ger Vereinfachung folgenreich sind in dieser Definition zwei Momente gewesen:

1. Die Tropen stellen eine Übertragung von Bedeutung dar: eine Wendung
wird von ihrem eigentlichen Kontext auf einen anderen übertragen, an dem
sie eigentlich nicht vorkommt, oder anders: eine Wendung wird statt in
wörtlichem Sinne in übertragenem Sinne verwendet.

2. Diese „kunstvolle Vertauschung der eigentlichen Bedeutung eines Wortes
oder Ausdruckes mit einer anderen",[22] geschieht „um der Rede zum
Schmuck zu dienen".

Punkt 1 enthält implizit die Unterscheidung zwischen einer eigentlichen,
„wörtlichen" Ausdrucksweise und einer anderen, „uneigentlichen" Aus-
druckweise, wobei die letztere für die erstere eingesetzt, „substituiert"
wird. Entsprechend wird in Wolfgang Kaysers einflußreichem Werk *Das
sprachliche Kunstwerk* die Metapher (und andere Tropen) als „Figur des
uneigentlichen Sprechens" bezeichnet.[23] Diese „Substitutionstheorie"[24]
ist über Jahrhunderte hinweg das dominante Erklärungsmodell für die Metapher, wie die Tropen überhaupt gewesen.

Ebenso wie Punkt 1 den „eigentlichen" und den „uneigentlichen" Gebrauch
einer Wendung unterscheidet, geht Punkt 2 von der Annahme aus, es gäbe
neben dem zu übermittelnden Sinn der Rede so etwas wie „Schmuck",

---

[21] „Est igitur τρόπος, sermo a naturali et principali significatione translatus ad aliam
ornandae orationis gratia, vel, ut plerique grammatici finiunt, dictio ab eo loco, in
quo propria est, translata in eum, in quo propria non est."
Quintilian, *Institutionis Oratoriae Libri XII,* dt. *Ausbildung des Redners,* ed. und
tr. Helmut Rahn (Darmstadt: WBG, 1975), IX 1,4.

[22] *Ibid.,* VIII 6,1.

[23] W. Kayser, 112, vgl. 199: „Die wichtigste uneigentliche Sprachform ist die Metapher."

[24] Gerhard Kurz und Theodor Pelster, *Metapher: Theorie und Unterrichtsmodell*
(Düsseldorf: Schwann, 1976), 12ff., 106ff.

also Zutat, Ausschmückung, die eigentlich nicht notwendig seien.[25] Beiden Punkten ist inzwischen ganz generell widersprochen worden. Es ist gerade für die Diskussion der Funktion der Bildlichkeit in der Dichtung von äußerster Wichtigkeit, dagegen festzuhalten, daß es in der Dichtung nicht möglich ist, bildhafte Ausdrucksweise auf eine wie auch immer geartete wörtlich gemeinte Aussage zu reduzieren, und daß entsprechend in einer funktionalen Betrachtungsweise die Leistung der Metaphorik im Strukturganzen des dichterischen Textes erhoben werden muß.[26]

In Quintilians Rhetorikschule wird die Metapher als verkürzter Vergleich, als „kürzeres Gleichnis" behandelt:

TEXT 16

Wir wollen nun mit dem Tropus beginnen, der der häufigste und zudem der bei weitem schönste ist; ich meine die *translatio* (Bedeutungsübertragung), die bei den Griechen *Metapher* heißt. [. . .] Übertragen wird also ein Nomen oder Verbum von der Stelle, wo seine eigentliche Bedeutung liegt, auf die, wo eine eigentliche Bedeutung fehlt oder die übertragene besser ist als die eigentliche.

Wir tun dies entweder, weil wir es müssen, oder weil so der Ausdruck bezeichnender oder weil er so, wie schon gesagt, schöner wird. Wo die Metapher nichts hiervon leistet, erweist sie sich als unangebracht. Notgedrungen sprechen die Landwirte bei den Reben von ‚Augen' — denn wie sollten sie sonst dafür sagen? — oder ‚die Saat dürste' und ‚die Frucht habe schwer zu schaffen', notgedrungen nennen wir einen Menschen ‚hart' oder ‚rauh'; denn wir hätten ja keine eigentliche Benennung, die wir einer solchen Verfassung geben könnten. ‚Zornentbrannt', ‚von Begierde entflammt' und ‚in einen Fehler verfallen' nennen wir jemanden schon um des bezeichnenden Ausdruckes willen;

[25] Wer sich in diesem Punkt auf Quintilian berufen will, muß genauer lesen und festhalten, daß Quintilian drei Fälle der Übertragung unterscheidet, „entweder, weil wir es müssen, oder weil so der Ausdruck bezeichnender oder weil er so, wie schon gesagt, schöner wird". (VIII 6,6) Fall 1 markiert die Verwendung der Metapher anstelle einer in der Sprache fehlenden direkten Benennung, Fall 2 beschreibt den Sachverhalt, daß metaphorisches Sprechen präziser oder anschaulicher ist als der — hier als möglich gedachte — direkte Ausdruck, und erst Fall 3 beschreibt die reine Schmuckfunktion der Metapher. Auch bei Quintilian findet sich also bereits eine funktionale Betrachtungsweise der Metapher, die der oben wiedergegebenen handbuchartigen Verkürzung des Sachverhalts entgegenzuhalten ist.

[26] Vgl. zu Punkt 1 Harald Weinrichs Theorie der Metapher, siehe unten S.162ff; zu Punkt 2 vgl. Untersuchungen zur Funktion der "imagery" in den verschiedenen Gattungen: Wolfgang Clemen, *The Development of Shakespeare's Imagery;* Manfred Hardt, *Das Bild in der Dichtung: Studien zu Funktionsweisen von Bildern und Bildreihen in der Literatur.*

denn nichts hiervon wird durch eigene Ausdrücke eigentümlicher bezeichnet als durch diese entlehnten. Zum Schmuck schließlich dienen die Metaphern ‚Glanzpunkt der Rede‘, ‚Glanz des Geschlechtes‘, ‚Wogen der Versammlungen‘ und ‚Blitze der Beredsamkeit‘, wie ja Cicero in der „Rede für Milo" Clodius ‚die Quelle von dessen Ruhm‘ nennt und an anderer Stelle ‚Saatfeld und Baustoff‘. Manches sogar, was nur höchst unschön zu sagen ist, läßt sich durch eine Metapher darlegen, wie: ‚Solches geschieht, damit kein träges Fett der Empfängnis Acker und Furche verschlämmt und verstopft‘. Im ganzen aber ist die Metapher ein kürzeres Gleichnis und unterscheidet sich dadurch, daß das Gleichnis einen Vergleich mit dem Sachverhalt bietet, den wir darstellen wollen, während die Metapher für die Sache selbst steht. Eine Vergleichung ist es, wenn ich sage, ein Mann habe etwas getan ‚wie ein Löwe‘, eine Metapher, wenn ich von dem Manne sage: ‚er ist ein Löwe‘. Die gesamte Wirkung der Metapher aber entfaltet sich offenbar vor allem auf 4 Gebieten: wenn bei belebten Dingen eins für das andere gesetzt wird, wie etwa vom Wagenlenker gesagt wird: ‚mächtig die Kraft, mit der der Steuermann sein Gespann riß‘ [oder wie Livius berichtet, Scipio sei von Cato immer wieder ‚angebellt worden‘]. Oder es werden unbelebte Dinge statt anderer von der gleichen Art genommen, wenn etwa (Aeneas) ‚läßt die Zügel schießen der Flotte‘. Oder (drittens) werden statt belebter Dinge unbelebte genommen: ‚bracht‘ Schicksal oder Schwert der Griechen Wehr zu Fall?‘ Oder umgekehrt (viertens): ‚Es sitzt nichtsahnend auf hohen/ Felsens Scheitel der Hirt, wo er vernimmt das Getöse‘. Und manchmal aus solchen Metaphern, die in kühner und beinahe wagehalsiger Übertragung gewonnen werden, entsteht wunderbare Erhabenheit, wenn wir gefühllosen Dingen ein Handeln und Leben verleihen, wie etwa ‚die Brücke nicht duldend Araxes‘, und die Cicero Stelle: ‚Denn was hat denn dies dein gezücktes Schwert, Tubero, in der Schlacht bei Pharsalus geleistet? Gegen wessen Brust richtet sich denn seine Spitze? Was führten denn deine Waffen im Sinne?‘ Zuweilen erscheint diese schöne Wirkung noch verdoppelt, so bei Vergil: ‚und mit Gift zu wappnen das Eisen‘; denn sowohl ‚mit Gift zu wappnen‘ wie auch ‚das Eisen wappnen‘ sind Metaphern. Man zerlegt diese Arten in mehrere Erscheinungsformen, z.B. die Übertragung von Vernünftigem auf Vernünftiges und ebenso die von Unvernünftigem und auch dies wieder wechselweise untereinander, wobei die Verhältnisse ähnlich liegen, ferner die Übertragung vom Ganzen (auf seine Teile) und von Teilen (aufs Ganze).[27]

---

[27] Quintilian, *Institutio Oratoria,* VIII 6.8; dt. Quintilian, *Ausbildung des Redners,* ed. und tr. H. Rahn (Darmstadt: WBG, 1975), Teil II, 219—223.

Quintilians Beispiel macht den Sachverhalt deutlich:

> Ein Mann hat etwas getan „wie ein Löwe" (Vergleich)
> Ein Mann "ist ein Löwe" (Metapher).

Im ersten Fall werden zwei getrennte Sachverhalte einander über die Vergleichspartikel „wie" zugeordnet. Mann und Löwe werden im Hinblick auf ein drittes, das *tertium comparationis* (hier beispielsweise ihr Mut, ihre Angriffslust usw.), und *nur* im Blick auf dieses vergleichbar gemacht. Die Metapher setzt dagegen beide Bereiche über die Copula „ist" identisch.

6.2.2. Metapher als "covert comparison": G.N. Leech

Die Formel Quintilians "in totum autem metaphora brevior est similitudo" hat dazu geführt, daß Metaphern wie Vergleiche behandelt werden, in der Analyse auf die ihnen zugrundegelegte Vergleichsstruktur hin durchsichtig gemacht werden. Für Geoffrey N. Leech gilt:

TEXT 17

> Simile is an overt, and metaphor a covert comparison. This means that for each metaphor, we can devise a roughly corresponding simile, by writing out tenor [Sachhälfte, Bildempfänger] and vehicle [Bildhälfte, Bildspender] side by side and indicating (by *like* or some other formal indicator) the similarity between them.[28]

So analysiert Leech Shakespeares Metapher

> "life is but a walking shadow" (*Macbeth* 5,5. 24)

als

> "life is *like* a walking shadow"

oder als

> "life is, as it were, a walking shadow".[29]

Auch wenn Leech einräumt, daß die Metapher im allgemeinen konziser und direkter ist als die ihr unterlegte Vergleichsstruktur und das *tertium comparationis* nicht nur nicht direkt ausdrückt, sondern vielmehr offen, unbestimmt, mehrdeutig sein läßt, hält er doch — wider besseres Wissen — an der grundsätzlichen Gleichheit beider fest. So formuliert er die "metaphoric rule": "F = like L" [Die übertragene Bedeutung F ist *wie* (Vergleichsopera-

---

[28] G.N. Leech, *A Linguistic Guide to English Poetry*, 156.

[29] *Ibid.*, 151.

tor) die wörtliche Bedeutung],[30] und wie im Vergleich verlangt er für die Metapher das Gegebensein von Ähnlichkeit, Vergleichbarkeit zwischen den beiden Gliedern der Metapher, der *Sachhälfte* und der *Bildhälfte,* mit I.A. Richards Termini, dem *tenor* und dem *vehicle.*

TEXT 18

> Naturally enough, metaphoric transference can only take place if some likeness is perceived between tenor and vehicle. This brings us to the third notional element of metaphor: the GROUND of the comparison. Every metaphor is implicitly of the form 'X is like Y in respect of Z' where X is the tenor, Y the vehicle, and Z the ground.[31]

Ganz entsprechend entwirft Leech sein Analyseverfahren für Metaphern, das durch die folgenden Schritte gekennzeichnet ist:

TEXT 19

> The sky rejoices in the morning's birth
> Stage I: Separate literal from figurative use
> L: The sky —————— the morning —————
> F: —————— rejoices in —————— 's birth
> Stage II: Construct tenor and vehicle, by postulating semantic elements to fill in the gaps of the literal and figurative interpretations
> Ten: *The sky* [looks bright at] *the morning's* [beginning]
> Veh: [animate] *rejoices in* [animate] 's *birth*
> Stage III: State the ground of the metaphor
> Here are two separate comparisons; that between the brightness or clearness of the sky, and a person's rejoicing; and that between dawn and a birth. The second is simpler: the connection is plainly that both are beginnings — dawn is the beginning of day, and birth the beginning of life. The first comparison rests on a commonplace metaphorical link between visual brightness and 'brightness' in the sense of cheerfulness, happiness, liveliness. On a less superficial level, these metaphors which attribute life to inanimate things, are justified by Wordsworth's philosophy of nature.[32]

---

[30] *Ibid.,* 151.

[31] *Ibid.,* 151.

[32] *Ibid.,* 154—156.

In diesem Analyseverfahren wird unterstellt, daß sich jede Metapher in der genannten Weise auf eine wörtliche Bedeutung zurückführen läßt. Leech formuliert denn auch explizit: " . . . from a linguistic point of view, the literal meaning is always basic, and the figurative meaning derived."[33]

6.3. Harald Weinrichs „Semantik der Metapher"

Harald Weinrichs wegweisender Aufsatz „Semantik der Metapher", der seine früheren Arbeiten zur Metapher zusammenfaßt, entwirft eine Theorie der Metapher, die die Schwächen der Substitutionstheorie vermeiden hilft. Im Blick auf eine Verlaine-Zeile —

"Votre âme est un paysage choisi" —

kommt Weinrich zu dem Ergebnis, daß „keines der sechs Wörter dieses Satzes . . . mit der Metapher identisch [ist], sondern der ganze Satz — und im weiteren Verstande der ganze Text des Gedichts".[34]

Im Unterschied zu normalen lexikalischen Wörtern kann die Metapher nie aus ihrem Kontext heraus isoliert werden: „Wort und Kontext machen zusammen die Metapher." Die Disziplin, die die Metaphorik untersucht, ist deshalb mit Notwendigkeit die Textsemantik.

In der Metapher wird die in der Wortbedeutung angelegte Determinationserwartung (im Beispiel die von paysage) enttäuscht. Es entsteht ein Überraschungseffekt aus der Spannung zwischen der ursprünglichen Wortbedeutung und der nun vom Kontext erzwungenen unerwarteten Bedeutung.

TEXT 20

Wir wollen diesen Vorgang KONTERDETERMINATION nennen, weil die tatsächliche Determination des Kontextes gegen die Determinationserwartung des Wortes gerichtet ist. Mit diesem Begriff ist die Metapher definierbar als ein Wort in einem konterdeterminierenden Kontext.[35]

Weinrich kritisiert zurecht die Rede von der „Uneigentlichkeit der Metapher".

---

[33] Ibid., 151.

[34] Harald Weinrich, „Semantik der Metapher", Folia Linguistica, 1 (1967), 3—17, hier 5.

[35] Ibid., 6.

TEXT 21

Nein, diese Eigentlichkeit ist ein Phantom. Nicht nur, daß man billigerweise annehmen muß, daß Verlaine seine Gründe gehabt haben muß, gerade dieses und kein anderes Wort zu wählen. Wer weiß denn seine Worte zu wählen, wenn nicht der Dichter? Aber diese Metaphernkritik im Namen der Eigentlichkeit stimmt auch linguistisch nicht. Es gibt an der Stelle des Metaphernwortes *paysage* in unserem Vers kein eigentliches Wort, das den Sachverhalt richtiger und wahrer bezeichnete. Es gibt an dieser Stelle auch keinen richtigeren und wahreren Gedanken, der von der Metapher verhüllt würde. Es gibt nur diese eine Metapher, und sie ist richtig und wahr.[36]

Analog zu Jost Triers Begriff des Wortfeldes führt Weinrich für die Metapher den Begriff des Bildfeldes ein:

TEXT 22

In dem metaphorischen Satz *Votre âme est un paysage choisi* [...] treten nicht nur sechs Wörter zusammen, sondern diese Wörter bringen ein Bewußtsein ihrer Feldnachbarn mit, und über der aktuellen Metapher als Sprechakt entsteht in unserem Sprachbewußtsein ein Bildfeld als potentielles Gebilde. Meistens jedoch entsteht dieses Bildfeld nicht erst neu, sondern es ist uns schon aus zahllosen Quellen bekannt. Wir haben immer schon Metaphern gehört, in denen Seelisches mit Landschaftlichem im Bilde gleichgesetzt wird, auch wenn der Zufall will, daß wir gerade diese Metapher *Votre âme est un paysage choisi* noch nie gehört haben. Die aktuell geprägte oder vernommene Metapher wird von einem in der sprachlichen und literarischen Tradition vorgegebenen Bildfeld getragen und daher sogleich mühelos verstanden.[37]

Die Bildfelder lassen sich auffassen als „die Verbindung jeweils zweier Wortfelder". Weinrich macht auf den Umstand aufmerksam, daß „die von der Literatur kanalisierte Metapherntradition" bewirkt, „daß häufig ein Bildfeld deutlicher abgrenzbar ist als die Wortfelder, die man als seine Konstituenten annehmen muß. Manche Wortfelder scheinen Residuen alter Bildfelder zu sein".[38] Für den Abstand der Metaphernglieder führt Weinrich den Begriff der *Bildspanne* ein. In Aufnahme seiner Darstellung zur kühnen Metapher

---

[36] *Ibid.,* 10f.

[37] *Ibid.,* 13.

[38] *Ibid.,* 13.

formuliert er: „Anders als man vielleicht vermutet, empfinden wir Metaphern mit großer Bildspanne als gewöhnlich, solche mit kleiner Bildspanne jedoch als kühn".[39] Weinrichs Überlegungen zur kühnen Metapher sind jedoch nicht unumstritten.[40]

6.4. Metaphorik in der Rezeptionsperspektive

„Eine Behandlung der Metapher sollte ausgehen von der Wirkungsanalyse."[41] In Weinrichs Theorie der Metapher als „Wort in einem konterdeterminierenden Kontext" ist über den Begriff der „Determinationserwartung" die Rezeptionsperspektive eingeschlossen.

TEXT 23

> Die Bedeutung eines Wortes [. . .] ist wesentlich eine bestimmte Determinationserwartung. Das Wort *paysage* setzt die Erwartung eines Kontextes, in dem wahrscheinlich weiter von Landschaftlichem die Rede sein wird. Statt dessen befindet sich bei Verlaine das Wort tatsächlich in einem Kontext, in dem von etwas ganz anderem die Rede ist, nämlich von Seelischem. Darin liegt die Überraschung. Die in der Wortbedeutung *paysage* angelegte Determinationserwartung wird enttäuscht. [. . .] Es entsteht ein Überraschungseffekt und eine Spannung zwischen der ursprünglichen Wortbedeutung und der nun vom Kontext erzwungenen unerwarteten Meinung.[42]

„Überraschungseffekt", „Spannung", „Enttäuschung" sind Kategorien der Wahrnehmungspsychologie. In Weinrichs Studie wird diese Perspektive, die in Konsequenz zu einer empirischen Untersuchung der Rezeption von Metaphern führen würde, nicht entschieden weiterverfolgt — Begriffe wie „Determinationserwartung" funktionieren vielmehr ähnlich wie z.B. der des „impliziten Lesers" innerhalb der Rezeptionsästhetik: als Hypostasierung eines idealen Sprechers oder als hypostasierter Konsens einer idealen Sprachgemeinschaft, über die der Sprachwissenschaftler ohne Rekurs auf die Empirie Auskunft zu geben imstande ist. Immerhin lassen sich Weinrichs theo-

---

[39] *Ibid.,* 14; vgl. „Semantik der kühnen Metapher", *D Vjs,* 37 (1963), 325—344.

[40] Vgl. Gerhard Kurz in Gerhard Kurz und Theodor Pelster, *Metapher: Theorie und Unterrichtsmodell,* 91—94.

[41] Heinz Heckhausen, „Thesen", „Die Metapher (Bochumer Diskussion)", *Poetica,* 2 (1968), 102.

[42] Harald Weinrich, „Semantik der Metapher", 6.

retische Setzungen als Hypothesen eines empirischen Forschungsprogramms nutzen. G.N. Leech geht in seiner "descriptive rhetoric"[43] bei der Beurteilung von stilistischen Abweichungen von der sprachlichen Norm von seinem eigenen Urteil als privilegierter Angehöriger der englischen Sprachgemeinschaft aus,[44] wenn er bei der Analyse der Metapher die Notwendigkeit einer übertragenen Bedeutung aus der Absurdität der wörtlichen Bedeutung herleitet:

TEXT 24

> "Washington has reacted cautiously to the latest peace
> proposals." [. . .] "Our road is very friendly."
> The relation between figurative and literal senses can be represented by the formula F = 'the people in L'. The above statements are ridiculous on a literal plane, because they attribute the behaviour of human beings to places, which are inanimate. In a description of a rural celebration of Eucharist, Tennyson applies the same rule in a less hackneyed manner:
> "or where the kneeling hamlet drains
> The chalice of the grapes of God." [*In Memoriam, X*]
> Once more the figurative meaning becomes necessary because the literal meaning is absurd; hamlets, literally speaking, cannot kneel, so for 'the hamlet' we substitute, in sense, 'the inhabitants of the hamlet'.[45]

Hier sind Zweifel anzumelden, ob die Wahrnehmung von metaphorischem Sprechen in der Tat so einfach über das Urteil „absurd/lächerlich auf der Ebene der wörtlichen Bedeutung" läuft. Der Unterschied zwischen sogenannter wörtlicher und sogenannter übertragener Bedeutung ist in den beiden Alltagsbeispielen, die Leech gibt, eher analytischer Art, der Ersatz von „Washington" durch "the people in Washington" eine rationale Interpretation des Sprachwissenschaftlers, deren empirische Basis nicht geklärt ist. Und wenn schon der Erklärungsversuch für die Alltagskommunikation spekulativ ist, so greift das Urteil der "literal absurdity" als Erklärung des Wahrnehmungsmodus poetischer Metaphorik entschieden zu kurz. Es scheint adäquater, innerhalb einer Pragmatik der Metapher wiederum das

---

[43] G.N. Leech, *A Linguistic Guide to English Poetry,* 3.

[44] *Ibid.,* 31.

[45] *Ibid.,* 149; vgl. auch: "In poetry, TRANSFERENCE OF MEANING, or METAPHOR in its widest sense, is the process whereby literal absurdity leads the mind to comprehension on a figurative plane". (49).

Moment der Kontextdeterminiertheit auch für den Verstehensvorgang ins Zentrum zu rücken und folglich, wie Gerhard Kurz das tut, den Kontext zu beschreiben, innerhalb dessen von „,verstehenswilligen' Kommunikationspartnern" der metaphorische Sprachgebrauch verstanden wird:[46]

TEXT 25

Genauer muß man formulieren: eine Äußerung ist metaphorisch, wenn sie metaphorisch *gemeint* ist, d.h. wenn der Sprecher will, daß er metaphorisch verstanden wird. Der Sprecher will nicht, daß der Hörer glaubt, ihm sei bloß ein Fehler unterlaufen. Seinerseits unterstellt der Hörer, daß der Sprecher dieses Wort in diesem Kontext und in dieser Situation mit Absicht gewählt hat. [. . .] Um als eine metaphorische Äußerung gelten zu können, muß die Äußerung vom Sprecher metaphorisch gemeint sein, und muß der Hörer erkennen können, daß die Äußerung metaphorisch gemeint ist. Es kommt für die Klärung der Voraussetzungen nicht darauf an, daß der Hörer die besondere Bedeutung der metaphorischen Äußerung versteht, sondern daß er die Äußerung überhaupt als eine Metapher versteht. Dabei stellt der Hörer die sprachlichen Konventionen in Rechnung, die allgemein geteilten Annahmen über die Ordnungsstruktur der Wirklichkeit, die kommunikative Situation, sein Wissen vom Sprecher, die Themen, die das Interesse unmittelbar in Anspruch nehmen. Er unterstellt, daß diese Äußerung von der Absicht motiviert ist, etwas auszudrücken, was anders nicht adäquat ausgedrückt werden kann.[47]

Es ist einsichtig, daß durch diesen pragmatischen Ansatz die simple Antithese „wörtlich falsch — übertragen sinnvoll" überwunden wird. Das Verständnis der metaphorischen Äußerung setzt das Verständnis einer doppelten Sinnstruktur voraus:

TEXT 26

Wie alle sprachlichen Äußerungen enthält auch die metaphorische Äußerung, und diese in einem spezifischen Grad, eine imperativische Sinnstruktur. Sie enthält implizit einen Interpretationshinweis. Sie sagt sich selbst und fordert eine Interpretation heraus. Diese doppelte Sinnstruktur der Äußerung hat etwa die Form: „Wenn du den Satz richtig verstehen willst, dann interpretiere ihn nicht als wörtlich, sondern als metaphorisch gemeint". [. . .] Um metaphorische Äußerungen verstehen zu können, muß der Hörer die Doppelstruktur einer

---

[46] Gerhard Kurz, Theodor Pelster, *Metapher: Theorie und Unterrichtsmodell*, 46ff.

[47] *Ibid.*, 51.

Äußerung realisieren können. Er muß, wie man auch formulieren könnte, objektsprachliches Wissen besitzen (die Kenntnis der „wörtlichen", konventionellen Bedeutung) und metasprachliche Reflexionen leisten können.[48]

Der Doppelstruktur der metaphorischen Äußerung entspricht beim Rezipienten das „metaphorische Bewußtsein", das W. Stählin als „Bewußtseinslage der doppelten Bedeutung" bezeichnet hat.[49] Während in der Alltagssprache Metaphern verblassen können, lexikalisiert werden (sogenannte Exmetaphern oder *dead metaphors*), können in der Dichtung lexikalisierte Metaphern remetaphorisiert werden:

TEXT 27

Poetische Texte können geradezu dadurch definiert werden, daß sie die Bewußtseinslage der doppelten Bedeutung wiederherstellen und wahren. Im System poetischer Texte wird die Bedeutung der Wörter permanent reinterpretiert. Daher können, wie August Wilhelm Schlegel bemerkte, in der Poesie: „Bilder und Metaphern" nicht „veraltern und sich abnutzen [. . .] Allein die wahrhaft schönen Bilder sind unsterblich, und mögen sie noch so oft gebraucht worden sein, unter der Hand eines echten Dichters verjüngen sie sich immer wieder von neuem. Sie sind an ihrer Stelle geboren, und man glaubt daher nicht, sie schon zu kennen. Man sieht daher, daß auch in dieser Hinsicht die Prüfung der Gedichte nach einzelnen Stellen zu nichts führt; denn wie leicht wäre es, aus dem göttlichsten Werk Bilder herauszureißen, die man, an sich betrachtet, für trivial ausgeben könnte?"[50]

Empirische Untersuchungen zur Rezeption von Metaphern liegen bisher nicht in dem wünschenswerten Umfang vor. Eberhard Frey hat in verschiedenen Untersuchungen, die der Feststellung von Kriterien guten Stils durch unterschiedliche Rezipientengruppen gewidmet waren, gezeigt, daß die Metaphorizität von Texten an erster Stelle als Kennzeichen von herausgehobenem literarischem Stil wahrgenommen wird.[51] Eine wichtige empirische Untersuchung zu Paul Celans „Fadensonnen" zeigt ebenfalls, daß die Metaphorik des Textes, sowohl nach dem Kriterium ‚Wichtigkeit' (Auf-

---

[48] Gerhard Kurz, *a.a.O.,* 52, 54.
[49] „Zur Psychologie und Statistik der Metapher", *Archiv für die gesamte Psychologie,* 31 (1914), 322; zitiert nach Kurz und Pelster, *a.a.O.,* 60.
[50] Gerhard Kurz, *a.a.O.,* 62; vgl. A.W. Schlegel, *Die Kunstlehre: Kritische Schriften und Briefe,* hrsg. E. Lohner (Stuttgart: Kohlhammer, 1963), II, 252.
[51] Eberhard Frey, „Rezeption literarischer Stilmittel: Beobachtungen am ‚Durchschnittsleser'," *LiLi,* 4 (1975), Heft 15, 80—94.

fälligkeit) als auch nach dem Kriterium ‚Schwerverständlichkeit' bei der Bedeutungskonkretisation durch Leser eine zentrale Rolle spielt.[52]

6.5. Metapher und Metonymie in sprachanthropologischer Fundierung: Roman Jakobson

In den *Fundamentals of Language* stellt Roman Jakobson[53] Metapher und Metonymie als die zwei polaren Weisen semantischer Operationen dar, indem er sie auf zwei Aphasietypen bezieht. Während beim ersten Aphasietyp die Fähigkeit zur Selektion und zur Substitution gestört ist, also die Relation der Similarität aufgehoben ist und damit die Metaphern entfallen, ist der zweite Aphasietyp durch die Aufhebung der Relation der Kontiguität und den Wegfall der Metonymien gekennzeichnet. Der sprachliche Defekt besteht in diesem Falle in der Störung der Fähigkeit zur Kombination und Kontextbildung. Anhand von typischen Reaktionen auf den Assoziationstest demonstriert Jakobson die auf Similarität beruhende Substitution (Metapher) und die auf Kontiguität beruhende Substitution (Metonymie)

Similarität	Kontiguität
hut	
cabin	*thatch*
hovel	*litter*
palace	*poverty*
den	
burrow	

Die „bipolare Struktur der Sprache" und der Ausschluß eines der beiden Pole im Falle der Aphasie hat für Jakobson „erstrangige Bedeutung und Konsequenz für das gesamte sprachliche Verhalten und das menschliche Verhalten im allgemeinen".[54] Sie findet sich wieder in den zwei Typen von Traumstrukturen, die Freud mit den Begriffen „Identifizierung" bzw. „Symbolismus" einerseits (Similaritätsbeziehung), „Verdrängung" bzw. „Verdichtung" andererseits (Kontiguitätsbeziehung) belegt, aber auch in

---

[52] W. Bauer *et al., Text und Rezeption: Wirkungsanalyse zeitgenössischer Lyrik am Beispiel des Gedichtes ‚Fadensonnen' von Paul Celan* (Frankfurt: Athenäum, 1972).

[53] R. Jakobson und M. Halle, *Fundamentals of Language* (Den Haag: Mouton, 1956); dt. *Grundlagen der Sprache* (Berlin: Akademie-Verlag, 1960), rpt. *in Literaturwissenschaft und Linguistik,* I, hrsg. Jens Ihwe (Frankfurt: Athenäum, ²1972), 323—333.

[54] *Ibid.,* 330.

den Prinzipien der magischen Riten. Romantik und Symbolismus sind vom Primat der Similaritätsbeziehung her bestimmt, während im Realismus die Kontiguitätsbeziehung vorherrscht. Entsprechend neigt die Poesie zur Metapher, die Prosa zur Metonymie:

TEXT 28

> Das Prinzip der Similarität bildet für die Poesie die Grundlage; die metrische Übereinstimmung der Verszeilen oder die lautliche Gleichartigkeit der Reimwörter legt die Frage nach der semantischen Gleichartigkeit und Gegensätzlichkeit besonders nahe; es gibt grammatische und antigrammatische, aber nie agrammatische Reime. Die Prosa ist dagegen im wesentlichen durch die Kontiguität getragen. Deshalb ist für die Poesie die Metaphorik und für die Prosa die Metonymik der Weg des geringsten Widerstandes. Demzufolge wendet sich auch das Studium der poetischen Tropen hauptsächlich der Metaphorik zu.[55]

6.5. Definitionen und Beispiele im Überblick

6.6.1. Vergleich/Simile

Im Vergleich werden zwei Sachverhalte einander über ein ‚drittes' zugeordnet. Dabei ist das ‚tertium comparationis' entweder explizit ausgesagt oder implizit enthalten.

TEXT 29

> Das Ähnliche ([. . .] simile, ὅμοιον) [. . .] besteht in der Gemeinsamkeit einer Eigenschaft zwischen mehreren (mindestens zwei) Dingen. Die den ähnlichen Dingen gemeinsame Eigenschaft heißt *tertium comparationis* (z.B. die Stärke und Plötzlichkeit des Löwen und des Odysseus [. . .]) Die nicht dem *tertium comparationis* angehörenden Phänomene der ähnlichen Dinge sind unähnlich *(dissimile):* jedem Ähnlichen ist also etwas Unähnliches beigemischt, wobei der Mischungsgrad variieren kann.[56]

Beispiele:
I wandered lonely as a cloud
That floats on high o'er vales and hills,
(Wordsworth)

---

[55] *Ibid.,* 333.

[56] H. Lausberg, *Elemente der literarischen Rhetorik,* § 400; vgl. auch *similitudo* (§§ 401—403) und *exemplum* (§§ 404—406).

Sachhälfte: "I wandered"
Bildhälfte: "a cloud/That floats on high o'er vales and hills"
tertium comparationis: "loneliness"

Let us go then, you and I,
When the evening is spread out against the sky
Like a patient etherised upon a table;
Let us go, through certain half-deserted streets,
The muttering retreats
Of restless nights in one-night cheap hotels
And sawdust restaurants with oyster-shells:
Streets that follow like a tedious argument
Of insidious intent [. . .]
          (Eliot, "The Love Song of J. Alfred Prufrock")

Der Heilige hob das Haupt, und das Gebet
fiel wie ein Helm zurück von seinem Haupte:
denn lautlos nahte sich das niegeglaubte,
das weiße Tier, das wie eine geraubte
hilflose Hindin mit den Augen fleht.
          (Rilke, „Das Einhorn")

Il est des parfums frais comme des chairs d'enfants,
Doux comme les hautbois, verts comme les prairies,
— Et d'autres, corrompus, riches et triomphants,

Ayant l'expansion des choses infinies,
Comme l'ambre, le musc, le benjoin et l'encens,
Qui chantent les transports de l'esprit et des sens.
          (Baudelaire, "Correspondances")

6.6.2. Gleichnis, Parabel

Das *Gleichnis* ist ein erweiterter Vergleich. Die *Parabel* ist ein zur Erzählung erweitertes Gleichnis.[57]

Beispiel:
   Wie wenn am Feiertage, das Feld zu sehn
   Ein Landmann geht, des Morgens, wenn
   Aus heißer Nacht die kühlenden Blize fielen
   Die ganze Zeit und fern noch tönet der Donner,
   In sein Gestade wieder tritt der Strom,

---

[57] C.-M. Edsman, „Gleichnis und Parabel", I in: *RGG*[3], Vol. II (Tübingen: Mohr, 1958), 1614f.

Und frisch der Boden grünt
Und von des Himmels erfreuendem Reegen
Der Weinstok trauft und glänzend
In stiller Sonne stehn die Bäume des Haines:

So stehn sie unter günstiger Witterung
Sie die kein Meister allein, die wunderbar
Allgegenwärtig erzieht in leichtem Umfangen
Die mächtige, die göttlichschöne Natur.

(Hölderlin, „Wie wenn am Feiertage . . . ")

6.6.3. Metapher

Im Sinne der Schulrhetorik stellt die Metapher ein „kürzeres Gleichnis"
(Quintilian) dar; sie gehört zu den Sprungtropen *(figures of similarity).*

TEXT 30

> Die *metaphora (translatio; μεταφορά)* ist der Ersatz *(immutatio:*
> § 174) eines *verbum proprium* („Krieger") durch ein Wort, dessen
> eigene *proprie*-Bedeutung mit der des ersetzten Wortes in einem Ab-
> bild-Verhältnis *(similitudo:* § 401) steht („Löwe": § 226).[58]

Diese Erklärung ist, wie dargestellt worden ist, von modernen Theoretikern
als unzulänglich erwiesen worden:

TEXT 31

> Die schulmäßige Definition „Die Metapher ist ein verkürzter Ver-
> gleich" (Quintilian) ist unbrauchbar. Das Phänomen der Metapher ist
> ursprünglich; man kann den Vergleich als eine erweiterte Metapher
> auffassen. Eine semantische Definition der Metapher ist nur in einer
> Textsemantik möglich. Ein Wort in einem Text setzt eine bestimmte
> Kontexterwartung, die von dem tatsächlichen Kontext enttäuscht
> werden kann. Die Metapher ist definierbar als ein Wort in einem kon-
> terdeterminierenden Kontext. Jedenfalls ist die Metapher ein Stück
> Text.[59]

---

[58] H. Lausberg, *ibid.,* § 228.

[59] Harald Weinrich, „Thesen", „Die Metapher (Bochumer Diskussion)", *Poetica,* 2
(1968), 100.

Stephen Ullmann bestimmt die Metapher als Bedeutungsübertragung auf Grund von Bedeutungsähnlichkeit:

TEXT 32

[transfer based on sense-similarity]
Sense s_1 has some features in common with some other sense, s_2, lying within its associative field. At a given moment, attention will be focused solely on the common denominator, on the overlap between their semantic ranges, and the name pertaining to s_1, n_1, will be felt as an adequate designation for s_2, quite irrespective of whether s_2 did or did not already have an n_2 at its command:[60]

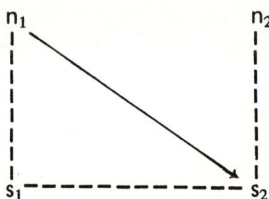

Die beiden in der Metapher verbundenen Glieder heißen

bei Wilhelm Stählin:	(„Zur Psychologie und Statistik der Metaphern," *Archiv für die gesamte Psychologie,* 31 [1914])
	Sache/Sachsphäre *Bild/Bildsphäre*
bei I.A. Richards:	(*The Philosophy of Rhetoric,* 1936)
	tenor *vehicle*
bei Max Black:	(*Models and Metaphors: Essays in Language and Philosophy* [Ithaca, N.Y., 1962])
	frame *focus*
bei Harald Weinrich:	(„Semantik der kühnen Metapher," *DVjs,* 37 [1967])
	Bildempfänger *Bildspender*

Die Schulrhetorik unterscheidet vier Arten der Übertragung:

— vom Belebten zum Unbelebten
— vom Unbelebten zum Belebten

---

[60] Stephen Ullmann, *The Principles of Semantics* (Oxford: Blackwell, [2]1957 rpt. 1959), 223; vgl. W.K. Wimsatt, *The Verbal Icon* (Lexington: U. of Kentucky P., 1954), 128.

— vom Belebten zum Belebten
— vom Unbelebten zum Unbelebten[61]

Diese Unterscheidung ist ebenso wie die nach grammatischen Kategorien[62] oder die nach Herkunftsbereichen[63] für eine *funktionale* Analyse der Metaphorik von relativ geringem Belang.

Beispiele:

Was sind wir Menschen doch? Ein Wohnhaus grimmer Schmerzen,
ein Ball des falschen Glücks, ein Irrlicht dieser Zeit,
ein Schauplatz herber Angst, besetzt mit scharfem Leid,
ein bald verschmelzter Schnee und abgebrannte Kerzen.
. . .

(Gryphius, ,,Menschliches Elende")

The white body of the evening
Is torn into scarlet,
Slashed and gouged and seared
Into crimson,
And hung ironically
With garlands of mist.

(Aldington, ''Sunsets'')

Absolute Metapher

Mit dem — in der wissenschaftlichen Diskussion nicht unumstrittenen — Begriff der absoluten Metapher wird der Sachverhalt bezeichnet, daß in der modernen Lyrik — im Sinne von Hugo Friedrichs Studie — der Bezug von Sachbereich und Bildbereich aufgehoben erscheint, der Bildbereich sich vollständig verselbständigt hat:

TEXT 33

Stärker als die klassische Literatur bekunden die modernen Texte, daß die metaphorischen Bezeichnungen nicht die ,,uneigentlichen'' sind, sie sind im Gegenteil die unersetzlichen, die spezifischen, spezifisch nämlich für eine Lyrik, die primär der Sprache, nicht einem Weltbezug dient. Solche Metaphern erschaffen eine Gegenwelt gegen die

[61] Quintilian, *Institutio Oratoria*, VIII 6, 9—11.

[62] Christine Brooke-Rose, *A Grammar of Metaphor* (London: Secker & Warburg, 1958).

[63] Caroline Spurgeon, *Shakespeare's Imagery and What It Tells Us* (Cambridge, 1935).

geläufige Welt, auch derjenigen der älteren (und glücklicheren) Poesie. In vielen Fällen hat die moderne Metapher überhaupt nicht mehr den Sinn, ein Bild neben der „Wirklichkeit" zu sein, sondern sie selber hebt den Unterschied zwischen metaphorischer und nicht-metaphorischer Sprache auf.[64]

Beispiele:
Es ist ein Stoppelfeld, in das ein schwarzer Regen fällt.
Es ist ein brauner Baum, der einsam dasteht.
Es ist ein Zischelwind, der leere Hütten umkreist —
Wie traurig dieser Abend.

Am Weiler vorbei
Sammelt die sanfte Waise noch spärliche Ähren ein.
Ihre Augen weiden rund und goldig in der Dämmerung
Und ihr Schoß harrt des himmlischen Bräutigams.
. . .

                    (Trakl, "De Profundis")

La elipse de un grito
Va de monte
a monte.

Desde los olivos
será un arco iris negro
sobre la noche azul.
. . .

                    (F. García Lorca, "El Grito")

Synästhesie

Die Synästhesie ist ein Spezialfall der Metapher, bei der *tenor* und *vehicle* durch unterschiedliche Sinnesempfindungen gefüllt werden:

Beispiele:
How the chimney-sweeper's cry
Every blackening church appalls,
And the hapless soldier's sigh
Runs in blood down palace walls;
                    (Blake, "London")

---

[64] Hugo Friedrich, *Die Struktur der modernen Lyrik,* 208; vgl. zum Problembereich „absolute Metapher": Jürgen Nieraad, *„Bildgesegnet und Bildverflucht": Forschungen zur sprachlichen Metaphorik* (Darmstadt: WBG, 1977), 38—43.

Left hand, off land, I hear the lark ascend,
His rash-fresh re-winded new-skeined score
In crisps of curl off wild winch whirl, and pour
And pelt music, till none's to spill nor spend.
(Hopkins, "The Sea and the Skylark")

Hör, es klagt die Flöte wieder,
Und die kühlen Brunnen rauschen;
Golden wehn die Töne nieder,
Stille, stille, laß uns lauschen!

Holdes Bitten, mild Verlangen,
wie es süß zum Herzen spricht!
Durch die Nacht, die mich umfangen,
Blickt zu mir der Töne Licht!
(Brentano, „Abendständchen")

Das uralt alte Schlummerlied,
Sie achtets nicht, sie ist es müd;
Ihr klingt des Himmels Bläue süßer noch,
Der flüchtgen Stunden gleichgeschwungnes Joch.
(Mörike, „Um Mitternacht")

6.6.4. Allegorie/Personifikation/Prosopopoeia

Die Allegorie gehört wie die Metapher zu den Sprungtropen. In der
Allegorie wird in der Regel ein abstrakter Sachverhalt bildhaft ausgedrückt; in der Personifikation tritt ein solches Abstraktum personifiziert auf:

Beispiele:
Hope had grown grey hairs,
Hope had mourning on,
Trenched with tears, carved with cares,
Hope had mourning on,
(Hopkins, *The Wreck of the Deutschland,* 15)

When will you ever, Peace, wild wooddove, shy wings shut,
Your round me roaming end, and under be my boughs?
(Hopkins, "Peace")

Der rhetorische Begriff von Allegorie als Redefigur (Tropus) ist zu unterscheiden von Allegorie, besser Allegorese, als Verfahren der Textauslegung,
z.B. in der mittelalterlichen Lehre vom vierfachen Schriftsinn:

> Littera gesta docet, quid credas allegoria
> moralis quid agas, quo tendas anagogia.

Beispiel: Jerusalem 1. als Stadt im heiligen Land (wörtlicher Sinn), 2. als Kirche Christi (allegorischer Sinn), 3. die menschliche Seele (moralischer Sinn), 4. die himmlische Stadt Gottes (anagogischer Sinn).[65] In einem weiteren Sinn werden als Allegorien ganze Werke wie Bunyans *Pilgrim's Progress* oder der Rosenroman bezeichnet.

Allegorie und Symbol

Der Begriff der Allegorie spielt eine bedeutende abgrenzende Rolle in der Literatur zum Symbolbegriff.

TEXT 34

> Die Allegorie verwandelt die Erscheinung in einen Begriff, den Begriff in ein Bild, doch so, daß der Begriff im Bilde immer noch begrenzt und vollständig zu halten und zu haben und an demselben auszusprechen sei.
> Die Symbolik verwandelt die Erscheinung in Idee, die Idee in ein Bild, und so, daß die Idee im Bild immer unendlich wirksam und unerreichbar bleibt und, selbst in allen Sprachen ausgesprochen, doch unaussprechlich bliebe.[66]

TEXT 35

> [allegory is] a translation of abstract notions into a picture language, which is itself nothing but an abstraction from objects of the senses [. . .]. [symbol] is characterized by a translucence of the special in the individual, or of the general in the special [. . .] above all, by the translucence of the eternal through and in the temporal.[67]

Der Symbolbegriff, wie er in der Nachfolge Goethes verwendet wurde, ist nicht von seinen geistesgeschichtlichen Grundlagen zu lösen. Er ist als wissenschaftliche Kategorie inzwischen weitgehend überlastet und entleert worden. Es empfiehlt sich deshalb, seine Verwendung begriffslogisch und -geschichtlich streng zu kontrollieren.

[65] Vgl. dazu u.a. Erwin Leibfried, *Kritische Wissenschaft vom Text* (Stuttgart: Metzler, 1970), 19f.

[66] J.W. Goethe, *Maximen und Reflexionen.*

[67] S.T. Coleridge, *The Statesman's Manual;* vgl. René Wellek und Austin Warren, *Theorie of Literature,* ch. 15.

6.6.5. Metonymie, Synekdoche

Metonymie und Synekdoche gehören nach den Kategorien der Schulrhetorik zu den Grenzverschiebungstropen *(figures of contiguity)*. Bildspender
und Bildempfänger stehen hier in einer realen, z.B. logisch oder quantita-
tiv analysierbaren Beziehung.

TEXT 36

> In den Grenzverschiebungstropen [. . .] besteht der tropische Ersatz
> [. . .] in der kontinuierlichen Verschiebung der Grenze des Begriffs-
> inhalts eines Wortkörpers. Diese Verschiebung kann in der Ebene des
> Begriffsinhalts verlaufen [u.a. Synekdoche] oder diese Ebene verlas-
> sen [Metonymie].[68]

In der neueren, besonders der angelsächsischen Literatur besteht die Tendenz, den Unterschied zwischen Metonymie und Synekdoche zu vernach-
lässigen und beide unter dem Terminus Metonymie zu fassen.

Bei der Synekdoche werden traditionell folgende Fälle unterschieden:

1 Ersatz der Art durch die Gattung
2 Ersatz des Teils durch das Ganze *(totum pro parte)*
3 Ersatz des Singulars durch den Plural
4 Ersatz von Fertigfabrikat durch den Rohstoff
5 Ersatz der Gattung durch die Art
6 Ersatz des Ganzen durch den Teil *(pars pro toto)*
7 Ersatz des Plurals durch den Singular.

Bei der Metonymie werden traditionell die folgenden Fälle unterschieden:

1 Ersatz der Wirkung durch die Ursache
2 Ersatz der Ursache durch die Wirkung
3 Ersatz von Gefäß durch Inhalt
4 Ersatz von Qualitätsträger durch Qualität
5 Ersatz von sozialem Phänomen durch Symbol.[69]

Wie bei der Metapher ist das traditionelle Einteilungsschema zwar für die
Klassifizierung von Synekdoche und Metonymie, weniger jedoch für die
Analyse ihrer Funktion im Gedichtkontext von Belang.

---

[68] H. Lausberg, *Elemente,* §§ 194—201 und 217—224.

[69] Kategorien nach H. Lausberg, *Elemente,* §§ 194—201 und 217—224.

Beispiele:

Milton! thou should'st be living at this hour:
England hath need of thee: she is a fen
Of stagnant waters: altar, sword, and pen,
Fireside, the heroic wealth of hall and bower,
Have forfeited their ancient English dower
Of inward happiness. [. . .]
(Wordsworth, Sonnets)

[Metonymie: Ersatz von sozialem Phänomen durch Symbol z.B. Kirche durch "altar", Staat durch "sword", entsprechend bei "pen", "fireside", "hall", "bower"]

Is football playing
Along the river shore,
With lads to chase the leather,
Now I stand up no more?"
(Housman, "Is My Team Ploughing")

[Synekdoche: Ersatz von Fertigfabrikat durch den Rohstoff: "leather" für Ball]

Emblem und *Topos* gehören streng genommen nicht in den Zusammenhang dieses Kapitels; da sie jedoch in der neueren wissenschaftlichen Diskussion teils aus guten Gründen, teils in laxer Begrifflichkeit in den Umkreis der Bildlichkeit im dichterischen Text gerückt worden sind, soll diese Problematik ebenfalls kurz dargestellt werden.

6.6.6. Emblem

In jüngerer Zeit gewinnt der Begriff *Emblem* wieder zunehmend Bedeutung für die literarische Theoriebildung. Jürgen Link beispielsweise entwickelt am Emblem die semantische Grundstruktur des literarischen Symbols überhaupt. um die theoretische Verengung auf den Goetheschen Typ des Symbols zu überwinden und damit „Überresten mythischer Symbolauffassungen in der Literaturwissenschaft den Boden zu entziehen".[70]

Das *Emblem* im strengen Sinne der Definition konstituiert sich durch das Vorhandensein und Zusammenwirken von bildlichen und textlichen Elementen. Es besteht aus Bild *(pictura/Icon/Imago)*, Motto *(inscriptio/ Lemma)* und Epigramm *(subscriptio).*[71]

---

[70] Jürgen Link, *Die Struktur des literarischen Symbols* (München: Fink, 1975), 36.

[71] So nach dem Vorbild des ersten Emblembuchs, des *Emblematum Liber* des Andrea Alciati (Augsburg, 1531).

TEXT 37

Diese Verbindung von Bild und Text in einem dreiteiligen Aufbau bestimmt fortan die äußere Form des Emblems. Die *pictura* (Icon, Imago) zeigt etwa eine bestimmte Örtlichkeit, eine Pflanze oder ein Tier, einen Gegenstand oder Vorgang des menschlichen Lebens, eine Personifikation oder eine historische, mythologische, biblische Figur oder Szene. Über dieser pictura, bisweilen noch in ihr Bildfeld einbezogen, erscheint eine kurzgefaßte lateinische, mitunter auch griechische *inscriptio* (Motto, Lemma). Darunter steht als *subscriptio* ein Epigramm von unterschiedlicher Länge. In bunter Mischung der Motive und Bedeutungen, gelegentlich auch auf bestimmte Bildbereiche oder Sinnbezirke beschränkt oder nach ihnen ordnend, stellen die Emblembücher ihre picturae mit den zugehörigen Texten als jeweils in sich abgeschlossene Einheiten nummernweise zusammen. Gleiche Bildformate und einheitlicher Umfang der Epigramme innerhalb der einzelnen Bücher, dazu die bevorzugte Anordnungsweise, nach der jeweils ein Emblem auf einer Buchseite erscheint, betonen die Einheit des dreigeteilten Gebildes. Ein Prosa-Kommentar mit Erläuterungen, auch mit Quellenangaben, kann hinzutreten [. . .].[72]

Beispiel:

ROSEO ROSA VIVIT ODORE.

Ad Iohannem Neuburger Alcmariens: Holl:

Fragrantes roseo rosas odore
Pergratus decorat color: sed idem
Multis rebus inest color: rosarum
Vnus cum sit odor comes perennis.
Conservant humana duae consortia dotes:
Hic amor: et certa est hic in amore fides.
At si desit odor non est rosa vera colore:
Talis et inconstans est amor absque fide.[73]

Das Emblem ist durch die Doppelfunktion des Abbildens und Auslegens bestimmt:

TEXT 38

Man wird der Fülle der Erscheinungen offenbar eher gerecht, wenn man das Emblem dahingehend bestimmt, daß seiner dreiteiligen Bauform eine Doppelfunktion des Abbildens und Auslegens oder Darstellens und Deutens entspricht. An der abbildenden Leistung der pictura kann sich dabei sowohl die inscriptio beteiligen, sofern sie nämlich nur als gegenstandsbezogene Bildüberschrift erscheint, wie auch die subscriptio — dann, wenn ein erster Teil des Epigramms sich als bloße Bildbeschreibung oder als eingehendere Darstellung des von der pictura gezeigten gibt. Andererseits vermag an der auslegenden Leistung der subscriptio (oder jedenfalls ihres der eigentlichen Deutung zugewandten Teils) auch die inscriptio teilzunehmen; durch ihre sentenzenhafte Kurzfassung kann sie dabei im Verhältnis zur pictura jenen Rätselcharakter bilden, der einer Auflösung durch die subscriptio bedarf. Schließlich beteiligt sich an der Deutung des Dargestellten durch das Epigramm in vereinzelten Fällen schon die pictura selbst.[74]

Wenn der deutende Teil des Emblems, wie dies häufig der Fall ist, die Bedeutung des darstellenden Teils eindeutig festlegt, den besonderen Fall des Abgebildeten ins Allgemeine hebt, so liegt darin ein Verfahren, das allegorisch zu nennen ist.[75]

Die Bildlichkeit der dichterischen Sprache ist in vielfältiger Weise von der Emblematik beeinflußt worden. Im einfachsten Fall knüpfen dichterische Bildfelder motivlich-thematisch an die Emblemtradition an.[76] Des weiteren kann jedoch auch die Struktur des Emblems, damit auch die Doppelfunktion von Abbilden und Auslegen, rein literarisch realisiert werden: „Ein literarisches Emblem liegt dann vor, wenn auch die Pictura in rein sprachlicher (literarischer) Gestalt erscheint".[77]

6.6.7. Topos — Gemeinplatz — commonplace — literarische Formel

In einem entfernten Sinne gehört auch die Behandlung des *Topos* in den Zusammenhang des Kapitels über Bildlichkeit. Topoi haben ihren Ort im rhetorischen System im dritten Unterkapitel *argumentatio* des ersten

---

[72] Albrecht Schöne, „Emblemata: Versuch einer Einführung", *DVjs,* 37 (1963), 199.

[73] Arthur Henkel, Albrecht Schöne, *Emblemata* (Stuttgart, 1967), 291.

[74] Albrecht Schöne, *ibid.,* 201.

[75] Albrecht Schöne, *ibid.,* 209f. Schöne macht jedoch darauf aufmerksam, daß dieses allegorische Verhältnis von Darstellung und Deutung nur einen Emblemtyp abdeckt.

großen Hauptteils *inventio,* der Lehre von der ,Erfindung' der Rede. *Koinoí tópoi* oder *loci communes* sind ursprünglich „Hilfsmittel für die Ausarbeitung von Reden" oder „Fundgruben für den Gedankengang" (Quintilian V 10, 20: "argumentum sedes"). In Ernst Robert Curtius' monumentalem Werk *Europäische Literatur und lateinisches Mittelalter,*[78] das die Toposforschung entscheidend beeinflußt hat, schillert der Toposbegriff zwischen dieser aus der rhetorischen Tradition abgeleiteten und der Bedeutung „feste Clichées oder Denk- und Ausdrucksschemata".[79] Hierauf ist es zurückzuführen, daß in Arbeiten zur Toposforschung „zwischen Formeln, Tropen, Metaphern, Sentenzen, Beispielen, Schilderungen und Motiven kein Unterschied [ge]macht [wird].[80] Entsprechend ist der Toposbegriff in einem verschwommenen, allinklusiven Sinn popularisiert worden:

TEXT 39

> Topoi sind ,feste Clichées oder Denk- und Ausdrucksschemata', geprägte Formeln, Phrasen, Wendungen, Zitate, Bilder, Embleme, Motive, technische Anordnungs- und Darbietungsweisen, die aus der klassischen spätantiken und ma.lat. Rhetorik an die mittel- und neulateinischen wie volkssprachlichen Litt. vermittelt wurden und bis ins 18. Jh., bes. aber in der Renaissance, die neue Quellen erschließt, und im Barock, auf die Gestaltung der Dichtungen einwirken. Urspr. individuell geprägte, unmittelbare Stilschöpfungen, werden sie später zu erlernbaren, abgezogenen Formeln, die an geeigneter Stelle zur Ausschmückung e. Textes wiederverwendet werden können.[. . .][81]

Als methodische Aufgabe der Toposforschung ist denn auch „die genaue Abgrenzung und Begriffsbestimmung von Topos, gegenüber Bild, Metapher, Symbol, Allegorie, Motiv, Formel, Klischee und dergleichen" erkannt wor-

---

[76] Albrecht Schöne, *ibid.,* 229ff.: Emblembücher als „Vorlage".

[77] Jürgen Link, *Struktur, 9.*

[78] Ernst Robert Curtius, *Europäische Literatur und lateinisches Mittelalter* (Bern: Francke, 1. Aufl. 1948; [6]1967).

[79] Vgl. hierzu Walter Veit, „Toposforschung: Ein Forschungsbericht", *DVjs,* 37 (1967), 120—163. Zur Kritik an E.R. Curtius' Toposbegriff vgl. auch Edgar Mertner, „Topos und Commonplace", *Strena Anglia.* Fschr. O. Ritter (Halle, 1956), 178ff.

[80] W. Veit, *ibid.,* 127.

[81] Gero von Wilpert, *Sachwörterbuch der Literatur.* s.v. „Topos"; vgl. Wolfgang Kayser: „Topoi sind ,feste Clichées oder Denk- und Ausdrucksschemata', die aus der antiken Literatur stammen und über die mittellateinische Literatur in die nationalsprachlichen Literaturen des Mittelalters und weiterhin die der Renaissance und des Barocks dringen." *(Das sprachliche Kunstwerk,* 72).

den.[82] Die Methodenprobleme der Toposforschung, so wichtig sie für diese Disziplin selbst sind, brauchen in diesem Zusammenhang nicht weiter verfolgt werden. Wichtig ist festzuhalten, daß das traditionelle Gut, dessen Kontinuität und Konstanz die Toposforschung herausarbeitet, in nicht zu unterschätzendem Umfang in die traditionellen Bildfelder der Dichtung eingegangen ist. Kenntnis solcher überlieferter Topoi ist deshalb für die Bilddeutung im Traditionsbezug unabdingbar.

6.7.   Ein traditionelles Bildfeld: Analyse an Beispielen aus der englischen Dichtung des 16. und 17. Jahrhunderts

Weinrichs Einsichten in das Funktionieren von Metaphern auf dem Hintergrund traditionell etablierter Bildfelder — in der Verlaine-Zeile das Funktionieren der Metapher innerhalb des Bildfeldes „Seelenlandschaft" — hat ebenso wie das Programm der Toposforschung unmittelbare Bedeutsamkeit für die Lyrikanalyse. Traditionelle Bildfelder setzen den Verständnisrahmen für die dominanten Bildstrukturen einzelner Gedichte. Dementsprechend muß die Analyse diesen Bezug zu solchen traditionellen Bildfeldern herstellen; sie muß zeigen, wie die Bildlichkeit eines Gedichtes ein solches traditionelles Bildfeld aufnimmt (etwa in der Übernahme traditioneller *Topoi*), anklingen läßt (etwa als literarisches Zitat), verändert (z.B. in der überraschenden Wendung, die traditionellen Bildern in neuen Kontexten gegeben werden) oder gar (als thematisierter Bruch mit der poetischen Tradition) verwirft. Die vergleichende Einbindung der Metaphorik eines Textes in solche Bildfeld-Traditionen zeigt aber auch, wo sich eine Metapher abnutzt, schließlich als trivial absinkt oder aus der poetischen Tradition ganz verschwindet.

Die folgenden Beispiele illustrieren sämtlich das Zusammentreten der Wortfelder *Rose* (vehicle) und *Liebe* (tenor 1) bzw. *Vergänglichkeit* (tenor 2) zu Bildfeldern. Die Rosenmetapher für Liebe ist gewiß eine der am meisten strapazierten, wenn nicht inzwischen die abgenutzteste Metapher der abendländischen Dichtung. In den hier zusammengestellten Beispielen aus der englischen Dichtung des 16. und 17. Jahrhunderts treten eine eng begrenzte

---

[82]   W. Veit, *ibid.,* 163; vgl. auch 148: „Vielmehr ist die Anregung und der Ansatz von Curtius, literarische Formeln in ihrer Tradition zu untersuchen und in ihnen das geistige Kraftfeld der europäischen Literatur sichtbar zu machen, aufzunehmen, dabei der Topos in neuer Begrenzung zu fassen. In einem neuen Ansatz ist dann nach Grund und Herkunft eines Topos zu fragen und so das Begründungsverhältnis von Topos und Bedeutungshorizont festzustellen. Ich schlage deshalb vor, ihn als Denkform zu fassen [. . .], als Form des Denkens von Sein als Wirklichkeit . . . "

Zahl von Bildmotiven in immer wieder neuer Abwandlung zusammen. Denn – und das zeigen die Beispiele bereits in einem ersten Überblick – die Neuigkeit der dichterischen Aussage liegt ja nicht in der Wahl des Bildfeldes als solchem – dies wird vielmehr von jedem erfahrenen Leser sogleich als traditionell erkannt und auf die literarische Reihe früherer „Rosengedichte" bezogen; das Neue liegt vielmehr in der kunstvoll-künstlichen Variation des Bildfeldes und seiner Kombination mit anderen. In der Rezeption solcher Texte verbindet sich das Vergnügen über die Wiederentdeckung des Bekannten mit dem Überraschungseffekt des Neuen, Unerwarteten.

Die Beispiele enthalten in unterschiedlicher Verbindung die folgenden Motivkomplexe:

1. Die Rose – als Liebe/geliebte Frau/als Dingsymbol der Liebesbeziehung/ als Liebesbote
2. Die Rose (und andere Blumen) – als Sinnbild der Vergänglichkeit: die Blume in ihrer Entwicklung von der Knospe über das volle Erblühen bis zum Verblühen als Bild des Verstreichens der Zeit, zugleich des Altwerdens des Menschen
3. Das Motiv des "carpe diem" (Horaz I, XI.8), die Aufforderung an die Geliebte, dem Verstreichen der Zeit den Liebesgenuß im Hier und Jetzt entgegenzusetzen.

Beispiel:

. . .
Ah see, who so faire thing doest faine to see,
In springing flowre the image of thy day;
Ah see the Virgin Rose, how sweetly shee
Doth first peepe forth with bashfull modestee,
That fairer seemes, the lesse ye see her may;
Lo see soone after, how more bold and free
Her bared bosome she doth broad display;
Loe see soone after, how she fades, and falles away.

So passeth, in the passing of a day,
Of mortal life, the leafe, the bud, the flowre,
No more doth flourish after first decay,
That earst was sought to decke both bed and bowre,
Of many a Ladie, and many a Paramowre:
Gather therefore the Rose, whilest yet is prime,
For soone comes age, that will her pride deflowre:
Gather the Rose of love, whilest yet is time,
Whilest loving thou mayst lovèd be with equall crime.

(Spenser, *The Faerie Queene,* II.XII, 74.75)

Die Entfaltung der Bildstruktur erfolgt in drei Stufen:

1. Die Leitmetapher der ersten Strophe ist "virgin rose" ("rose" ist *tenor*/ Bildempfänger; "virgin" ist *vehicle*/Bildspender). Die Rose wird mit menschlichen Attributen ausgestattet, ihr wird Jungfräulichkeit, Bescheidenheit zugeschrieben; das volle Erblühtsein der Rose erscheint in der Bildebene als ‚Zurschaustellen des entblößten Busens'.

2. Am Beginn der zweiten Strophe wird das Bildfeld der ersten Strophe verallgemeinert: das Verdikt der Vergänglichkeit betrifft Sachhälfte (Natur) und Bildhälfte (Menschenwelt) in gleicher Weise. Bild und Verallgemeinerung stehen zueinander in einem emblematischen Verhältnis: auf die *pictura* (Darstellung) der ersten Strophe folgt hier die *scriptura* (Deutung) zu Beginn der zweiten.[83]

3. Die letzten vier Zeilen der zweiten Strophe stellen über den Realbezug in der ersten Strophenhälfte — Rosen schmücken Bett und Zimmer von Lady und Geliebter — eine Übertragung auf das *carpe diem*-Motiv her: "Gather therefore the Rose", bzw. "Gather the Rose of love". Hier ist das Verhältnis von *tenor* und *vehicle* gegenüber der ersten Strophe verkehrt: in der Genitivmetapher "the rose of love" ist "love", also der Bereich des Menschlichen, *tenor,* während "rose" nunmehr *vehicle* geworden ist. Gleichsinnig wird die Blumenmetapher fortgeführt, wenn das Alter als „Defloration des Stolzes" erscheint.

In diesem Beispiel sind die metaphorischen Bezüge in besonders komplexer Gestalt realisiert; es gewinnt seinen dichterischen Reiz aus der spiegelbildlichen Verkehrung des Verhältnisses von Bildspender und Bildempfänger zwischen den beiden Strophen sowie dem emblematischen Verhältnis zwischen bildlicher Darstellung und deutender Aussage.

Beispiel:

O, how much more doth beauty beauteous seem
By that sweet ornament which truth doth give!
The rose looks fair, but fairer we it deem
For that sweet odour, which doth in it live.
The canker-blooms have full as deep a dye
As the perfumed tincture of the roses,
Hang on such thorns, and play as wantonly
When summer's breath their masked buds discloses;

---

[83] Vgl. das Beispiel auf S. 179 oben.
In Arthur Henkels und Albrecht Schönes Standardwerk *Emblemata* (290—305) finden sich eine ganze Reihe weiterer Rosen-Emblemata, die die Kontinuität des hier behandelten Bildfeldes demonstrieren.

But for their virtue only is their show,
They live unwoo'd, and unrespected fade;
Die to themselves. Sweet roses do not so:
Of their sweet deaths are sweetest odours made.
And so of you, beauteous and lovely youth,
When that shall vade, by verse distills your truth.

(Shakespeare, *Sonnets,* 54)

In diesem Gedicht vollzieht sich die Argumentation zunächst vordergründig ebenfalls auf einer abstrakten gedanklichen und einer konkreten bildlichen Ebene: Schönheit wird so durch Wahrheit übertroffen, wie das Aussehen der Rose durch ihren Duft übertroffen wird. Dies wird am Unterschied zwischen der Hundsrose (nur schönes Aussehen) und der echten Rose (Schönheit und Duft) verdeutlicht. Der Bildbereich ("canker bloom" vs. "rose") steht in einem allegorischen Verhältnis zum Sachbereich (Wahrheit und Schönheit).

In einer zweiten Bildschicht wird nun jedoch das Rosensinnbild durch die Liebesmetaphorik überlagert: "play as wantonly", "masked buds discloses", "virtue", "unwoo'd" verweisen auf einen höfisch-gesellschaftlichen Rahmen, auf ein galantes Verhältnis: Menschenwelt als *vehicle* für eine Aussage über die „Blumenwelt", die ihrerseits Sinnbild ist für eine abstrakte Wahrheit.

In einem dritten Gedanken wird im Rosenbild ein Gleichnis für die Überwindung von Vergänglichkeit vorgestellt: so wie die echte Rose im destillierten Parfum verewigt ist, so wird der angesprochene schöne Jüngling durch Dichtung der Vergänglichkeit enthoben. Rosenbild und die Beziehung Dichter/Dichtung zu Jüngling sind hier durch die Vergleichsstruktur ("and so of you . . . ") verklammert.

Beispiel:

Goe lovely Rose,
Tell her that wasts her time and mee,
That now shee knowes,
When I resemble her to thee,
How sweet and fayr shee seems to bee.

Tell her that's young,
And shuns to have her graces spide,
That hadst thou sprung
In deserts where no men abide,
Thou must have uncommended dy'd.

Small is the worth
Of beauty from the light retir'd:
Bid her come forth,
Suffer her selfe to bee desir'd,
And not blush so to be admir'd.

Then dye, that shee
The common fate of all things rare
May read in thee,
How small a part of time they share,
That are so wondrous sweet and faire.
(Waller, "Song")

Die Rose fungiert als Liebesbote; die an die Geliebte zu übermittelnde Botschaft ist ein direkter Vergleich zwischen der Geliebten und der Rose ("when I resemble her to thee"): Nur die Bildhälfte dieses Vergleiches wird ausgeführt: Die in einer unbewohnten Gegend blühende Rose stirbt ungerühmt (Strophe 2). Die nächste Strophe hebt diesen Sachverhalt in unbildlicher Sprache auf die allgemeine Ebene einer Sentenz und knüpft daran — immer noch in unbildlicher Rede — die Aufforderung an die Geliebte, sich bewundern zu lassen. Hier wird auf indirekte Weise das "carpe-diem"-Motiv eingeführt. Strophe 4 überträgt in der Metapher "die" (für „verblühen") Menschliches auf die Rose, um damit die Blume zum Sinnbild für Vergänglichkeit werden zu lassen. Der Sinn dieses Bildes wird wiederum sogleich in unbildlicher Rede ausgesagt: "the common fate of all things rare". Auch dieser Text gewinnt seine Wirkung aus der Traditionalität des Bildfeldes. Wie schon in den vorigen Beispielen dient das Rosenbild der Versinnlichung einer abstrakten Botschaft, die deutlich dominiert: Bild als Sinnbild!

Beispiel:

Ye blushing Virgins happy are
In the chaste Nunn'ry of her brests,
For hee'd prophane so chaste a faire,
Who ere should call them *Cupids* nests.

Transplanted thus how bright yee grow;
How rich a perfume doe yee yeeld?
In some close garden, Cowslips so
Are sweeter then i' th' open field.

In those white cloysters live secure
From the rude blasts of wanton breath,
Each houre more innocent and pure,
Till you shall wither into death.

> Then that which living gave you roome,
> Your glorious sepulcher shall be,
> There wants no marble for a tombe,
> Whose brest hath marble been to me.
> (Habington, "To Roses in the bosome of Castara")

Castaras Rosen werden als "blushing virgins" personifiziert. Sie werden "in the chaste nunnery of her breast" getragen: die Metapher verweist darauf, daß Castara selbst — wie die "virgin roses" — keusch ist und der Liebe entsagt hat. Auf diese Korrespondenz zwischen Rosen und Castara läuft die doppelte Metapher hinaus. Diese Parallelität setzt sich auf der Oberfläche der Argumentation fort: In Castaras „Nonnenkloster" sind die "virgin roses" vor Lüsternheit geschützt ("the rude blasts of wanton breath"), sie bewahren, ja steigern ihre Unschuld und Reinheit bis zum Tode (Vergänglichkeitsmotiv!). Im Tode werden Castaras Brüste zum Mausoleum der 'virgin roses', wobei der Text den traditionellen Topos 'Brüste' — Marmor/Alabaster anspielt.

Neben diesem auf der Textoberfläche verlaufenden Argument findet sich jedoch ein zweites, die eigentliche Textbotschaft, die auf raffinierte Weise verdeckt verläuft. Während in der ersten Strophe auf der Oberfläche die Metapher "chaste nunnery of her breast" scheinbar positiv gesetzt wird, findet sich im sprachlichen Modus des Irrealis die indirekte Einführung des Liebesmotivs: "who . . . should call them *Cupid's* nests". Die scheinbar abgewehrte Metapher "cupid's nests" konkurriert mit der anderen scheinbar anerkannten "chaste nunnery" und zwar so, daß sich im galanten Spiel des indirekten — ironischen — Sprechens die Botschaft des Textes in ihr Gegenteil verkehrt: Kritik an der Keuschheit und Aufforderung zur Liebe. Dies setzt sich in der Blumenmetaphorik der zweiten Strophe fort: Die Frage, wo die Rosen ihren süßesten Duft entfalten, wird zwar formal offen gehalten — indirekt jedoch wird der Duft der ‚im offenen Feld' blühenden Schlüsselblumen ("cowslips") dem der im geschlossenen Garten blühenden Rosen vorgezogen — ein kaum verhüllter Hinweis im Sinne einer ‚niederen Minne'.[84]

---

[84]   Jürgen C. Thöming verweist auf die Kontinuität des Bildfeldes Rose: Liebe seit der Antike und den Zusammenhang mit der Hohe Lied-Exegese und bringt Beispiele für die Bildbeziehung Rosen:Busen:Liebe bei Ronsard und Tasso:
Embrasser à souhait vostre yvoire et vos roses?
(Nach Wunsch umfangen Euer Elfenbein und Eure Rosen.)
(Ronsard)

La verginella ignude/scopria sue fresche rose.
(Das Mädchen zeigte nackt seine frischen Rosen.)
(Tasso, *Aminta*)
(„Bildlichkeit", in: *Grundzüge der Literatur- und Sprachwissenschaft*, ed. Heinz Ludwig Arnold und Volker Sinemus, Vol. 1 (München: dtv, 1973), 187—199; vgl. bes. 196f.)

Beispiel:

> You are a tulip seen to-day,
> But, dearest, of so short a stay
> That where you grew scarce man can say.
>
> You are a lovely July-flower,
> Yet one rude wind or ruffling shower
> Will force you hence, and in an hour.
>
> You are a sparkling rose i' th' bud,
> Yet lost ere that chaste flesh and blood
> Can show where you or grew or stood.
>
> [...]
>
> You are the queen all flowers among;
> But die you must, fair maid, ere long,
> As he, the maker of this song.
>   (Herrick, "A Meditation for his Mistress")

In sechs Strophen, von denen hier nur die ersten drei zitiert werden, setzt der Sprecher des Gedichts die Geliebte mit einem schönen, aber vergänglichen Gegenstand gleich, "tulip", "July-flower", "rose", "vine", "balm", "violet", vier Blumen, dazu Weinrebe und Balsam(baum). Das metaphorische Blumenregister — jeweils in der stereotypen Adversativkonstruktion Schönheit — "but"/"yet" — Vergänglichkeit — wird in der letzten Strophe in der übersteigernden Metapher "queen all flowers among" zusammengefaßt, worauf das Vergänglichkeitsmotiv in unbildlicher Rede und eingeleitet mit der erwarteten Adversativpartikel folgt. In der letzten Zeile, vergleichbar der Schlußzeile in Habingtons Gedicht, bringt sich der Sprecher dieser Meditation selber ein, indem er sich gleichfalls unter die Vergänglichkeit stellt. Wenn also in dieser Meditation über die Vergänglichkeit das *carpe diem*-Motiv mitgehört wird, dann nur indirekt über die Einbeziehung des Mannes als Sprecherfigur des Gedichts. Möglich wird dies, weil in der dichterischen Tradition die entsprechende Verbindung der Motiv- und Bildreihen so fest etabliert ist, daß sie bereits durch Anspielung aufgerufen werden kann.

Beispiel:

> Gather ye rosebuds while ye may,
> Old Time is still a-flying:
> And this same flower that smiles to-day
> To-morrow will be dying.
>
> [...]

> Then be not coy, but use your time,
> And while ye may, go marry:
> For having lost but once your prime,
> You may forever tarry.
>   Herrick, "To the Virgins, to make much of Time")

Unser letztes Beispiel verknüpft die Motiv- und Bildreihen wiederum ganz offen. Das Vergänglichkeitsmotiv erscheint sowohl in der Personifizierung der Zeit — "Time's winged chariot" in Andrew Marvells "To His Coy Mistress", das man hier mithören mag — wie auch in dem traditionellen Bild der heute blühenden, morgen verblühten Blume. Das *carpe diem* — "gather ye rosebuds while ye may", in bildlicher Aussage, "be not coy, but use your time" in unbildlich-direkter Formulierung — ist hier entsprechend unverhüllt ausgesprochen.

Die Analyse hat gezeigt, daß die Dichter in diesem Bildfeld Menschenwelt und ‚Blumenwelt' einander wechselseitig zuordnen können. Der Übergang zwischen Bildhälfte und Sachhälfte kann mühelos und in beiden Richtungen erfolgen, eben weil die Beziehung zwischen den beiden Bereichen so eindeutig etabliert ist. Die Beziehung zwischen diesen Bereichen kann je nach Beispiel als Vergleichsstruktur, als metaphorisch, allegorisch, emblematisch gekennzeichnet werden, je nachdem in welchem Maße und in welcher Offenheit der Symbolbezüge die traditionellen Bildfelder dichterisch genutzt werden. Die vorgestellten Beispiele könnten durch viele weitere auch aus anderen Literaturen vermehrt werden; sie mögen genügen, um die Verbreitetheit und stereotype Gefügtheit des Bildfeldes zu demonstrieren. Es ist nicht verwunderlich, daß gerade dieses Bildfeld stark abgenutzt wird. Robert Burns'

> O my Luve's like a red, red rose
> That's newly sprung in June:
> O my Luve's like the melodie
> That's sweetly play'd in tune!

zitiert das Bildfeld knapp an, um andere Bilder darauf zu häufen. Noch einmal scheint die traditionelle Zuordnung "love":"rose" möglich, weil sie, durch die Intimität der Dialektsprache geschützt, in volksliedhaft-sangbarem Ton auftritt.

William Blake wendet das Bildfeld gegen die Tradition, wenn er in "The Sick Rose" das Rosenbild als Indikator einer pervertierten Liebesbeziehung einsetzt:

O rose, thou art sick:
The invisible worm
That flies in the night,
In the howling storm,
Has found out thy bed
Of crimson joy;
And his dark secret love
Does thy life destroy.

Nur angedeutet sei das Fortleben des Rosenbildes in der spätromantischen und symbolistischen Dichtung bei Symons, Yeats, Rilke, in denen sich verschiedene Traditionsstränge, die marianische *rosa mystica* und die okkulte Tradition, mischen.[85]

---

[85] Vgl. Lothar Hönnighausen, *Präraphaeliten und Fin de Siècle* (München: Fink, 1971), 359—363.

7. Problemfeld VII: Lyrik und Gesellschaft

7.0. Problemstellung und Lernziele

Die Gesellschaftlichkeit der Literatur wird heute allenthalben emphatisch verkündet — als Reaktion auf die sogenannte werkimmanente Literaturbetrachtung der Nachkriegsjahre; Gesellschaftlichkeit gilt natürlich ebenso für Lyrik. Indessen besagt eine solche allgemeine Feststellung noch nicht viel, solange nicht in konkreten Fallstudien gezeigt wird, wie konkret sich Gesellschaftliches in Literatur niederschlägt. Daß ein simples Widerspiegelungsmodell z.B. (vulgär-)marxistischer Prägung den Sachverhalt nicht hinreichend zu decken vermag, hat sich ebenfalls herumgesprochen, wie denn auch ganz unterschiedliche Modelle für das Verhältnis von Literatur und Gesellschaft entwickelt worden sind und noch werden. In diesem Kapitel kann diese weitverzweigte Diskussion insgesamt nicht aufgenommen werden, sie bleibt einem eigenen Band über Literatursoziologie vorbehalten. Stattdessen wird spezieller den Spielarten des Lyrikbegriffs nachgegangen, so wie er sich in der literaturwissenschaftlichen Diskussion herausgebildet hat. Der Verengung des Lyrikbegriffs bei Emil Staiger (und anderen) werden die Untersuchung der Gesellschaftlichkeit eben dieser scheinbar gesellschaftsabgewandten Lyrik in Adornos einflußreicher „Rede über Lyrik und Gesellschaft" und Norbert Mecklenburgs programmatischem Versuch einer gesellschaftsbezogenen Analyse von Naturlyrik gegenübergestellt. Alsdann soll an fünf Beispielen die Spannweite des Lyrikbegriffs jeweils zugleich im gesellschaftlichen Bezug konkret diskutiert werden. Der Leser soll demnach in diesem Kapitel
— den verengten Lyrikbegriff des „bürgerlichen Zeitalters" in seinen gesellschaftlichen Voraussetzungen und seinen Auswirkungen für die Literaturwissenschaft erkennen,
— damit zugleich auch an ausgewählten Stellungnahmen Kritik an dieser Position kennenlernen,
— weiterhin Überlegungen zur Spannweite des Lyrikbegriffs anstellen und die Tragweite von Begriffen wie „Gelegenheitsgedicht" und „Gebrauchslyrik" reflektieren,
— anhand der diskutierten Beispiele sich jeweils den gesellschaftlichen Bezug sowie den methodischen Zugriff des Literaturwissenschaftlers klarmachen und dabei insgesamt
— die Akzentverlagerung literaturwissenschaftlicher Ansätze von werkimmanenter Interpretation zu literatursoziologischen Fragestellungen auch hinsichtlich von Lyrik reflektieren.

7.1. Emil Staigers Bestimmung des Lyrischen

In seiner Rede über Lyrik und Gesellschaft (1957) formuliert Theodor W. Adorno einleitend den Vorbehalt, den er bei seinen Hörern gegen eine soziologische Betrachtung von Lyrik voraussetzt:

TEXT 1

>Bei der Ankündigung eines Vortrags über Lyrik und Gesellschaft wird viele von Ihnen Unbehagen ergreifen. Sie werden eine soziologische Betrachtung erwarten, wie sie nach Belieben an jeden Gegenstand sich heften kann. [. . .] Das Peinliche eines solchen Verfahrens wird Ihnen an der Lyrik besonders fühlbar. Das Zarteste, Zerbrechlichste soll angetastet, mit eben dem Getriebe zusammengebracht werden, von dem unberührt sich zu halten im Ideal zumindest des traditionellen Sinnes von Lyrik liegt. Eine Sphäre des Ausdrucks, die ihr Wesen geradezu daran hat, die Macht der Vergesellschaftung sei's nicht anzuerkennen, sei's, wie bei Baudelaire oder Nietzsche, durchs Pathos der Distanz zu überwinden, soll arrogant durch die Art ihrer Betrachtung zum Gegenteil dessen gemacht werden, als was sie sich selber weiß. Kann, so werden Sie fragen, von Lyrik und Gesellschaft ein anderer reden als ein amusischer Mensch?[1]

Die Wurzeln dieses Vorurteils liegen in der Verabsolutierung der romantischen Naturlyrik als Lyrik schlechthin, die das bürgerliche Zeitalter unter — vereinseitigender — Aufnahme Goethes und der Romantiker vorgenommen hat und die beispielsweise in Emil Staigers einflußreicher Studie *Grundbegriffe der Poetik* zudem noch mit *dem* Lyrischen als anthropologischer Konstante gleichgesetzt worden ist. Für Staiger entsteht ,,jedes echt lyrische Stück'' gewissermaßen wie von selber, unkalkuliert und unkalkulierbar, ohne Begründung:

TEXT 2

>An irgendeiner Stelle im Lauf eines gleichgültigen Tages verwandelt das Dasein sich in Musik. Das ist die ,,Gelegenheit'', die Goethe veranlaßt hat, jedes echte lyrische Stück ein Gelegenheitsgedicht zu nennen.[2] Wie sich nach Staiger auf der Seite des Autors das lyrische Ge-

---

[1]   Theodor W. Adorno, ,,Rede über Lyrik und Gesellschaft'', *Noten zur Literatur,* I (Frankfurt: Suhrkamp, 1958, rpt.), 73f.

[2]   Emil Staiger, *Grundbegriffe der Poetik* (Zürich: Atlantis, [1946] 3 1956), 46.

dicht selber — im Unterschied zu seiner Entstehungssituation („Gelegen-
heit") — jedem Begründungszusammenhang biographischer, psychologi-
scher, soziologischer, historischer oder biologischer Art entzieht, wie der
Autor nicht für ein Publikum dichtet, sondern für sich, so verweigert sich
für Staiger das lyrische Gedicht auch auf der Leserseite der programmier-
ten Rezeption, erschließt sich als Glücksfall nur dem eingestimmten, gleich-
gestimmten einsamen Leser.

TEXT 3

> Ob aber ein Leser mitschwingt, ob er die Wahrheit einer Stimmung
> bestreitet, das kümmert den Lyriker selber nicht. Denn er ist ein-
> sam, weiß von keinem Publikum und dichtet für sich. [. . .] Man kann
> lyrische Gedichte vortragen, aber nur so, wie man ein theatersicheres
> Drama auch lesen kann. Sie kommen im Vortrag nicht zu ihrem
> Recht. Ein Rezitator, der vor vollem Saal ausgesprochen lyrische
> Dichtung vorträgt, macht fast immer einen peinlichen Eindruck.
> Schon eher möglich ist der Vortrag im kleinen Kreis, vor Menschen,
> auf deren Herz wir uns verlassen dürfen. Ganz aber blüht ein lyrisches
> Stück nur in der Stille einsamen Lebens auf. Und auch dieses Auf-
> blühen ist ein Glück, das dem Leser nicht alle Tage beschert wird.[3]

Der Lyrikbegriff Staigers ist verengt auf das romantische Erlebnisgedicht.
Staiger bezieht seine Beispiele vor allem aus Goethes Werk,[4] dann aber auch
von Eichendorff, Brentano, der Droste, Mörike, und die wenigen Texte aus
früherer und späterer Zeit fügen sich für ihn in das am romantischen Erlebnisgedicht entwickelte Konzept ein. Das weite Feld anderer lyrischer
Formen, das beispielsweise die Literaturwissenschaft Frankreichs oder Eng-
lands nie aus dem Blick verloren hatte, ist hier zugunsten einer auf *das* Lyrische als einer „fundamentalen Möglichkeit des menschlichen Daseins überhaupt"[5] gerichteten Scheidung von Gedicht einerseits, von „lyrischer Poesie, im engeren Sinne des Sprachgebrauchs" andererseits, ausgeblendet. Die
germanistische Lyrikdiskussion hat die ganze Spannweite des Lyrikbegriffs,

---

[3] *Ebd.,* 47.

[4] Man lese Staigers Interpretation von Goethes „Mailied", um zu sehen, wie Staiger
die an Goethe gewonnenen Einsichten zu Kriterien für *das* Lyrische überhaupt
macht. Zentrale Kategorie ist hier die der Innigkeit: „Lyrische Poesie, im engeren
Sinne des Sprachgebrauchs, ist innig. Das Innige verkündet sich in der ‚wiegenden
Empfindung', der Liebe, die das Herz des Menschen und das Herz der Allnatur ver-
eint. Der Dichter und die Schöpfung kommen sich auf halbem Wege entgegen. So
auch der Dichter und die Sprache". (Emil Staiger, *Goethe,* I [Zürich: Atlantis,
[2]1957], 80.)

[5] *Grundbegriffe,* 209.

z.B. durch Einbeziehung von sogenannten „Zweckformen" und „Gelegenheitsgedichten" erst wiederherstellen müssen. Dennoch dauern in der wissenschaftlichen — und mehr noch in der schulischen — Beschäftigung mit Lyrik solche Vorurteile an. Umfragen unter Studenten haben ergeben, daß Lyrik überwiegend nicht — wie etwa Dramen oder Romane — als eine Art Literatur neben anderen betrachtet wird, sondern daß Lyrik vielmehr „etwas Besonderes ist", daß sie „als die höchste Form von Dichtung" gilt, der man sich nur erlebend, einfühlend nähern kann, die folglich durch wissenschaftliche Analyse zerstört wird. Entsprechend dieser Umfrage sind unter Studenten der Literaturwissenschaft drei typische Haltungen zur wissenschaftlichen Analyse von lyrischen Texten vertreten gewesen:

1. Die erste Gruppe vermeidet die Teilnahme an Lyrikseminaren, weil sie dort zu emotionalen Responsen auf lyrische Texte gezwungen zu werden befürchtet, denen sie skeptisch gegenübersteht.

2. Eine andere Gruppe sucht gerade diesen „Genuß" von Dichtung und wäre entsprechend enttäuscht, wenn die Arbeit an lyrischen Texten nach denselben Kriterien von Wissenschaftlichkeit, also in rationaler Klarheit verläuft wie an jedem anderen literarischen Text auch. Eine Variante dieser Position besteht darin, das Lyrikseminar deswegen zu vermeiden, weil man von vornherein unterstellt, daß die dort geübte „wissenschaftliche Arbeit" einem den persönlichen Genuß an Lyrik verdirbt.

Beide Gruppen vertreten in Ablehnung wie Zustimmung ebendasselbe Vorurteil. Erst eine zahlenmäßig an dritter Stelle stehende Gruppe schließlich ist bereit, Lyrik als eine Art von Literatur neben anderen anzuerkennen und sie mit dem ihr gemäßen literaturwissenschaftlichen Instrumentarium zu analysieren.

Das hier skizzierte Vorurteil ist selber Produkt der Wissenschaft, wie man am Artikel *Lyrik* in Gero von Wilperts weitverbreitetem *Sachwörterbuch der Literatur* ablesen kann:

TEXT 4

    LYRIK (griech. *lyra* = Leier), die subjektivste der drei Naturformen (→Gattungen) der Dichtung; unmittelbare Gestaltung innerseelischer Vorgänge im Dichter, die durch gemüthafte Weltbegegnung (→Erlebnis) entstehen, in der Sprachwerdung aus dem Einzelfall ins Allgemeingültige, Symbolische erhoben werden und sich dem Aufnehmenden durch einfühlendes Mitschwingen erschließen. Die Unmittelbarkeit des Gefühlausdrucks läßt die L. als Urform der Dichtung erscheinen [...][6]

---

[6]   Gero von Wilpert, *Sachwörterbuch der Literatur* (Stuttgart: Kröner, [5]1969), 457.

Handbuchartikel konservieren einen Stand der wissenschaftlichen Diskussion noch weit über seinen tatsächlichen Geltungszeitraum hinaus. Heute ist die historische Relativität dieser Position unbestritten. Neuere Arbeiten wenden einen gesellschaftsbezogenen Deutungsansatz programmatisch auch gerade auf Naturlyrik an, also den Bereich des Lyrischen, von dem die skizzierte Verabsolutierung des Lyrikbegriffs ihren Ausgang genommen hat.[7]

7.2. „Rede über Lyrik und Gesellschaft": Theodor W. Adorno

Theodor W. Adorno unternimmt in dieser vielbeachteten Rede resolut das Selbstverständliche, er untersucht die Gesellschaftlichkeit von Lyrik, die sich noch und gerade in der scheinbaren Gesellschaftsabgewandtheit manifestiert. Für Adorno gewinnt das Gedicht seinen Anteil am gesellschaftlich Allgemeinen gerade durch Individuation:

TEXT 5

> Denn der Gehalt eines Gedichts ist nicht bloß der Ausdruck individueller Regungen und Erfahrungen. Sondern diese werden überhaupt erst dann künstlerisch, wenn sie, gerade vermöge der Spezifikation ihres ästhetischen Geformtseins, Anteil am Allgemeinen gewinnen. Nicht, daß was das lyrische Gedicht ausdrückt, unmittelbar das sein müßte, was alle erleben. Seine Allgemeinheit ist keine *volonté de tous,* keine der bloßen Kommunikation dessen, was die anderen nur eben nicht kommunizieren können. Sondern die Versenkung ins Individuierte erhebt das lyrische Gedicht dadurch zum Allgemeinen, daß es Unentstelltes, Unerfaßtes, noch nicht Subsumiertes in die Erscheinung setzt und so geistig etwas vorwegnimmt von einem Zustand, in dem kein schlecht Allgemeines, nämlich zutiefst Partikulares mehr das andere, Menschliche fesselte. Von rückhaltloser Individuation erhofft sich das lyrische Gebilde das Allgemeine. Ihr eigentümliches Risiko aber hat Lyrik daran, daß ihr Individuationsprinzip nie die Erzeugung von Verpflichtendem, Authentischem garantiert. Sie hat keine Macht darüber, ob sie nicht in der Zufälligkeit der bloßen abgespaltenen Existenz verharrt.
> Jene Allgemeinheit des lyrischen Gehalts jedoch ist wesentlich gesellschaftlich.[8]

---

[7] Norbert Mecklenburg, ed., *Naturlyrik und Gesellschaft* (Stuttgart: Klett-Cotta, 1977); vgl. unten 7.3.

[8] Theodor W. Adorno, „Rede über Lyrik und Gesellschaft", *Noten zur Literatur,* I, 74f.

Adorno knüpft bei dem vorgefundenen Vorurteil über Lyrik an — „Lyrik als ein der Gesellschaft Entgegengesetztes, durchaus Individuelles"[9] — und verzichtet darauf, das Gesellschaftliche an Lyrik durch (Wieder-)Ausweitung des Lyrikbegriffs und damit Verlagerung der Argumentation, beispielsweise durch Orientierung an Pindar, Alkaios, Walther von der Vogelweide,[10] zu demonstrieren. Vielmehr zeigt er, daß die Absonderung der Lyrik von Gesellschaft selber gesellschaftlich ist:

TEXT 6

> . . . ja noch die Einsamkeit des lyrischen Wortes selber ist von der individualistischen und schließlich atomistischen Gesellschaft vorgezeichnet [. . .]
>
> Diese Forderung an die Lyrik jedoch, die des jungfräulichen Wortes, ist in sich selbst gesellschaftlich. Sie impliziert den Protest gegen einen gesellschaftlichen Zustand, den jeder Einzelne als sich feindlich, fremd, kalt, bedrückend erfährt, und negativ prägt der Zustand dem Gebilde sich ein: je schwerer er lastet, desto unnachgiebiger widersteht ihm das Gebilde, indem es keinem Heteronomen sich beugt und sich gänzlich nach dem je eigenen Gesetz konstituiert. Sein Abstand vom bloßen Dasein wird zum Maß von dessen Falschem und Schlechtem. Im Protest dagegen spricht das Gedicht den Traum einer Welt aus, in der es anders wäre. Die Idiosynkrasie des lyrischen Geistes gegen die Übergewalt der Dinge ist eine Reaktionsform auf die Verdinglichung der Welt, der Herrschaft von Waren über Menschen, die seit Beginn der Neuzeit sich ausgebreitet, seit der industriellen Revolution zur herrschenden Gewalt des Lebens sich entfaltet hat.[11]

Adorno wendet sich gegen ein bloß oberflächliches Herausdestillieren des Gesellschaftlichen aus der Lyrik:

TEXT 7

> . . . die gesellschaftliche Deutung von Lyrik, wie übrigens von allen Kunstwerken, darf danach nicht unvermittelt auf den sogenannten gesellschaftlichen Standort oder die gesellschaftliche Interessenlage der Werke oder gar ihrer Autoren zielen. Vielmehr hat sie auszumachen, wie das *Ganze* einer Gesellschaft, als einer in sich widerspruchsvollen Einheit, im Kunstwerk erscheint; worin das Kunstwerk ihr zu Willen bleibt, worin es über sie hinausgeht.[12]

---

[9] *Ebd.*, 77.
[10] *Ebd.*, 79.
[11] *Ebd.*, 75, 78.
[12] *Ebd.*, 76.

Denn das Kunstwerk „wird umso vollkommener sein, je weniger das Gebilde das Verhältnis von Ich und Gesellschaft thematisch macht, je unwillkürlicher es vielmehr im Gebilde von sich aus sich kristallisiert".[13]

Der Dialektik von Individuum und Gesellschaft entspricht im lyrischen Gebilde für Adorno die Dialektik von Subjektivität und Objektivität, vermittelt durch die Sprache:

TEXT 8

Die spezifische Paradoxie des lyrischen Gebildes, die in Objektivität umschlagende Subjektivität, ist gebunden an jenen Vorrang der Sprachgestalt in der Lyrik, von dem der Primat der Sprache in der Dichtung überhaupt, bis zur Form von Prosa, herstammt. Denn die Sprache ist selber ein Doppeltes. Sie bildet durch ihre Konfigurationen den subjektiven Regungen gänzlich sich ein; ja wenig fehlt, und man könnte denken, sie zeitigte sie überhaupt erst. Aber sie bleibt doch wiederum das Medium der Begriffe, das, was die unabdingbare Beziehung auf Allgemeines und die Gesellschaft herstellt. Die höchsten lyrischen Gebilde sind darum die, in denen das Subjekt, ohne Rest von bloßem Stoff, in der Sprache tönt, bis die Sprache selber laut wird. Die Selbstvergessenheit des Subjekts, das der Sprache als einem Objektiven sich anheimgibt, und die Unmittelbarkeit und Unwillkürlichkeit seines Ausdrucks sind dasselbe: so vermittelt die Sprache Lyrik und Gesellschaft im Innersten.[14]

All dies bezieht sich, wie Adorno ausführt, auf die traditionelle Lyrik des bürgerlichen Zeitalters, die in der Individualität des Ausdrucks „die strengste ästhetische Negation der Bürgerlichkeit" selber darstellt.[15] Indessen erkennt Adorno, daß in der Moderne eine andere Lyrik zutage tritt — für die die Namen Garcia Lorcas und Brechts stehen —, die die Individualisierung der traditionellen Lyrik überwindet.

7.3. „Naturlyrik und Gesellschaft": Norbert Mecklenburg

Der von Norbert Mecklenburg herausgegebene Band von Gedichtanalysen liegt insofern auf der von Adorno begonnenen Linie, als das Gesellschaftliche in und an der Lyrik gerade wieder an der Naturlyrik aufgewiesen wird und damit die skizzierte Vereinseitigung des Lyrikbegriffs kritisch angegangen wird:

---

[13] *Ebd.,* 83.
[14] *Ebd.,* 85.
[15] *Ebd.,* 91.

TEXT 9

Die Affinität von Natur und Lyrik in der neueren deutschen Literatur und der Literaturwissenschaft wird durch die Konfrontation von Naturlyrik und Gesellschaft in Frage gestellt. Es wird von der Annahme ausgegangen, daß der geschichtliche Wandel der Naturlyrik in engem Zusammenhang mit der Entwicklung der bürgerlichen Gesellschaft, ihrer Vor- und Nachgeschichte gesehen werden muß. Der Naturbegriff gehört zur Basisideologie dieser Gesellschaft und wirkt von dort aus bis in die verschiedenen Formen und Stufen ,bürgerlicher' Naturlyrik hinein.[16]

Mecklenburg zeigt am Beispiel von Heine und Brecht, wie sich Lyrikkritik gerade an Naturlyrik festmacht, an einer Lyriktradition, die „Lyrik selbst als Natur mystifiziert".[17] Der Autor geht der Frage nach, warum in Deutschland Naturlyrik à la „Über allen Gipfeln ist Ruh" „zum Paradigma von Lyrik überhaupt geworden" ist, und er skizziert den Weg der Ideologisierung der Konzeption von ,Naturpoesie' in der Goethezeit zur bürgerlichen Naturlyrik. Er zeigt, daß die traditionelle Naturlyrik selber weitgehend selektiv ist hinsichtlich der im Naturgedicht eingefangenen Welt, daß zwar Natur und Liebe eine traditionell enge Verbindung eingegangen sind, daß Anthropomorphisierung eine Weise der Selbstspiegelung des Menschen in der Natur ist, daß aber insgesamt „Natur als Erfahrungsraum, als Praxisfeld des [in und mit ihr arbeitenden] Menschen . . . weitgehend verdrängt [bleibt] von Natur als mystischem Zeichensystem, als Geisterreich jenseits der realen Lebenswelt".[18] Diente der Naturbegriff zunächst als Kategorie der Emanzipation des Bürgertums gegenüber der spätfeudalen Gesellschaftsordnung, so tritt später der ideologische Charakter des bürgerlichen Naturbegriffs in der Legitimation eben dieser bürgerlichen Gesellschaft hervor:

TEXT 10

Der bürgerliche Naturbegriff und mit ihm die Idee der Landschaft mußten nach dem Aufstieg der Bourgeoisie zur herrschenden Klasse verstärkt ihre ideologischen Züge hervorkehren. Die Verdinglichung der menschlichen Beziehungen und ihrer Erkenntnis aufgrund der Warenstruktur, die das kapitalistische System prägt, läßt auch dieses selbst verdinglicht, als Natur erscheinen. Der Naturbegriff, zur Kritik am Feudalismus eingesetzt, diente zugleich zur Legitimation der bürgerlichen Gesellschaft, die sich als natürliche ausgab. ,Natur' wurde

---

[16] Norbert Mecklenburg, ed., *Naturlyrik und Gesellschaft*, 5.

[17] *Ebd.*, 9.

[18] *Ebd.*, 15.

fortan überall dort ins Feld geführt, wo es Geschichtlich-Gesellschaftliches zu verschleiern galt. [. . .] Das trifft auch auf die Deutung der Naturbeziehung des Menschen selbst zu, der Unmittelbarkeit und Übergeschichtlichkeit zugesprochen wurde.[19]

Naturlyrik ist ihrerseits doppelt vermittelt, als literarische Gestaltung des je historisch-gesellschaftlichen Verhältnisses des Menschen zur ‚Natur':

TEXT 11

> Ist nun Natur selbst eine historisch-gesellschaftliche Kategorie, so erscheint sie darüber hinaus im Gedicht nicht an sich, sondern in Beziehung auf ein Subjekt. Die menschlichen Naturbeziehungen aber sind wiederum stets gesellschaftlich vermittelt. Gerade die Unmittelbarkeit eines ‚Naturgefühls', wie es in der bürgerlichen Lyrik seit dem 18. Jahrhundert ästhetisch gestaltet wurde, ist als gesellschaftlich bedingte und historisch späte Errungenschaft zu betrachten. Der objektive Rahmen für lyrische Naturdarstellungen wie für die alltäglichen Naturbeziehungen ist also weniger in der Objektivität der Natur und einer phänomenologisch-anthropologischen Konstanz der Weisen, wie sich die Menschen auf sie beziehen, zu suchen, sondern in erster Linie in der Objektivität der Gesellschaft und damit in dem historischen Zusammenhang, in welchem sich der ‚Stoffwechsel zwischen Mensch und Natur' (Marx) vollzieht und verändert. Die gesellschaftlich vermittelte Bearbeitung der Natur ist die Basis der lyrischen.[20]

Das Konstrukt einer „bürgerlichen Naturlyrik" und ihrer Entwicklung dient Mecklenburg als Frageansatz:

TEXT 12

> Faßt man die entsprechenden historischen Stufen der Lyrik als ‚bürgerliche Naturlyrik' zusammen, so könnte man von dieser wiederum eine ‚vor-' und eine ‚nachbürgerliche' Naturlyrik abheben. Es ginge dabei nicht um vage soziologisierende Epocheneinteilung, sondern um Gewinnung einer Leitfrage für kritische Interpretationen: ob und in welcher Weise Naturlyrik aus einem funktionalen Bezug zur bürgerlichen Gesellschaft zu verstehen und zu erklären sei.[21]

---

[19] *Ebd.*, 18.

[20] *Ebd.*, 20.

[21] *Ebd.*, 21.

7.4. Erweiterung des Lyrikbegriffs: „Sitz im Leben"

Adornos wie Mecklenburgs Erörterungen des gesellschaftlichen Charakters von Lyrik geschahen anhand des gewissermaßen sperrigsten Gegenstands, der Naturlyrik, sie suggerieren damit eine generelle Änderung der Fragerichtung der Literaturwissenschaft, die Wiedergewinnung der gesellschaftlichen Dimension von Lyrik überhaupt. Dies kann auf unterschiedliche Weisen geschehen:

— Einbindung der Werke in den historischen Zusammenhang ihrer Genese
— Wiedereinbeziehung der sogenannten lyrischen ‚Zweckformen' in das Ensemble der lyrischen Formen und Untergattungen[22]
— Neufassung des Konzepts der literarischen Gattungen als „literarischsoziale Konsensbildungen"[23]
— Erklärung auch des Formwandels als eines sozial vermittelten Normwandels
— Historisierung der Rezeption durch Konzentration auf den konkreten, je individuellen Rezeptionsakt als Konstitution des Werkes durch den Leser aus dem Text.[24]

Die gesellschaftliche Dimension von Lyrik ist in vielen Fällen mit Händen zu greifen, zumal wenn der Lyrikdiskussion nicht der eingeschränkte Lyrikbegriff zugrunde gelegt wird, der seine Berechtigung eben nur für eine bestimmte Phase der deutschen Literatur hatte. Einige Fallstudien, die beliebig zu vermehren wären, mögen dies belegen und gleichzeitig die Spannweite dessen anzeigen, was als Lyrik verstanden werden kann.

Im englischen Sprachgebrauch umfaßt „poem" das weite Spektrum der Versdichtung, "the lyric" bezeichnet dagegen das meist kurze, sanghafte „lyrische" Gebilde:

> Poem: "The commonest use of 'poem' is 'any composition in verse', verse referring to a set of technical conventions for regulating the composition by line-length [. . .] and poem claiming to be a genre-

---

[22] Vgl. Friedrich Sengle, *Vorschläge zur Reform der literarischen Formenlehre,* Sammlung Metzler (Stuttgart: Metzler, ²1969), 12—26.

[23] Vgl. Wilhelm Voßkamp, „Gattungen und Epochen in der Literaturgeschichte", *Funkkolleg Literatur,* 21. Kollegstunde; Gerhard R. Kaiser, „Zur Dynamik literarischer Gattungen", *Die Gattungen in der vergleichenden Literaturwissenschaft,* ed. H. Rüdiger (Berlin: de Gruyter, 1974).

[24] Vgl. Werner Faulstich, *Domänen der Rezeptionsanalyse* (Kronberg: Athenäum, 1977); Norbert Groeben, *Rezeptionsforschung als empirische Literaturwissenschaft* (Kronberg: Athenäum, 1977).

term subsuming any production which utilizes that convention.
[. . .] However, poetry is also commonly *contrasted* with verse, both
in a quantitative way, as using more tropes, more linguistic reverber-
ations, and in a qualitative way, as using them better. [. . .]

lyric: "That the lyric was originally a song set to the lyre, and later
to other musical instruments, is worth remembering now only because
the post-Renaissance lyric, or lyrical passage, though not often intended to be sung, nevertheless tends to be relatively mellifluous in
sound and rhythm and to have a flowingly repetitious syntax that
lends itself to expansive, often exclamatory, expressions of intense
personal joy, sorrow or contemplative insight. [. . .] The lyric poem,
usually short, was often constructed on a single mood. [. . .]"[25]

7.4.1. Erstes Beispiel: Alkaios und Pindar

Adorno erwähnt Alkaios und Pindar als Beispiele für Lyrik, die „unserer
primären Vorstellung von Lyrik ungemein fern" sind.[26] Gerade in der Lyrik
des Alkaios liegt nun aber der politisch-soziale Bezug auf der Hand. Die
Fragmente des um 620 vor Christus geborenen Lyrikers geben Bericht von
Ereignissen der politischen Geschichte Mytilenes, von dem Kampf der
Adelsfamilien Mytilenes um die Herrschaft, vom Bündnis und der Verschwö-
rung gegen Myrsilos, die von Pittakos verraten wird, vom Eidbruch des
Pittakos, von der Verbannung und dem Exil des Alkaios in Pyrrha usw. Die
Kampflieder (Stasiotika) des Alkaios haben ihren „Sitz im Leben" innerhalb
der Männerbünde (Hetairien), deren Glieder sich durch Eid auf Leben und
Tod verschworen haben; sie geißeln deshalb den Eidbruch des Pittakos:

TEXT 13

> Bei Alkaios aber erweist sich [. . .] die neue Bedeutung der Hetairie.
> Snell hat dargestellt, wie sich in der archaischen Lyrik ein spezifisches
> Gemeinschaftsgefühl herausbildet. In einer politischen Gruppe wie der
> des Alkaios binden sich die Glieder im Bewußtsein einer geistigen
> Gemeinschaft aufs engste aneinander [. . .], und jede Unterbrechung,
> sei es in der Einsamkeit der Verbannung [. . .] sei es durch Verrat
> eines Freundes (wie bei Pittakos), trifft jeden einzelnen umso tiefer,
> je enger der Bund geknüpft ist.[27]

[25] *A Dictionary of Modern Critical Terms,* ed. Roger Fowler (London: Routledge, 1973), 147, 108.

[26] Theodor W. Adorno, „Rede über Lyrik und Gesellschaft", 79f.

[27] Wilfried Barner, *Neuere Alkaios-Papyri aus Oxyrhynchos,* Spoudasmata (Hildes-heim: Olms, 1966), 91.

Die politischen Lieder des Alkaios kommentieren das Tagesgeschehen, sind politische Invektive, rufen zur Aktion auf:

TEXT 14

> Die politischen Gedichte des Alkaios sind, wie die archaische Lyrik weitgehend, an den Tag gebunden, sie leben aus einer bestimmten Situation und suchen in ihr vor allem das Handeln der Freunde zu lenken. Für die Nachwelt mußte vieles unverständlich werden und als bloß 'ephemer' erscheinen. Schon den Athenern der aristophanischen Zeit dürfte es so gegangen sein. [...][28]

Lebendig bleiben Gedichte „allgemeineren Inhalts'' — Zeichen einer Wandlung des Lyrikverständnisses bereits in der Antike.[29]

Die *Epinikien (Olympien, Pythien, Nemeen, Isthmien)* Pindars — ca. 518 bis ca. 438 v. Chr. — feiern die Sieger bei den Wettspielen, sie sind Gelegenheitsdichtung, Auftragsarbeiten, und nach einem bestimmten Gebrauchsschema aufgebaut, innerhalb dessen einzelne feste Programmpunkte abgehandelt werden. Zum Bestand des Epinikions gehören
— die Nennung der Personalien des Siegers, Ort und Art des Agons
— der Mythos als Heroengeschichte im Zusammenhang entweder mit Art und Ort des Sieges oder mit Heimatort und Geschlecht des Siegers oder als Beispielgeschichte (Exempla, Paradeigmata) mit Beziehung auf den Sieger oder seine Familie
— nach dem Mythos die Rückkehr zum Sieger (zweites Siegerlob, Vaterlob, Nennung früherer Sieger aus der Familie, Nennung des Trainers usw.)
— die Gnomik.

Im Pindarischen Epinikion verbinden sich objektive (historische), subjektive (an die Person des Dichters gebundene) und formale (gattungstypische) Momente:

TEXT 15

> Als Gelegenheitsgedicht hat das Epinikion teil an einem konkreten historischen Ereignis, dem an einem bestimmten Feste errungenen Siege Eines Mannes, der wiederum Einer Familie, Einer Gemeinde

---

[28] *Ebd.,* 126.

[29] Weitere Literatur zu Alkaios: *Alkaios,* Griechisch und deutsch herausgegeben von Max Treu, Tusculum Bücherei (München: Heimeran, [2]1963); Denys Page, *Sappho and Alcaeus* (Oxford: Clarendon Press, 1955); neuerdings Wolfgang Rösler (1979).

angehört und durch deren Eigenart und Schicksal bestimmt wird. Als Festrede eines berufenen Sprechers hat es teil an dem persönlichen Wesen dieses Sprechers, und zwar sowohl an dessen unwandelbar geprägtem Kern wie an gewissen von außen mitbedingten Stimmungen, Absichten. Auf der anderen Seite gehört das Epinikion einem bestimmten Genos an, das die äußere formale Einheit und zwar nicht nur Sprache und Stil (im landläufigen Sinne), sondern auch gewisse Vorstellungen und ein gewisses äußeres Gebaren des Dichters bestimmt.[30]

Wolfgang Schadewaldt zeigt auch, wie Pindar das vorgegebene Schema variiert, gelegentlich das Siegerlied sogar ganz „umfunktioniert". Der junge Dichter ordnet sich überwiegend dem Programmschema unter: „Siegerlob, Vaterlob, Preis der Stadt, des Agon, der Götter und Heroen entsprechen den realen Ansprüchen der Gesellschaft, für die Pindar dichtet. Das Programm, wie wir kurz sagten, ist eigentlich der Träger dieser realen Ansprüche der Sippe, der Gemeinde, der Götter, und repräsentiert somit die historische Wirklichkeit, für die und durch die Pindars Dichtertum wirkt."[31] Mit der Änderung des Wirkungskreises des älteren Dichters findet dann aber eine „Literarisierung des Programms" statt:

TEXT 16

Diese Literarisierung der Epinikienform erfolgte mit innerer Notwendigkeit in dem Augenblick, da der Dichter sich Zielen zuwandte, die außerhalb des mutterländischen Adels liegen, in dessen Kreis er jahrelang befangen war. Die Lieder auf Hieron und seinen Anhang, Theron, Arkesilas bedeuten die entscheidende Wendung in der Kunst Pindars. Hier beginnt die panhellenische Wirksamkeit des Dichters, die für ihn, wie sich von selbst versteht, eine politische ist. Ohne der Wertordnung der Adelskultur, der er entstammte, zu entsagen oder sie im Sinne seines panhellenischen Dichtertums auszugestalten, suchte der Sophos Pindar, den Blick auf das Wahre und Schöne gerichtet, eine Welt zu meistern, der seine Wahrheit und Schönheit nur als Festschmuck und Ergötzen galt. [. . .] Die ideelle Welt des Dichters tritt mehr und mehr in ein Mißverhältnis zur Wirklichkeit. [. . .] Es ist gewiß nicht

---

[30] Wolfgang Schadewaldt, *Der Aufbau des Pindarischen Epinikion* (Tübingen: Niemeyer, [2]1966), 3.

[31] *Ebd.,* 65.

Zufall, daß aus der höchsten Spannung zwischen Pindars innerer Welt und der Welt, an die er sich wandte, die bedeutendsten Werke Pindars stammen.[32]

Diese knappe Skizze sollte nicht mehr demonstrieren, als daß am Anfang der abendländischen Lyriktradition, bei später vielfältig rezipierten und nachgeahmten Dichtern, politische Lyrik und Gelegenheitsdichtung stand, Dichtung mit klarem gesellschaftlichem Bezug.

7.4.2. Zweites Beispiel: Das Gelegenheitsgedicht in der englischen und deutschen Literatur

Für die deutsche Lyrik vor der Goethezeit hat Wulf Segebrecht die Gelegenheitsdichtung (vor allem des 17. und 18. Jahrhunderts) nach gattungstypologischen und literatursoziologischen Gesichtspunkten untersucht. Segebrecht zeigt die mit Gottsched einsetzende Geringschätzung des in der Barockzeit massenhaft vertretenen *Casualcarmen,* schließlich Goethes Umwertung des Begriffs des Gelegenheitsgedichts,[33] die über das Prinzip „Erlebnis und Dichtung" zu der oben skizzierten folgenreichen Einengung des Lyrikbegriffs geführt hat.[34]

Am Beispiel von Edmund Spensers "Prothalamion" ist Eckhard Auberlen der Abwandlung der Tradition des Epithalamions nachgegangen.[35] Das Epithalamion — Hochzeitsgedicht — steht in einer langen Tradition seit der Antike, die feste Gattungskonventionen herausgebildet hat.[36] Auberlen

---

[32] *Ebd.,* 79. Pindars Oden sind in mehreren Übersetzungen zugänglich, z.B. Pindar, *Die Dichtungen und Fragmente,* verdeutscht und erläutert von Ludwig Wolde (Leipzig: Dietrich, 1942, rpt. Wiesbaden, 1958); *Siegeslieder,* ed. U. Hölscher (Frankfurt: Insel 1962). Weitere Literatur: U. v. Wilamowitz-Moellendorf, *Pindaros* (Berlin, 1922); H. Fränkel, *Dichtung und Philosophie des frühen Griechentums* (München: Beck, [2]1962); C.M. Bowra, *Pindar*(Oxford: O.U.P., 1964).

[33] Vgl. Goethe zu Eckermann, 18. Sept. 1823.

[34] Wulf Segebrecht, *Das Gelegenheitsgedicht* (Stuttgart: Metzler, 1977); vgl. auch ders., „Steh, Leser, still! Prolegomena zu einer situationsbezogenen Poetik der Lyrik ... ", *DVjs,* 52 (1978), 430—468.

[35] Eckhard Auberlen, „Die Selbstreflexion des patronage-abhängigen Dichters im aristokratischen Festgedicht: Edmund Spensers ‚Prothalamion', " *DVjs,* 52 (1978), 209—225.

[36] Vgl. Thomas M. Greene, "Spenser and the Epithalamic Convention", *CL,* 9 (1957), 215—228; Virginia Tufte, *The Poetry of Marriage,* University of Southern California Studies in Comparative Literature, 2 (1970).

untersucht, wie Spenser im "Prothalamion" diese Konventionen des Epithalamions aufbricht. Aus dem Widerspruch zwischen der traditionellen fiktiven Sprecherrolle — der Sprecher des Gedichts als gleichrangiges Mitglied der Festgesellschaft — und der tatsächlichen ungesicherten, patronageabhängigen Stellung des Dichters in der elisabethanischen Zeit wandelt Spenser die Epithalamiontradition ab und paßt sie dem neuen sozialen Kontext an. Hatte er schon in seinem "Epithalamion" als Bräutigam selber die Braut gepriesen — "so I unto myself alone will sing" —, so mischt sich nun in das "Prothalamion" die persönliche Klage um die vergeblich bei Hofe antichambrierend verbrachten Jahre, ein nach Sprechhaltung wie Thema die Epithalamientradition sprengendes Element:

> When I whom sullein care
> Through discontent of my long fruitlesse stay
> In Princes Court, and expectation vayne
> Of idle hopes, which still do fly away
> Like empty shaddowes, did afflict my brayne,
> Walkt forth to ease my payne
> Along the shoare of siluer *Themmes . . .* (5ff.)

Der Sprecher dieses Hochzeitgedichts steht abseits in monologischer Distanz:

TEXT 17

> Der Sänger befindet sich abseits des Festes. Spenser wandelt den Refrain und die konventionelle Sprechsituation in der Weise ab, daß sie seinem eigenen Erleben und der gesellschaftlichen Wirklichkeit des patronage-abhängigen, zum Antichambrieren verurteilten Dichters entsprechen. Die Distanziertheit des lyrischen Sprechers zu den im Gedicht besungenen Adelsfamilien ist durchaus nicht nur als Kompliment und Selbstbescheidung des Dichters gegenüber Personen von höherem Rang zu sehen, sondern sie ist Bestandteil der Reflexion des Dichters über seinen Standort in der Gesellschaft. Spenser macht die Epithalamienform also dadurch zum Ort dichterischer Selbstreflexion, daß er die gesellschaftlichen Implikationen der konventionellen Sprechsituation überdenkt und die von seiner Stellung als patronage-abhängiger Dichter ausgelösten zwiespältigen Emotionen mit zur Darstellung bringt.[37]

---

[37] Auberlen, 218.

Im "Prothalamion" findet eine Verschmelzung von Gattungstraditionen — Epithalamion und *complaint* — statt, die die Funktionsänderung von traditionellen Formen der Dichtung bewirkt:

> Indem [Spenser] den Selbstreflexionen des Dichters im Festgedicht Raum gewährt, weicht er grundlegend von der sich an der äußeren rhetorischen Angemessenheit orientierenden aristokratischen Gebrauchslyrik ab: Die Verlobung der Töchter des Earl of Worcester ist nicht mehr allein Anlaß zu einem Lobpreis der eine Verbindung eingehenden Adelsfamilien, sondern auch Anlaß für Spenser, den eigenen, stark von der gesellschaftlichen Stellung bedingten Emotionen beim Verfassen eines Festgedichts weiter nachzugehen und — das ist das Entscheidende — ihnen im Gedicht selbst Ausdruck zu verleihen. Die Krise der Patronage erweist sich als eine Grunderfahrung in Spensers Leben. Spenser befürwortet die ethischen und ästhetischen Ideale des Adels und verleiht dem aristokratischen Traum vom schöneren Leben vollendete Gestalt, er leidet aber daran, daß die dichterische Leistung nicht wie später im 18. Jahrhundert als Qualifikation zum gleichberechtigten Verkehr mit dem Adel anerkannt wurde. Von Spensers Trauer her, der Sänger abseits des Festes zu sein, wird auch die außergewöhnliche Verschmelzung zweier so konträrer *genera* wie Epithalamion und *complaint* verständlich. "Prothalamion" ist kein schmeichlerisches Gelegenheitsgedicht, sondern poetisches Zeugnis der beginnenden Emanzipation des Versdichters von der Aristokratie.[38]

Auberlen zeigt eine Gattungskonvention des Gelegenheitsgedichts in der Krise. Sucht man nach Zeugnissen für Gelegenheitsgedichte, mit dem Ziel, sich der Spannweite des Begriffs zu versichern, so wird man vor allem in der englischen Dichtung vor der Romantik fündig. Gelegenheitsgedichte sind z.B. Miltons Sonette — hier ein Beispiel:

Beispiel:

On the late Massacher in Piemont
Avenge O Lord thy slaughter'd Saints, whose bones
Lie scatter'd on the Alpine mountains cold,
Ev'n them who kept thy truth so pure of old
When all our Fathers worship't Stocks and Stones,
Forget not: in thy book record their groanes
Who were thy Sheep and in their antient Fold

---

[38] *Ebd.,* 224f.

Slayn by the bloody *Piemontese* that roll'd
Mother with Infant down the Rocks. Their moans
The Vales redoubl'd to the Hills, and they
To Heav'n. Their martyr'd blood and ashes sow
O're all th'*Italian* fields where still doth sway
The triple Tyrant: that from these may grow
A hunderd-fold, who having learnt thy way
Early may fly the *Babylonian* wo.[39]

Gelegenheitsgedichte sind z.B. Drydens Oden, die als sogenannte "Pindaric Odes" an die auf Pindar zurückgeführte Odentradition, wie man sie verstand — und mißverstand, anknüpfen. Als Gelegenheitsgedichte lassen sich dann aber auch — um einen großen zeitlichen Sprung zu machen — Tennysons *In Memoriam,* W.H. Audens "In Memory of W.B. Yeats" oder Dylan Thomas' Gedicht "A Refusal to Mourn, the Death by Fire, of a Child in London" verstehen, auch wenn solche Gedichte ihren unmittelbaren Anlaß weit hinter sich lassen. Solche Beispiele machen jedoch auch deutlich, wie der Begriff des Gelegenheitsgedichts seinerseits in die Gefahr kommt, so erweitert und überstrapaziert zu werden, daß er seine Trennschärfe verliert.

7.4.3. Drittes Beispiel: Wandel literarischer Formkonventionen und literarisch-geschichtliche Situation

Volker Deubel hat in seiner Studie *Tradierte Bauformen und lyrische Struktur*[40] den Versuch unternommen, die Veränderung literarischer Formkonventionen der elisabethanischen Zeit bei John Donne aus der Veränderung der literarischen Produktionsbedingungen zu begründen. Der Autor analysiert das vorgefundene Arsenal poetischer Formen der elisabethanischen Zeit und zwar einerseits hinsichtlich der metrischen Bauformen (z.B. Sonettgliederung: blockhafter und „fließender" Aufbau), andererseits hinsichtlich der Schemata der Gedankenführung (Formen der Rahmung, Reihung, der Korrespondenz; bestimmte Gedichtschemata wie Beweis, *excuse,* Antithese, usw.; Gedichteröffnung, Zeitrahmen usw.). Das vorgefundene Formenarsenal läßt sich auf das Nebeneinanderherbestehen zweier Stilideale in der elisabethanischen Zeit, des *ordo naturalis* und des *ordo artificialis,* zurückführen, deren Wirksamkeit als Prinzipien expliziter oder immanenter

---

[39] *The Poems of John Milton,* ed. H. Darbishire (London: O.U.P., 1958, rpt.), 436f.

[40] Volker Deubel, *Tradierte Bauformen und lyrische Struktur* (Stuttgart: Kohlhammer, 1971).

Poetik nachgewiesen werden. Diese Bestandsaufnahme dient als Grundlage der Analyse der besonderen poetischen Verfahrensweisen John Donnes. So kann Deubel beispielsweise zeigen, daß Donne die Konventionen sowohl des *blockhaften* als auch des *fließenden* Gedichtaufbaus verwendet, daß aber Donnes Texte, selbst da wo sie blockhaften Aufbau verwirklichen, gedanklich dichter sind, sich syntaktische Mehrgliedrigkeit auf engem Raum verwirklicht, insgesamt ein lebendigerer Sprechton, „Unmittelbarkeit" vorherrscht. Donne verwendet das blockhafte Bauprinzip wie auch das Prinzip des fließenden, die metrischen Grenzen bewußt überspielenden Aufbaus;[41] er setzt die Spannung zwischen Gedankengehalt und Bauform effektvoll ein und übersteigert die Möglichkeiten der konventionellen Bauprinzipien. Auffällig ist bei Donne auch die Kombination verschiedener Bauprinzipien des gedanklichen Aufbaus, die Deubel in der Analyse von "Loves Infinitenesse" herausarbeitet:

TEXT 18

> Die Eigentümlichkeit der Donneschen Gedichtstrukturen liegt jedoch gerade in einer Mehrdimensionalität des Aufbaus. Aus der elisabethanischen Formentradition werden Bauprinzipien übernommen, [. . .] und als übergreifendes Gerüst des poetischen Vorgangs genutzt. In diese übergreifenden Bewegungsrahmen schiebt sich jedoch ein dichtes Geflecht logischer Figuren oder szenischer Momente, die meist in gewisser Spannung zu dem Gesamtvorgang stehen — einer Spannung, deren Reflex etwa die hier häufig beobachtete Deformation der logischen Figuren ist. Diese strukturelle Mehrdimensionalität und die damit verbundene Deformation der tradierten Formen ist nun auch das Neue, das Donne von vielen elisabethanischen Zeitgenossen unterscheidet. Sieht man dort logische Figuren, zeitliche Vorgangsrahmen, Reflexionsposen relativ rein in Gedichten entwickelt, wobei sie jeweils strukturbestimmende Funktion erhalten, so fallen bei Donne gerade Deformationen der tradierten Formen ins Auge, Eine Auswirkung der Interferenz der verschiedenen Formtraditionen, die er in seinen Gedichten kombiniert. [42]

Die von Deubel analytisch herausgearbeiteten Verwendungsweisen des überlieferten Formenapparats bei Donne, nämlich:
— artistische Überspitzung oder Deformation der konventionellen Bauformen und gedanklichen Schemata,

---

[41] Vgl. oben S. 70ff.

[42] *Ebd.*, 138f.

- Übertragung besonderer thematischer Funktionen auf vorgegebene formale Techniken,
- Kombinatorik vorgegebener poetischer Mittel, Vereinigung von Elementen, die den polaren Stiltendenzen des *ordo naturalis* und des *ordo artificialis* zugehörig sind, mit dem Ergebnis einer „strukturellen Mehrdimensionalität",[43]

werden deutend auf die historische literarische Situation bezogen. Ein Schema innerliterarischer Innovation, das Bewußtsein konkurrierender Stilideale und ihrer freien Verfügbarkeit, Innovation durch Deformation oder Kombinatorik, bildet eine erste Erklärungsstufe. An strukturellen Veränderungen werden, so Deubels These, jedoch weiter thematische Veränderungen, solche der „Wertkonstellation", sichtbar:

TEXT 19

In der typisch petrarkistischen Lyrik steht der Sprecher einer vorgegebenen Idealwelt [. . .] gegenüber. Er strebt unablässig nach Aufnahme in diese Wertwelt. Seine Schwierigkeit besteht darin, sie zu erreichen. Idealität erscheint also als vorgegebene *Zielvorstellung,* der sich das Ich annähern soll. — Eine ganz andere Wertkonstellation begegnet in den repräsentativen Gedichten Donnes. Hier beruht die ideale Wertwelt auf der eigenen Situation des Sprechers, sie wird als eine zweite Welt in die Zukunft verlängert. Das Problem besteht darin, sie gegen die empirische (vorgegebene) Welt abzusichern. Idealität erscheint als durchzusetzender *Zustand* des Ichs.[44]

Schließlich wird auf behutsame Weise versucht, strukturelle Entsprechungen zwischen solchen binnenliterarischen Strukturen und der gesellschaftlichen Situation aufzufinden. Hier werden die Veränderungen traditioneller Baumuster mit der Veränderung der Situation des Dichters und seines nunmehr ganz anderen Publikums in Parallele gesetzt:

TEXT 20

[Donne] ist nicht mehr, wie viele Zeitgenossen und Vorgänger, Dichter des Hofes, sondern schreibt für eine andere soziale Schicht, die Inns of Court. Mit den Begriffen ‚Hofdichter' und ‚Dichter der Inns of Court' sind nun auch die verschiedenen Bezugssysteme von Dichter, Dichtung und Gesellschaft gegeben, die sich auf Grund auffallender Ähnlichkeit den vorher unterschiedenen Wertkonstellationen der Lyrik zuordnen lassen.

---

[43] *Ebd.,* 151ff.
[44] *Ebd.,* 156.

Der Verflechtung des Hofdichters mit einer ihm übergeordneten gesellschaftlichen Welt, seiner generell affirmativen Haltung zur vorgegebenen gesellschaftlichen Struktur entspricht die Wertkonstellation typisch petrarkistischer Lyrik, in der Anerkennung einer äußeren vorgegebenen Idealität [. . .] Dagegen steht die Negation der dominierenden Hofgesellschaft, die generell gesellschaftskritische Haltung und die Entwicklung neuer gesellschaftlich-ästhetischer Erwartungen in den Inns of Court in Korrespondenz mit der Wertkonstellation der Donneschen Lyrik, deren wesentliche Elemente: Negation einer vorgegebenen äußeren Idealität, Festigung der im Ich gefundenen inneren Idealität [. . .] sind.[45]

Die Abkoppelung Donnescher Lyrik vom dominanten literarischen Erwartungshorizont, ihr Bezug zu der kritischen Haltung der Intellektuellen an den Inns of Court ist Korrelat des freien Spiels mit der Tradition:

TEXT 21

Donne wendet sich ja weitgehend von der Hofschicht ab, seine Leserschaft rekrutiert sich aus den Inns of Court, aus Schichten also, deren Erwartungen von Literatur zunächst einmal darin bestehen, die gängigen Erwartungen aufzuheben. [. . .] Interessant ist nun die mit diesen Verbindungen verbundene Änderung der literarischen Produktionssituation: Sie besteht darin, daß neue Lyrik zu schaffen ist innerhalb einer literarischen Tradition, der der außerliterarische Appellwert, den sie früher besaß, entzogen wurde. Dieser Verlust der außerliterarischen Entsprechungen macht die literarische Tradition jedoch frei für das innerliterarische Spiel: Es ist damit Bedingung der Möglichkeit reiner Artistik, Potenzierung der tradierten Formen um der Virtuosität willen.[46]

7.4.4. Viertes Beispiel: Die englisch-schottischen Volksballaden *(oral poetry)*

Die englisch-schottischen Volksballaden sind, so wie sie von den Balladensammlern des 18. und 19. Jahrhunderts gesammelt und von Francis James Child wissenschaftlich ediert worden sind, in der Regel in einer Vielzahl von

---

[45] *Ebd.,* 157.

[46] *Ebd.,* 159.

Fassungen überliefert.[47] Sieht man einmal davon ab, daß die Balladensammler selber Veränderungen am Text vorgenommen haben, teils um die fragmentarischen Texte zu ergänzen, teils um sie dem literarischen Zeitgeschmack anzupassen, so ergibt sich die Vielzahl der Fassungen direkt aus dem Prozeß der mündlichen Überlieferung der Balladen *(oral transmission)*. Die Balladenforschung hat denn auch erst lernen müssen, daß es nicht sinnvoll ist, die Überlieferungsvielfalt auf eine einzige Urfassung oder Idealfassung zu reduzieren, sondern daß die Pluralität der Fassungen für *oral literature* geradezu als konstitutiv angesehen werden muß. Balladen haben zwar häufig einen historischen Kern — man denke beispielsweise an die *border ballads* aus dem englisch-schottischen Grenzgebiet, die die jahrhundertelangen Fehden zwischen Engländern und Schotten zum Thema haben —, der Autor und die Entstehungssituation der einzelnen Ballade liegen jedoch generell im Dunkeln. Im Prozeß der mündlichen Tradierung werden Balladentexte — und mehr noch die Balladenmusik — durch die jeweilige Trägergruppe aneignend verändert. Wenn dieser Prozeß unter dem — inzwischen verworfenen — Gesichtspunkt einer Ur-, Hoch- oder Idealform negativ als „Zersingen'' gekennzeichnet wurde, so hat er unter literatursoziologischem Aspekt eindeutig einen positiven Akzent erhalten, nämlich den der aktiven Aneignung im Prozeß kollektiver Aktualisierung. Die Abgrenzung von — in fester Gestalt schriftlich tradierter — Literatur und der Volksdichtung (Folklore) gelingt nach Bogatyrev und Jakobson nicht anhand der Genese eines Werkes, sondern allein anhand der Tradierungs- und Realisierungsgeschichte. Ein Werk der Folklore verwirklicht sich nur als sozialer Akt, es wird mitgeteilt, dabei mit anderen geteilt und dadurch je neu realisiert. Die jeweilige Aktualisierung ist eine Stufe in der Überlieferungsfolge, die Variabilität der Gestalt deshalb geradezu Garantiemerkmal für die Zugehörigkeit zur Volksdichtung. Die „aneignende Variation'' gilt jeweils für eine bestimmte Gruppe, sie wird bestimmt von der „Präventivzensur der Gemeinschaft'':

TEXT 22

... in der Folklore erhalten sich nur diejenigen Formen, die sich für die gegebene Gemeinschaft funktionell bewähren. Dabei kann die eine Funktion der Form selbstverständlich durch eine andere abgelöst werden. Sobald aber eine Form funktionslos wird, stirbt sie in der Folklore ab, während sie in einem Literaturwerk ihre potentielle Existenz bewahrt. [. . .] Aus dem oben Gesagten geht deutlich her-

---

[47] Vgl. einführend: Hans-Werner Ludwig, *Die englisch-schottische Volksballade,* Studieneinheit Deutsches Institut für Fernstudien (Tübingen: DIFF, 1976) (Erprobungsfassung) und die dort genannte Literatur.

vor, daß die Existenz eines Folklorewerkes eine es aufnehmende und sanktionierende Gruppe zur Voraussetzung haben muß. Bei der Untersuchung der Folklore muß man stets als Grundbegriff — die *Präventivzensur der Gemeinschaft* im Auge behalten.[48]

Es ist deutlich, daß es hier nicht bloß um inhaltliche Gesichtspunkte geht — etwa leicht bestimmbare pro-schottische oder pro-englische Parteinahme in verschiedenen *border ballads* —, sondern daß der *gesamte* Prozeß der Balladentransmission, also Inhaltliches *und* Formales, die jeweilige Durchgestaltung eines thematisch-motivlichen Vorwurfs, angesprochen ist.

Wie mit der Umgestaltung früherer geschlossener, agrarisch strukturierter Gemeinschaften zu offenen modernen Gesellschaften die alte Balladentradition abbricht und durch neue Formen ersetzt wird, läßt sich modellhaft an David Buchans Arbeit *The Ballad and the Folk* studieren. David Buchan hat zunächst für die Balladentradition des britischen Nordostens (Aberdeenshire) die Einbindung in die frühere agrarische Gesellschaftsstruktur und die Geschichte der Region dargestellt. Er zeigt aber auch, wie mit der Folge von "agrarian revolution", "industrial revolution" und schließlich "social revolution" zwischen 1750 und 1830 die Sozialstruktur des Nordostens eine tiefgreifende Wandlung erfährt, zugleich durch die Entwicklung des Verkehrssystems der Nordosten aus seiner räumlichen Isolation befreit wird:

TEXT 23

> The old picture of the Northeast as a separate well-defined region with the bulk of the population living in self-contained independent fermtouns no longer holds good. The agrarian and industrial revolutions had broken up the old communities and opened up the region. They had effectively destroyed the old integrated society with the communal conditions in which the old culture thrived. In this new society communal co-operation was replaced by social tension and modern competitive individualism.[49]

---

[48] P.G. Bogatyrev, R. Jakobson, „Die Folklore als eine besondere Form des Schaffens", *Donum Natalicum Schrijnen* (Nijmegen-Utrecht, 1929); rpt. in H. Blumensath, ed. *Strukturalismus in der Literaturwissenschaft* (Köln: Kiepenheuer, 1972), 13—24, vgl. 15.

[49] David Buchan, *The Ballad and the Folk* (London: Routledge, 1972), 189.

Die relativ weitere Verbreitung des Schulwesens verändert die Kultur der Region: "During the transitional period rural society moved from a state of general nonliteracy to a state of general literacy" [50] — mit dem Ergebnis tiefgreifender Veränderungen der früheren auf mündlicher Tradition beruhenden Kultur:

TEXT 24

> As was inevitable, the attainment of widespread literacy altered substantially the old oral culture. First, it changed the modes of thought, and consequently slackened people's adherence to traditional belief and custom. Second, it reduced the importance of the oral community's arts and entertainments — proverbs, riddling sessions, taletelling; the once significant functions fulfilled by these in a nonliterate society were largely usurped by the sophisticated alternatives of literate society. Third, when the verbal artefacts of these arts and entertainments — such as ballads — were carried over to the new culture, literacy ensured that they differed in kind. For literacy both removed the *raison d'être* of oral composition and exposed people to new literary modes and criteria, new kinds of language, and a new kind of composition. [51]

In den industrialisierten Regionen bricht die Balladentradition ab; an ihre Stelle tritt, funktionsgeschichtlich gesehen, der neue "folk song" der Industriearbeiter:

TEXT 25

> For the factory workers, song was the leaven in the bread of life. The act of singing was a communal activity which rendered their work bearable by making it a communal activity too, while the songs afforded opportunities for self-expression otherwise denied by the grim environment. [. . .] But the songs and poems sung and composed were not traditional; they were modern literary and subliterary productions. Just as their social conditions changed, so did the taste and the songs of the displaced rural workers who formed the new industrial proletariat. [52]

---

[50] *Ebd.,* 190.

[51] *Ebd.,* 199.

[52] *Ebd.,* 200f. Vgl. auch A.L. Lloyd, *Folk Song in England* (London: Lawrence & Wishart, 1967; rpt. Frogmore, St. Albans: Granada, 1975); J.S. Bratton, *The Victorian Popular Ballad* (London: MacMillan, 1975).

In den ländlichen Gebieten bildet sich mit den Bothy Ballads eine neue Balladentradition heraus, die nunmehr "local life" zum Gegenstand hat:

TEXT 26

> The oral ballad was distanced from everyday life, and was set in a glamourized and unknown outside world, but by the nineteenth century the outside world was no longer unknown, for it impinged upon almost every aspect of their daily life. Now, the new ballad dealt with that everyday life. Instead of escaping from the hard realities of every day life by singing about another life, the ballad singer relieved his feelings by commenting directly and sardonically on the life he led, day in, day out.[53]

Die Entwicklung der Bothy Ballads im britischen Nordosten hat auffällige Parallelen genetischer und struktureller Art in der Entwicklung der neuen sogenannten „Berufsballaden" der *cowboys, lumberjacks, miners, sailors* in USA und England.

7.4.5. Fünftes Beispiel: Popsongs als „Gebrauchslyrik"

Die bisherigen Beispiele haben sich insgesamt auf Lyrik bezogen, deren Behandlung innerhalb der Literaturwissenschaft unumstritten ist — auch wenn manche damit verbundenen Probleme, wie etwa die Einheit von Text und Musik in der Balladentradition, innerhalb der Literaturwissenschaft selber kaum adäquat behandelt werden. Die Einbeziehung von Popsongs als Massenlyrik unserer Tage, die ebenso wie die Balladen durch die Einheit von Text und Musik gekennzeichnet sind, in die literaturwissenschaftliche Diskussion geschieht zur zögernd. Friedrich Hassenstein schlägt für diesen Bereich den Begriff „Gebrauchslyrik" vor:

TEXT 27

> Was ist „Gebrauchslyrik"? Allzu gebräuchlich ist die Bezeichnung nicht. Sie erinnert zunächst an einen Begriff wie „Konsumliteratur", der nach W. Nutz „triviale" Erzählliteratur von anspruchsvoller abheben soll, ohne sie von vornherein als minderwertig abzustempeln. So wäre denn in Analogie zum Trivialroman z.B. der Schlagertext „Gebrauchslyrik", denn wie dieser ist er Massenware, liefert „kollektive Wachträume", „trügerische Identifikationsangebote" und „Leer-

---

[53] Buchan, 268.

muster einer vergangenen Epoche, ohne deren Voraussetzungen und Legitimation". Sein Gebrauchswert steht im Wechselbezug zu seiner Marktgerechtigkeit. Als Anpassungs- und Bestätigungsmechanismus befriedigt er kollektive Bedürfnisse und weckt sie stets aufs neue, er wirkt „systemstabilisierend". Dieses — verkürzt referierte — Urteil der Schlagerkritik reiht ihren Gegenstand in das Feld der literarischen Produktionen ein, die, ihrer massenhaften Verbreitung zum Trotz, auf öffentliche Anerkennung als „Kunst" oder gar „Bildungsgut" verzichten müssen.[54]

Der hier vorgeschlagene Begriff der Gebrauchslyrik zeigt, wie sich im zitierten Textausschnitt selber niederschlägt, bereits das Dilemma an, das ein ähnliches ist wie bei der Unterscheidung von Trivialliteratur und kanonisierter, sogenannter „hoher" Literatur. Der Begriff funktioniert nur als Kontrastbegriff zu etablierter Lyrik und verweist damit wiederum auf die kanonische Geschlossenheit des literarischen Bereiches, der gemeinhin Lyrik genannt wird. „Gebrauchslyrik" in einem ursprünglichen Wortsinn ist der gesamte Bereich des Gelegenheitsgedichts, wie es zu Anfang dieses Kapitelteils an Beispielen skizziert worden ist, — und „gebraucht" nicht auch derjenige Lyrik, der sich — in Staigerscher Manier — romantische Erlebnislyrik im einsamen Stübchen vorsagt? Der Begriff, so unglücklich er ist, bezeichnet demnach ein Defizit der traditionellen Literaturwissenschaft: die Enge des Kanons lyrischer Werke, aus dem nicht nur Schlager, sondern auch solche volkstümlichen Reimereien ausgeblendet bleiben, wie sie z.B. Rühmkorf gesammelt hat.[55] Wo die Literaturwissenschaft sich mit Popsongs befaßt hat, da hat sie — wie beispielsweise im Falle von Bob Dylan — mit Befriedigung die literarische Bildung des Autors, seine Kenntnis der Weltliteratur — von Blake bis Ginsberg, von Rimbaud bis Brecht — registriert oder — wie im Falle der Beatles — doch hier und da die überraschende literarische Qualität ihrer Texte zur Kenntnis genommen — sie hat also, insgesamt, versucht, diesen Bereich unter ihren üblichen ästhetischen Standards zu assimilieren. Die Analyse dieser Art Literatur unter ihren eigenen Voraussetzungen hat dagegen insgesamt nur sehr allmählich eingesetzt.[56] Werner Faulstich faßt in seiner dem Bereich *Rock — Pop — Beat — Folk* gewidmeten Einführung das Zurückbleiben der Literaturwissenschaft hinter der Medienwissenschaft hinsichtlich der Einbeziehung des Popsongs provokativ so:

---

[54] Friedrich Hassenstein, „Gebrauchslyrik im Unterricht", *Sprache im technischen Zeitalter,* H. 44 (1972), 322—326.

[55] P. Rühmkorf, *Über das Volksvermögen* (Reinbek: Rowohlt, 1967).

[56] Ein Beispiel ist das Funkkolleg Literatur, das in seiner 3. Sendung Chanson und Schlager in kommunikativer Funktion analysierte: Johannes Janota, Karl Riha: „‚Sprechen' und ‚Hören', ‚Lesen' und ‚Schreiben' als Formen der literarischen Kommunikation", *Funkkolleg Literatur I,* ed. Helmut Brackert und Eberhard Lämmert (Frankfurt: Fischer, 1977), 90—112.

TEXT 28

Was der deutschen Literaturwissenschaft als deutsches ‚Gedicht'
ins Gesichtsfeld geriet, ist der interdisziplinären und internationalen
Medienwissenschaft heute u.a. der in Amerika produzierte, supranational
vermarktete und (auch) in der Bundesrepublik rezipierte
Popsong mit ganz spezifischen medialen Eigenheiten und gesellschaftlichen
Funktionen. Wenn z.B. an einem Durchschnittswerktag vom
Fernsehen 73% aller Bundesbürger über 14 Jahren erreicht werden,
von Büchern dagegen nur noch 12% bzw. wenn ein Bundesbürger im
Durchschnitt 112 Minuten allein aufs Fernsehen verwendet und nur
noch 11 Minuten auf Bücher, so drückt sich darin eine gesellschaftliche
Relevanz der technischen Medien aus, der eine auf eben diese
Gesellschaft ausgerichtete Wissenschaft unabdingbar Rechnung tragen
muß.[57]

Damit ist entschieden der literatur- und mediensoziologische vor dem innerliterarisch-ästhetischen Zugriff zu dieser Art Massenlyrik gefordert, auch
wenn, wie Götz Großklaus ausgeführt hat, auch der Popsong „(wie überhaupt
alle sogenannte Trivialkunst oder -unkunst) immer an die etablierten
ästhetischen Kommunikationssysteme angeschlossen bleibt — daß z.B. die
normalen ästhetischen Vertextungsregeln für den lyrisch-sprachlichen wie
für den melodramatisch-musikalischen Teil der Trivialbotschaft gelten".[58]
Faulstichs quantitatives Argument, die überlegene Reichweite des über die
elektronischen Medien verbreiteten Popsongs gegenüber der gedruckten
Lyrik, so unbestritten es an sich ist, begründet allein nicht hinreichend die
Forderung an die Wissenschaft, sich diesem Bereich zuzuwenden. Gewichtiger
ist das historisch-soziologische Argument, daß sich in Popsongs das
Selbst- und Weltverständnis einer bestimmten Generation niedergeschlagen
hat, daß die Popmusik „im Kontext einer seinerzeit radikal neuen und global
gesellschaftlich sich auswirkenden Gegenkultur-Bewegung" ihre Bedeutung
hat.[59] Faulstich demonstriert dies beispielsweise an Leonard Cohens
zum Klassiker gewordenen Song *Suzanne:*

---

[57] Werner Faulstich, *Rock — Pop — Beat — Folk: Grundlagen der Textmusik-Analyse,*
Literaturwissenschaft im Grundstudium, 7 (Tübingen: Narr, 1978), 11.

[58] Götz Großklaus, „Das Lied als Ware: Untersuchungen zur Produktion und Rezeption
sogenannter Triviallyrik am Beispiel des Schlagers", *Literatur für viele,*
ed. A. Kaes, B. Zimmermann, Beiheft zu *LiLi* (Göttingen: Vandenhoeck, 1975),
vol. 1, 47.

[59] Faulstich, *Rock — Pop — Beat — Folk,* 177.

TEXT 29

Suzanne ist Teil einer Dichtung und Musik, die gegen Ende der 60er Jahre in Amerika und Europa den Rückzug aufbegehrender Studenten und Jugendlicher aus der Gesellschaft begleitete. Damals verkörperte Cohen — ein Blick auf seinen Lebenslauf bestätigt das — das Unkonventionelle, das Leiden an dieser Gesellschaft, den Protest der *silent generation,* zugleich das Hin- und Hergerissenwerden zwischen Starruhm und Inseleinsamkeit, die Traurigkeit, die Resignation. [. . .] Für Cohen (und für seine Zuhörer) ist das *Suchen* charakteristisch, nicht das Finden [. . .][60]

Ein weiteres Beispiel: In einer sozialgeschichtlichen Untersuchung zu jüngeren Schlagertexten von Wilfried Berghahn, die Janota/Riha im Funkkolleg Literatur referieren, wird die politische Dimension der sich scheinbar so unpolitisch gebenden Schlager, beispielsweise des Schlagers „Heimweh" (Freddy Quinn, 1956), herausgearbeitet. Dieser Schlager ist „ein Katalog von Frustrationen, die einem Einsamen in einer zumindest gleichgültigen, wenn nicht feindseligen Welt widerfahren". Der Schlager entwirft zwar ein Gegenbild zur konstatierten Welt der Entfremdung, aber dieses Gegenbild wird in der Vergangenheit angesiedelt, als unerreichbar und verloren gekennzeichnet. Die soziologische Argumentation Berghahns stellt einen Zusammenhang her zwischen der Aussage des Schlagers, die als Ausdruck von Entfremdung gedeutet wird, und der historischen Situation:

TEXT 30

1956/57 war der Wiederaufbau der Bundesrepublik in ein Stadium eingetreten, in dem alle wichtigen äußeren Positionen endlich erreicht waren. [. . .] Und dann kam der Moment, in dem man zum erstenmal von der Arbeit aufsah, sich umblickte in der Welt, die man aufgebaut hatte, und entschlossen war, sich an ihr zu freuen. Da entdeckte man, daß äußerlich alles zum besten stand; man durfte sicher sein, überall in dieser Gegend sein Geld verdienen zu können. Aber war das alles?[61]

---

[60] *Ebd.,* 177f.

[61] Wilfried Berghahn, „In der Fremde", *Trivialliteratur,* ed. Gerhard Schmidt-Henkel *et al.* (Berlin, 1964), 258f.; vgl. Janota/Riha, Funkkolleg Literatur, 3. Sendung, Studienbegleittext, 32—35.

7.5. Lyrik und Gesellschaft — Zwischenbilanz

1. Daß Lyrik gesellschaftlich sei — so wie Literatur überhaupt —, ist in der Allgemeinheit dieser Formulierung ein Gemeinplatz. Ein solcher Satz kostet nichts, bringt jedoch auch keine Erkenntnis. Die Gesellschaftlichkeit von Literatur und damit auch von Lyrik läßt sich nur an konkreten Fällen erhellen.

2. Für die Analyse des Gesellschaftsbezugs von Lyrik genügt es nicht, das Gesellschaftliche aus den Texten als bloß Inhaltliches zu abstrahieren — etwa als politische Einstellung usw. Das Gesellschaftliche an der Lyrik verwirklicht sich vielmehr an der und durch die jeweilige ästhetische Geformtheit der Texte. „Gesellschaftlich entscheidet an den Kunstwerken, was an Inhalt aus ihren Formstrukturen spricht." (Adorno)[62] Ein Rückfall in eine Trennung von Inhalt und Form am einzelnen Werk ist also auch hier unzulässig.

3. An Beispielen, die vielfach vermehrt werden können, ließ sich zeigen, daß auch der Wandel literarischer (Form-)Konventionen gesellschaftlich vermittelt ist. Eine Sozialgeschichte der Literatur muß deshalb eine Sozialgeschichte der literarischen Formen und Konventionen mit einschließen. Hier ist ein Ansatz fruchtbar, der Gattungen als literarisch-soziale Konsensbildungen begreift.

4. Die von der Literaturwissenschaft vorgenommene Verengung des Lyrikbegriffs, orientiert am romantischen Naturgedicht, auf die Kategorie des Erlebnisses und die Verabsolutierung dieses Lyriktyps zu *dem* Lyrischen überhaupt ist ebenso als gesellschaftlicher Vorgang zu sehen wie die in den sechziger Jahren einsetzende Konzentration der Literaturwissenschaft auf literatursoziologische Fragen, durch die diese Verengung des Lyrikbegriffs wieder aufgehoben wird. Für beides lassen sich die wissenschaftstheoretischen Voraussetzungen als gesellschaftlich bedingte darstellen.

5. Die weite Spanne dessen, was als Lyrik gilt, steht bereits am Anfang der abendländischen Dichtungstradition. Abgekürzt gesprochen: Neben Sappho, deren Werk Emil Staiger problemlos in sein Konzept des Lyrischen einbeziehen kann,[63] steht zur selben Zeit und am selben Ort Alkaios.

6. Die Begriffe Gelegenheitslyrik und Gebrauchslyrik markieren in der gegenwärtigen Diskussion um die Spannweite des Lyrikbegriffs grundsätzlich polemische Positionen.

---

[62] Theodor W. Adorno, *Ästhetische Theorie* (Frankfurt: Suhrkamp, 1970), 342.

[63] Vgl. Emil Staiger, *Grundbegriffe der Poetik,* 14, 39, 65ff.

7. Das Hauptargument für die Einbeziehung moderner Textmusik (Pop-songs, etc.) als Formen aktueller Massenlyrik ist nicht so sehr das ästheti-scher Qualität — die Wertfrage ist im übrigen an jede Form von Lyrik zu stellen —, sondern das gesellschaftlicher Relevanz.

8. Methodisch trägt auch die Öffnung des Kommunikationsmodells für Lyrik über die Dominanz der poetischen Textfunktion hinaus zur Ein-beziehung der persuasiven Funktion von Lyrik dem gesellschaftlichen Bezug von Lyrik Rechnung.[64]

9. Der spürbare Schwerpunktwechsel in der wissenschaftlichen Beschäfti-gung mit lyrischen Texten von sogenannter werkimmanenter Interpreta-tion zur Analyse historisch-gesellschaftlicher Fragestellungen macht die Verabsolutierung der ,,Interpretation'' rückgängig und läßt sie wieder den Rang einnehmen, der ihr rechtens zukommt. Davon handelt das nächste Kapitel.

---

[64] Vgl. Kapitel 1.

8. Problemfeld VIII: Interpretation

8.0. Problemstellung und Lernziele

Wer heute über den Sinn von Interpretation nachdenkt, findet sich schnell in einer paradoxen Situation. Einerseits weiß er, daß Interpretation als Auslegung von Texten — z.b. Gesetzestexten oder der Heiligen Schrift — so alt ist wie die Texte, die da ausgelegt werden, und daß diese Aufgabe der Auslegung des jeweils einen Textes in und für jeweils andere Situationen unaufgebbar ist, andererseits sieht er sich, wenn er eine Bestandsaufnahme der Entwicklung, der Ziele und Arbeitsweisen der Literaturwissenschaft in den letzten zwanzig bis dreißig Jahren vornimmt, am Ende einer Interpretationsmanie, für die die schier unzähligen Interpretationsbände höchst unterschiedlicher Provenienz und Qualität, die den Markt überschwemmt haben, ein klares Indiz sind. Er weiß, daß „Interpretation" nach wie vor zu den literaturwissenschaftlichen Kursen der Fremdsprachenphilologie, seltener der Germanistik, gehört und daß die „Analyse und Interpretation literarischer Texte" Pflichtaufgabe in den meisten Staatsexamina ist. Er weiß aber auch, wie sehr gerade sogenanntes „Interpretieren" Schülern und Studenten die Lust an der Literatur genommen hat, und er kennt die wissenschaftstheoretische Gegenposition, die Interpretation als unwissenschaftlich und subjektiv verdammt und folglich aus den Universitäten heraustreiben will. In diesen Wirrwarr auch nur vorläufig Ordnung hineinzubringen, wäre Aufgabe einer eigenen Studie. Was hier im Schlußkapitel eines Arbeitsbuches zur Lyrikanalyse geleistet werden kann, ist ein Plädoyer für einen eingeschränkten und damit wieder sinnvoll gemachten Begriff von Interpretation, verbunden mit der Forderung, Interpretation jeweils im konkreten Fall ebenso genau auf ihre Zielsetzung und methodische Fundierung zu durchleuchten wie dies bei wissenschaftlicher Arbeit sonst unbestritten gilt. Mehr noch als in den vorangegangenen Kapiteln kann deshalb die folgende Skizze nur als Hinführung zu den Problemen, nicht aber als ihre Lösung angesehen werden. Das Arbeitsbuch Lyrikanalyse kann und will eine literarische Hermeneutik als Verstehenslehre literarischer Texte nicht ersetzen.[1]

---

[1]   Vgl. dazu Erwin Leibfried, *Hermeneutik,* Literaturwissenschaft im Grundstudium, 9 (Tübingen: Narr, 1980).

Der Leser soll in diesem Kapitel
— die wissenschaftliche Diskussion um die Werkinterpretation anhand ausgewählter wichtiger Positionen kennenlernen,
— er soll die wissenschaftstheoretischen Voraussetzungen und die kritischen Einwände gegen diese Hauptpositionen kennenlernen und durchdenken,
— er soll schließlich erkennen, daß Interpretation wie prinzipiell jede andere literaturwissenschaftliche Tätigkeit die Festlegung von Erkenntniszielen und die Offenlegung der methodischen Voraussetzungen verlangt und daß entsprechend die Leistungsfähigkeit konkreter Interpretationen jeweils im Horizont solcher Erkenntnisziele und methodischen Vorentscheidungen zu beurteilen ist.

8.1. Interpretation als Textauslegung: Hermeneutik als Lehre von der Textauslegung

Interpretation als Auslegung von Texten gibt es, solange es auszulegende, auslegungsbedürftige Texte gibt. Die Geschichte der Textauslegung ist zunächst und vor allem die Geschichte der Gesetzesinterpretation und ebenso die Geschichte der Exegese biblischer Schriften. Aber auch philologische Textauslegung, beispielsweise die Auslegung der homerischen Epen, findet sich bereits in der Antike. Auslegung, Interpretation legt den einen Gesetzestext, biblischen Text, das Werk eines Schriftstellers in einer und für eine konkrete lebensweltliche Situation aus, überbrückt die historische Differenz zwischen Text und Ausleger. Die jeweiligen konkreten Auslegungsakte bilden zusammen eine Auslegungsgeschichte, die als Tradition in je unterschiedlichem Maße in zukünftige Auslegungen eingeht. Dieser Traditionszusammenhang ist für die Geschichte der Bibelexegese unmittelbar greifbar; ein Verweis auf das britische Rechtssystem mag genügen, um hier die rechtsbildende Funktion der Rechtsauslegung anzudeuten. Textauslegung in dem einen oder anderen methodischen Verstande (z.B. Textkritik, grammatische Exegese, Allegorese, Mytheninterpretation) ist seit der Antike ebenso unbestritten Geschäft der Philologen.[2] *Hermeneutik*, als Lehre von den Methoden der Auslegung im Unterschied zur Auslegung selber, entwickelt sich als Begriff und als Disziplin in dem heute gängigen Sinn erst in der Neuzeit. Schleiermacher bestimmt die Hermeneutik als ,,Kunstlehre des Verstehens''. Im zwanzigsten Jahrhundert erfährt die Hermeneutik eine entscheidende Ausweitung:.

---

[2] Vgl. zum Folgenden vor allem: G. Ebeling, ,,Hermeneutik'', *Die Religion in Geschichte und Gegenwart,* 3. Auflage [*RGG³*], Bd. 3 (Tübingen: Mohr, 1959), 242—262.

TEXT 1

Wegweisend wurde [. . .] Schleiermachers umfassende, hinter die
speziellen Hermeneutiken und die Vielzahl ihrer Regeln zurückgehen-
de Bestimmung der Hermeneutik als „Kunstlehre des Verstehens",
die „von der einfachen Tatsache des Verstehens ausgehend aus der
Natur der Sprache und aus den Grundbedingungen des Verhältnisses
zwischen dem Redenden und dem Vernehmenden ihre Regeln in ge-
schlossenem Zusammenhang entwickelt". Ihm folgend, hat W. Dilthey
Hermeneutik definiert als die „Kunstlehre des Verstehens schriftlich
fixierter Lebensäußerungen" und in ihr die methodologische Grundlegung der Geisteswissenschaften überhaupt gesehen. Ja, der Sprachgebrauch wird erweitert zur Interpretation des Lebens, der Welt,
„des" Menschen überhaupt, so daß die Hermeneutik zum philoso-
phischen Verfahren schlechthin wird. [. . .] Auf dieser Linie hat
M. Heidegger, am radikalsten ansetzend, Hermeneutik bestimmt
als Phänomenologie des Daseins im Sinne einer Analytik der Existen-
zialität der Existenz, worin die Bedingungen der Möglichkeit jeder
ontologischen Untersuchung ausgearbeitet werden. Die Methodolo-
gie der historischen Geisteswissenschaften kann dann nur abgeleite-
terweise Hermeneutik genannt werden. [. . .][3]

Wie noch zu zeigen sein wird, knüpft die Schule der „Werkinterpretation",
Emil Staiger zumal, gerade an dieser Ausweitung der Hermeneutik durch
Heidegger an, wenn er die Interpretation literarischer Texte in den Horizont
der Erhellung der Frage „Was ist der Mensch?" stellt. Gegen die skizzierte
Ausweitung der Hermeneutik zu einer Phänomenologie des Daseins hat es
nicht an Gegenstimmen gefehlt. Auch hier muß eine Position andeutungs-
weise genügen. In seinem „Plädoyer für eine wieder eingeschränkte Her-
meneutik"[4] spricht sich Wilhelm Kamlah dafür aus, die Konfusion zwischen
Hermeneutik als Theorie geisteswissenschaftlichen Verstehens einerseits,
Hermeneutik als Selbstauslegung des Daseins im Sinne Heideggers und seiner
Nachfolger dadurch zu überwinden, daß unter Hermeneutik nunmehr ausschließlich "die Theorie der Auslegung von überlieferten Texten" verstanden werden soll.[5] Kamlah unterscheidet je nach der Verschiedenheit der
Leseabsichten religiöse, juristische, literarische Interpretationen. Hermeneutik hat es jeweils mit der Besinnung auf die Normen zu tun, die bei der Auslegung zu befolgen sind. Kamlah zieht zwei wichtige Folgerungen:

---

[3] *Ibid.,* 224.

[4] Wilhelm Kamlah, „Plädoyer für eine wieder eingeschränkte Hermeneutik", *Pro-
päpädeutik der Literaturwissenschaft*, ed. D. Harth (München: Fink, 1973), 126—135.

[5] *Ibid.,* 129.

1. Die unterschiedlichen Leseabsichten verschiedener Wissenschaften bedingen auch jeweils unterschiedliche Verstehenslehren:

TEXT 2

> Eine allgemeine Hermeneutik als *einheitliche Theorie aller Geisteswissenschaften* [kann] nur unter Vorbehalten ein vernünftiges Ziel philosophischer Anstrengungen sein, weil z.B. die Rechtswissenschaft oder die politische Historie, angesichts ihrer verschiedenen Leseabsichten, je ihrer eigenen Hermeneutik, jeweils einer hermeneutica specialis bedürfen.[6]

2. Wenn Hermeneutik so eingegrenzt wird, so erschöpft sich die Theorie der Geisteswissenschaften nicht mehr in Hermeneutik, weil das Verstehen überlieferter Texte nicht die einzige Aufgabe dieser Wissenschaften ist.

Analog zu einer wieder eingeschränkten Hermeneutik ist eine wieder eingeschränkte Interpretation zu fordern, d.h. die Aufgaben der Textinterpretation sind genau zu umschreiben und zu anderen Aufgaben der Literaturwissenschaft in ein methodisch sauberes Verhältnis zu setzen.

Dieser Punkt soll im Schlußabschnitt dieses Kapitels wieder aufgenommen werden. In den folgenden Abschnitten soll das Programm der Werkinterpretation, wie es sich historisch aus unterschiedlichen Antrieben entwickelt hat, an einigen markanten Vertretern konkretisiert und kritisch durchdacht werden.

8.2.   "Practical Criticism": I.A. Richards, W. Empson und Nachfolger

Seit der Mitte der zwanziger Jahre ist *practical criticism* Bestandteil des Abschlußexamens im Fach Englisch an der Universität Cambridge; *papers,* die die Aufforderung tragen, "Analyse the technique and meaning of the following poem", sind seither von zahllosen Studenten in Cambridge und anderswo geschrieben worden, und die Textinterpretation gehört nach wie vor zu den Klausuraufgaben im Staatsexamen auch an deutschen Universitäten.

Am Anfang der Bemühungen um *practical criticism* stehen die Arbeiten von Ivor Armstrong Richards und William Empson. Die 1929 erschienene Schrift *Practical Criticism* von I.A. Richards basiert — dies sollte man sich zur Zeit der gegenwärtigen Diskussionen um eine empirische Literaturwissenschaft ins Gedächtnis rufen — auf einer empirischen Untersuchung der

---

[6]   *Ibid.,* 131.

Rezeption von Gedichten durch konkrete (intellektuelle) Leser. Das Buch protokolliert die Leserreaktionen auf die vorgelegten Gedichte, analysiert die Schwierigkeiten des Verstehens und macht Vorschläge zur Verbesserung. Die in seiner Untersuchung zutagegetretene eklatante Unfähigkeit vieler seiner Probanden, die Bedeutung eines Textes adäquat zu konstruieren, führt zu dem Postulat einer Interpretationslehre an Schule und Universität: "Sooner or later interpretation will have to be recognised as a key-subject".[7] Eine solche Interpretationslehre soll zeigen, wie Sprache funktioniert — "learning how it works" —, worunter weder das Studium der Regeln der Syntax einer Sprache verstanden wird noch das der Lexikographie, sondern "[a] study of the kinds of meaning that language handles, their connection with one another, their interferences; in brief, the psychology of speech-situation",[8] im weitesten Sinn also eine Bedeutungslehre, ("the theory of meaning"). Ziel von *practical criticism* ist es, "to show the modes of action of a poetical effect" (William Empson), die literarischen Wirkungen von Literatur zu beschreiben. I.A. Richards, William Empson, F.R. Leavis, L.C. Knights, um nur die wichtigsten Vertreter der *Cambridge school* zu nennen, haben vor allem durch ihre eigenen praktischen Analysen zur Verbreitung von *practical criticism* als Verfahren beigetragen, und die harte Kritik, die gegen das Konzept vorgetragen worden ist (z.B. Helen Gardner und C.S. Lewis) galt mehr den praktischen Auswirkungen von sterilen akademischen Fingerübungen als den interpretatorischen Leistungen dieser Forscher. Ein schablonenhaftes Anwenden einer Art Interpretationsrezept im akademischen Unterricht, wie es immer wieder vorgeschlagen worden ist, muß schon deshalb auf Kritik stoßen, weil dadurch suggeriert wird, es gäbe die *eine* Interpretationsmethode, die sich unterschiedslos auf alle Texte anwenden ließe. Vielmehr gilt für jedes Interpretationsschema, daß es, auch wenn es aus seinem ursprünglichen Zusammenhang herausgelöst wird, diesen Zusammenhang nach Erkenntniszielen und methodischen Voraussetzungen nicht verleugnen kann. Ein Werkzeug, das für die eine Arbeit gut ist, eignet sich deshalb nicht auch schon für eine andere. Wer alle literarischen Texte über einen Leisten schlagen will, begibt sich nicht nur der Reflexion auf den Sinn seines Tuns, er wird schlicht auch keine angemessenen Ergebnisse erzielen, die mitzuteilen sich lohnte.

Die Analyse eines solchen Interpretationsschemas aus der Schule des *practical criticism* soll die Vorentscheidungen und Voraussetzungen offenlegen, die in dieses Schema eingegangen sind und die notgedrungen bei seiner

---

[7] I.A. Richards, *Practical Criticism* (London: Routledge, 1929, rpt.), 338.

[8] *Ibid.,* 338f.

Anwendung mitgeschleppt werden.[9] C.B. Cox und A.E. Dyson stellen ihre Interpretationen von zwanzig englischen Gedichten aus dem 20. Jahrhundert ausdrücklich in die Tradition des *practical criticism*, wenn sie das Ziel eines Schul- und Universitätsunterrichts in *practical criticism* als "to pay attention to the true working of a poem, and so promote literary sensitivity"[10] bestimmen. Diese Analysen sollen nur an literarisch wertvollen Gedichten vorgenommen werden.

TEXT 3

> If a poem is bad this is usually obvious to anyone of reasonable sensitivity, and there is little point in pursuing it to its death. A useful analysis is almost always one which deals with a good poem (not necessarily a great one) and shows exactly why and how it is to be admired.[11]

Die neuere Diskussion um literarische Wertung, um Kunst und Kitsch, hat demgegenüber gezeigt, daß ein Qualitätsurteil über Dichtung durchaus nicht so einfach zu fällen ist, wie die Verfasser dies suggerieren, es sei denn, man könnte auf einen Geschmackskonsens einer homogenen Gruppe, einer kritischen Schule zurückgreifen.

Das vorgeschlagene Verfahren der Gedichtanalyse ist im wesentlichen werkimmanent angelegt, übernimmt jedoch auch Elemente eines werktranszendenten Ansatzes und arbeitet darin kritische Anstöße ein, die gegen die Schule des *practical criticism* wie gegen den *New Criticism* vorgetragen worden sind:

TEXT 4

> How, then, should an analysis of a poem begin? The first question should always be: 'What kind of poem are we dealing with?' The answer to this question involves some discussion of the genre in which the poem is written, and the historical background. The tendency before 1950 was far too often to treat the poem as a self-sufficient unit, complete in itself and containing within its words all the material necessary for the analyst. But this view was very much influenced by the idea that the poem is an image, a unique reflection of reality embodied in a mode of communication which has always been available to poets. If, as Davie has argued, a poem is based upon a contract

---

[9] C.B. Cox und A.E. Dyson, *Modern Poetry: Studies in Practical Criticism* (London: Edward Arnold, 1963, rpt.).

[10] *Ibid.,* 20.

[11] *Ibid.,* 20f.

between writer and reader, an agreement about the conventions being employed, then knowledge of these conventions is the first prerequisite in understanding the poem. [. . .]

Once the mode of communication has been established, the student should try to find some correspondence between the total effect of the poem on his sensibility and the actual words being used. If, after two or three readings, the poem has achieved no such effect, then there is little point in going on with the analysis. The student, in this case, needs to be taught more about the interactions of the words, in the hope that eventually he may perceive the literary effects. [. . .] There must be real delight in the poem; otherwise practical criticism is certainly an academic exercise in the worst sense of that term.

Hier wird deutlich, warum die Autoren darauf insistieren, daß nur gute Gedichte dem von ihnen vorgeschlagenen Verfahren unterworfen werden sollen: *Practical criticism* beginnt und endet bei persönlicher Erfahrung, deshalb das Beharren auf dem der Analyse vorausgehenden Eindruck des Gedichtes auf einen zwar literarisch geschulten, vor allem jedoch empfänglichen Geist ("sensibility"), auf dem Vergnügen in der Begegnung mit dem Gedicht ("a real delight"), bzw. dem Hinweis, die Prozedur abzubrechen, wenn solches Vergnügen sich nicht einstellen will. Gute Gedichte können offenbar dieses Vergnügen hervorrufen, schlechte nicht. Damit ist einerseits die subjektive Erlebnisgrundlage festgehalten, wie dies für die meisten Ansätze der Werkinterpretation gilt, andererseits ergibt sich zugleich wiederum ein Wertkriterium für Dichtung.

Die weiteren konkreten Arbeitsschritte, allesamt nunmehr werkimmanenter Art, gehen von dem als zentral erkannten persönlichen Erlebnis des Gedichts aus.

TEXT 5

The delight of the poem derives from its treatment of experience, and so the analysis should aim to deal precisely with the total meaning. When the aim, the genre and the background have been established, the student should consider the meaning, discussing the major themes and their development. But, in so doing, he should not offer a simple, cliché-ridden summary of attitudes to love or death or God; he should try to find words which do justice to the honest impression he has received. [. . .]

The analysis of themes should go side by side with an examination of technique. How does the total grammatical structure of the poem express the meaning? What is the effect of the arrangement of the lines? How does the poet use rhyme and rhythm? Is a traditional form being used such as the sonnet or blank verse, and if so, how does it relate to the history of poetic usage in these modes? What types of images are being employed and how are they arranged? How are the ideas developed? What is the poet's tone of voice? How do the words build up that complex impression we received on first reading the poem?

Man bemerkt, wie hier die überwunden geglaubte Trennung von Inhalt und Form fröhliche Urständ feiert: Die Analyse ist darauf gerichtet, zu zeigen, wie Elemente der Form den Inhalt ausdrücken. Dieser Ansatz fällt z.B. zurück hinter Welleks und Warrens an Ingarden entwickelte Vorstellung des literarischen Werkes als Struktur, die sich — analytisch vorstellbar als Schichtungen — aus Elementen sowohl inhaltlicher wie formaler Art aufbaut.[12] Am Schluß der Übung in *practical criticism* steht die literarische Wertung — *evaluation:*

TEXT 6

And, finally, what has been achieved? Are there any weaknesses in the poem? Is the pleasure reduced by any lapses in technique? If we compare the poem with other ones of a similar kind, what degree of excellence is reached? All these questions are only pointers, for essentially practical criticism should be an experiment in reading not the imposition of preconceived theories on a poem. The best practitioners submit themselves to the wide variety of literary effects, and are content to enjoy in a wise passiveness.[13]

Es ist bemerkenswert, wie fraglos hier vorausgesetzt wird, daß man — auch der Schüler oder Student — aus seiner persönlichen Texterfahrung und seiner sonstigen Lesepraxis heraus zu sicheren Qualitätsurteilen über literarische Texte kommen kann.

Diese Einleitung wurde so ausführlich vorgestellt, nicht um das hier beschriebene Verfahren zur Nachahmung zu empfehlen, sondern weil die Autoren mit ihrem Katalog textanalytischer Fragestellungen in der wünschenswerten Klarheit die Zielvorstellungen des von ihnen vertretenen *practical criticism* offenlegen, die in "delight", "enjoyment" oder auch

---

[12] René Wellek und Austin Warren, *Theory of Literature,* ch. 11.

[13] Cox und Dyson, 21—23.

"effect upon a sensibility" zu fassen sind. Anderswo findet sich dann nur noch der Katalog, ohne Hinweis auf die in ihn eingegangenen Prämissen.

L.G. Alexander stellt beispielsweise für *poetry appreciation* den folgenden Schlüssel auf:

TEXT 7

	KEY
1. READING	Read carefully; look for a simple meaning.
2. MEANING	*General*
	Detailed: do *not* paraphrase.
	Intention
3. DEVICES	
(a) STRUCTURAL	*Contrast*
	Illustration
	Repetition
(b) SENSE	*Simile*
	Metaphor
	Personification
(c) SOUND	*Alliteration*
	Onomatopoeia
	Rhyme
	Assonance
	Rhythm[14]

Dies aber ist nicht die einzige literaturwissenschaftliche Fragestellung, und wenn man beispielsweise in einer Interpretation fragen will, wie in einem literarischen Text die Klangschichten und die Schicht der Bedeutung in einer übergreifenden Struktur zusammenwirken, so wird dies durch ein Schema, das die alte Form-Inhalt—Dichotomie fortsetzt, nicht zu erreichen sein.

---

[14] L.G. Alexander, *Poetry and Prose Appreciation for Overseas Students* (London: Longman, 1963, rpt. 1976), 42f. — Helmut Viebrock löst einen von Stephen Booth im Zusammenhang seiner Untersuchung von Shakespeares Sonetten entwickelten Ansatz aus diesem Kontext heraus und übernimmt ihn als Interpretationsschema: Äußere Form — logischer Aufbau — syntaktischer Aufbau — rhetorische Anlage — figurative Ebene — phonologische Ebene: *Einführung in die Interpretation von Lyrik,* Erprobungsfassung (Tübingen: DIFF, 1976), 23.

8.3. L'explication de texte

Wie sehr — trotz gegenteiliger theoretischer Beteuerungen — ein traditionelles Interpretationsverfahren zum starren Schematismus geworden ist, zeigt als durchaus abschreckendes Beispiel Helmut Hatzfelds *Initiation à l'explication de textes français.*[15] Hatzfeld knüpft an die französische Schultradition an — "selon la bonne tradition de l'école française",[16] wenn er das sechsteilige Interpretationsschema vorstellt, und obwohl er in seiner Einleitung durchaus neuere strukturalistische stiltheoretische Arbeiten einbezieht und die alte Form-Inhalt-Trennung als überholt bezeichnet, fällt er doch in der Praxis seiner Interpretationen ganz in den traditionellen Schematismus zurück.[17]

Bei Hatzfeld umfaßt das Schema der *explication de texte* die folgenden Punkte:

TEXT 8

A. *Localisation de texte*
   Einordnung des Textausschnitts in den Werkzusammenhang, z.B. nach dem Handlungsverlauf; Einordnung des Werks in den Gattungszusammenhang.

B. *Intelligence générale et commentaire*
   Skizze des (allgemeinen) Textverständnisses, nicht auf die künstlerischen Qualitäten des Textes ausgerichteter, deshalb der eigentlichen Interpretation vorausliegender Kommentar.

C. *Problèmes de sources et d'histoire littéraire*
   Festlegung des literarhistorischen Rahmens für den Text, Erklärung der Textgenese.

D. *L'étude de la structure*
   Formbeschreibung (z.B. Vers- und Strophenform, rhetorische Figuren usw.).

---

[15] Helmut Hatzfeld, *Initiation à l'explication de textes français* (München: Hueber, 4 1975).

[16] *Ibid.,* 8.

[17] Ein teilweise abgewandeltes Interpretationsschema gibt P. Bourgeois an und, insistiert ausdrücklich, daß es sich dabei nicht um eine Interpretationsmethode, sondern lediglich um "un aide-mémoire pour la préparation à l'Explication de texte" handelt. Auch dies ist keine Versicherung gegen die Gefahr, daß Anwender in der Praxis das Schema eben doch zur alles deckenden Methode verabsolutieren. (P. Bourgeois, "L'Explication de texte: Préparation et terminologie", *Praxis des neusprachlichen Unterrichts,* 7 (1960), 196—199).

E. *Analyse stylistique*
Herzstück der Interpretation, angelehnt an die Spitzersche Methode
(cercle philologique). Kriterium für das Gelungensein einer Interpretation ist der Aufweis der strukturellen Einheit des Textes: "Si l'explication n'établit pas cette unité, elle ne vaut rien. Elle est correcte, au con-
traire, si elle découvre un principe unificateur, permettant une syn-
thèse".[18]

F. *Critique*
"Critique de valeur": in Überwindung der Einseitigkeit entweder einer
bloß formalen Kritik — " . . . la valeur estétique depend du degré
d'harmonie découverte entre les aspects stylistiques et de leur rapport
avec la force unificatrice", — oder einer bloßen Kritik der Aussage —
"les idées morales et métaphysiques, voire religieuses, qui conditionnent
l'importance littéraire" — Aufweis des überzeitlichen Wertes eines Textes: "la qualité transtemporelle et humaine du texte".[19]

Auffällig an diesem Schema ist das Auseinandertreten von Formbeschreibung (D), gewissermaßen des rhetorischen Inventars eines Textes, und
eigentlicher auf den Strukturzusammenhang gerichteter Interpretation
(E), von Kommentar (B), der ausdrücklich als außerhalb der Interpretation
liegend bezeichnet wird und Interpretation (E). Gerade diese Aufteilung
legt das gedankenlose Abarbeiten des Schemas nahe und führt im schlech-
testen Falle zur positivistischen Anhäufung von Fakten — "materials" in
Welleks und Warrens Terminologie — außerhalb der Strukturanalyse

8.4. „Die Kunst der Interpretation": Emil Staiger und die Folgen

Wie für die Schule des *practical criticism* beginnt auch für Emil Staiger
literaturwissenschaftliche Erkenntnis als Interpretation bei dem ganz persönlichen und unmittelbaren künstlerischen Eindruck: „daß wir begreifen,
was uns ergreift, das ist das eigentliche Ziel der Literaturwissenschaft".[20]
Oder in der Formulierung des Leitaufsatzes „Die Kunst der Interpretation"
aus dem gleichnamigen Aufsatzband des Jahres 1955: „Das allersubjektivste
Gefühl gilt als Basis der wissenschaftlichen Arbeit!" Daraus folgt, daß der
Literaturwissenschaftler Begabung haben muß: „Begabung wird erfordert,
außer der wissenschaftlichen Fähigkeit ein reiches und empfängliches Herz,

[18] Hatzfeld, 12.
[19] *Ibid.*, 13.
[20] Emil Staiger, „Von der Aufgabe und den Gegenständen der Literaturwissenschaft",
Die Zeit als Einbildungskraft des Dichters (Zürich: Atlantis, [1]1939, [2]1953), 11.

ein Gemüt mit vielen Saiten, das auf die verschiedensten Töne anspricht".[21]
In Staigers Programm der Werkinterpretation wird die Kluft zwischen Liebhaber und Gelehrtem überbrückt: „Das Kriterium des Gefühls wird auch das Kriterium der Wissenschaftlichkeit sein".[22] Die literaturwissenschaftliche Arbeit beginnt mit der „Vorerkenntnis des ersten Gefühls, sie durchläuft die Phasen der biographischen und philologischen Prüfung und wird durch den Nachweis beschlossen, daß dieses erste Gefühl stimmt.[23] Dieses Verfahren ist das des hermeneutischen Zirkels, der mit Heidegger nicht mehr als *circulus vitiosus* begriffen wird, sondern als „Ausdruck der existenzialen Vorstruktur des Daseins selbst" und der notwendige Erkenntnisweg der Geisteswissenschaften.

TEXT 9

[Verzicht auf Typologie, Hinwendung zum einzelnen Kunstwerk]
Aus diesen Gründen haben wir uns entschlossen, mit aller Behutsamkeit das einzelne Kunstwerk zu beschreiben. Eine wissenschaftliche Beschreibung nennen wir Auslegung. Wir legen also Dichtungen aus. [. . .]
Wie werden wir dabei verfahren? Wir wollen uns besinnen auf den Meister der hermeneutischen Kunst, Schleiermacher, dessen Verfahren Dilthey so beschrieben hat:

„Er begann mit einer Übersicht der Gliederung, welche einer flüchtigen Lesung zu vergleichen war, tastend umfasste er den ganzen Zusammenhang, beleuchtete die Schwierigkeiten, bei allen einen Einblick in die Komposition gewährenden Stellen hielt er überlegend inne. Dann erst begann die eigentliche Interpretation".[24]

Das bezieht sich auf Schleiermachers Einleitung zu Platons ‚Staat'. Bei Gedichten kommen wir mit diesem Geschäft wohl leichter zu Rand. Doch wesentlich bleibt auch da das „tastende Umfassen des ganzen Zusammenhangs", das der Auslegung vorangehn soll. Denn damit wird der Horizont eröffnet, innerhalb dessen das Einzelne erst verstanden werden kann. Dann füllt die Auslegung den erschlossenen Horizont allmählich aus.[25]

---

[21] Emil Staiger, *Die Kunst der Interpretation* (Zürich: Atlantis, [1]1955, [3]1961), 12f.

[22] *Ibid.,* 13.

[23] *Ibid.,* 18.

[24] *Ges. Schriften,* V, 330.

[25] Emil Staiger, *Die Zeit als Einbildungskraft des Dichters,* 17.

Interpretation ist auf Nachweis der stilistischen Einstimmigkeit des Kunstwerks aus:

TEXT 10

> Wir nennen Stil das, worin ein vollkommenes Kunstwerk — oder das ganze Schaffen eines Künstlers oder auch einer Zeit — in allen Aspekten übereinstimmt. [. . .] Im Stil ist das Mannigfache eins. Er ist das Dauernde im Wechsel. Daher denn alles Vergängliche unvergänglichen Sinn gewinnt durch Stil. Kunstgebilde sind vollkommen, wenn sie stilistisch einstimmig sind.[26]

Wenn die Interpretation Stimmigkeit erweisen kann — und Staiger weist darauf hin, daß wenn sich bei Kunstwerken solche Stimmigkeit nicht einstellen will, die „Verstimmung" auf seiten des Lesers liegt, nicht aber auf seiten des Gedichts —, dann stellt sich das Erlebnis von Evidenz ein:

TEXT 11

> Dann fügt sich alles von selber zusammen. Von allen Seiten ruft es: Ja! Jeder Wahrnehmung winkt eine andere zu. Jeder Zug, der sichtbar wird, bestätigt, was bereits erkannt ist. Die Interpretation ist evident. Auf solcher Evidenz beruht die Wahrheit unserer Wissenschaft. [27]

Interpretation dieser Art bleibt zugegebenermaßen subjektiv:

TEXT 12

> Ich sehe nämlich doch immer nur das, was mir persönlich zu sehen vergönnt, was mir in der ersten echten Begegnung am Kunstwerk aufgegangen ist. [. . .] Ich habe mein Gefühl geprüft und habe den Nachweis erbracht, daß es stimmt.[28]

Staigers „Kunst der Interpretation" korrespondiert mit dem Kunstwerkcharakter ihres Gegenstands — stilistische Stimmigkeit als Kriterium großer Kunst —, basiert also auf einem engen Literaturbegriff. Das eingeschlagene Verfahren — „begreifen, was uns ergreift" — beginnt programmatisch bei der Subjektivität des Interpreten, und wie das letzte Textzitat ausweist, endet es auch dort, nämlich beim Evidenzerlebnis. Es ist auffällig, daß die Kategorie der Mittelbarkeit solcher Interpretation nicht thematisiert wird —

---

[26] *Die Kunst der Interpretation,* 14.

[27] *Ibid.,* 19.

[28] *Ibid.,* 32.

Intersubjektivität ist kein explizit formuliertes Ziel, mag sich in Fortsetzung des Evidenzerlebnisses dennoch, wenn auch zufällig, einstellen. Hier in der Aufforderung zur Beschreibung „des allersubjektivsten Gefühls" hat Staiger den Grund für die schrankenlose Interpretationsmanie einer ganzen Generation und damit für die Diskreditierung des Geschäfts der Interpretation überhaupt gelegt. Für und Wider der Werkinterpretation sind ausgiebig diskutiert worden, die Debatte hat inzwischen ihr natürliches Ende erreicht.[29] Wir lassen hier nur eine neuere kritische Stimme zu Staiger und seinen Nachfolgern, zuletzt Heinz Politzer, zu Wort kommen, die Erwin Leibfrieds, der innerhalb seiner *Kritischen Wissenschaft vom Text* den Staigerschen Ansatz prüft:

TEXT 13

Eines wird deutlich:
Werkinterpretation, wie sie Staiger und die von ihm inspirierte Zunft der Interpreten durchführt, ist Psychologie: sie beschreibt bestimmte psychische Vorgänge, wobei sie freilich Termini benötigt, die andere Wissenschaftsbereiche bestimmt haben (z.B. die Phonetik oder die Literaturtheorie). Nur dadurch entsteht der Eindruck, als werde die Sache selbst beschrieben: das Kunstgebilde. Dieser Eindruck täuscht. Es wird nur etwas vom Gebilde, nämlich das Gefühl, das es hervorruft, eingefangen. Das Faktum, die Struktur des Gegenstands, wird in die Aufforderung zum Nacherleben eingearbeitet.

Es wird nicht gegen die Berechtigung von Werkinterpretation polemisiert; es wird auch nicht etwa gesagt, immanente Interpretation sei „schlecht". Es wird versucht aufzuzeigen, zu was Werkinterpretation in der Lage ist, was vom Gegenstand sie erfaßt, was sich ihrer Erfassung entzieht, wo sie, will sie als Analyse der gesamten Sache verstanden sein, durch „Hilfsdisziplinen" ergänzt werden muß.

Die Betrachtung dessen, was im Liebhaber vorgeht — Staiger begreift, was ihn ergreift — ist nur eine mögliche Erfassung des Aufgefaßten. Sie scheint die eigentliche zu sein, weil sie sozusagen den ganzen Gegenstand, eben das Gefühl, das er hervorruft, erfaßt. Es sind jedoch mit der gleichen Legitimation andere Erfassungen des primär Aufgefaßten (Erlebten) möglich. Wer glaubt, durch sog. Werkinterpretation d.h. (bestenfalls gelungene) Beschreibung seines Gefühls vom Ganzen, die Sache selbst (in ihren sämtlichen Implikaten) im Griff zu haben, unterliegt einem Irrtum. Wer andrerseits glaubt, er treibe

---

[29] Vgl. *Die Werkinterpretation,* ed. H. Enders (Darmstadt: WBG, 1967).

durch andere Erfassungen (etwa Erfassungen unter psychoanalyti-
scher, soziologischer, mathematischer Relevanznahme) auch Werkinterpretation, unterliegt ebenfalls einem Irrtum. Denn der Terminus
„Werkinterpretation" oder „immanente Interpretation" muß für die
Art der Beschreibung, wie sie die Interpreten entwickelt haben, vorbehalten bleiben.[30]

8.5.   Kritische Weiterentwicklung des Konzepts der Werkinterpretation

Es hat nicht an Versuchen gefehlt, das Programm der Werkinterpretation
gegen seine Kritiker zu retten, indem es methodisch strenger gefaßt und die
einzelnen Schritte begrifflich sauber getrennt werden (z.B. Clemens Heselhaus) oder indem auf der Grundlage solcher begrifflichen Scheidung und
methodischen Präzisierung die Interpretation selber einem außerhalb ihrer
selbst liegenden Validierungsverfahren unterworfen wird (E.D. Hirsch).
Diese beiden Positionen sollen vorgestellt werden, um daran erneut die
Problematik der Werkinterpretation zu zeigen.

8.5.1. Clemens Heselhaus: Auslegung und Erkenntnis

Clemens Heselhaus hat in einem weitsichtigen Aufsatz aus dem Jahre
1957 eine tiefgreifende Kritik an dem Staigerschen Ansatz der Werkinterpretation vorgetragen, indem er die fundamentalen Prämissen des Ansatzes in Frage stellt:

1. Kritik an der Interpretation als Erlebnis des Mitvollzugs des Ereignisses
   der Dichtung.

TEXT 14

Wo immer dem Wunsch nach Interpretation nachgegeben wird, hat
man hinterher den Eindruck, daß es den Interpretationslüsternen
weniger auf die methodische Technik, wie man interpretieren solle,
ankommt, als auf das Erlebnis, durch die Interpretation das Ereignis
der Dichtung mitvollziehen zu können. Oder, wo die Wünsche einmal
weitergehen, handelt es sich darum, selbst in den Stand zu kommen,

---

[30] Erwin Leibfried, *Kritische Wissenschaft vom Text,* 200f.

je und je das Ereignis des Gedichts wiederholen zu können.[31]

2. Kritik an der verkürzenden Übernahme des Prinzips des hermeneutischen Zirkels von Heidegger: Erkennen statt Verstehen.

TEXT 15

„Wissenschaftlicher Beweis darf nicht schon voraussetzen, was zu begründen seine Aufgabe ist". (Heidegger, *Sein und Zeit,* § 32). [. . .]
Aber der Text, sagen wir geradezu das Gedicht, kann nicht nur „die
selbstverständliche, undiskutierte Vormeinung des Auslegers" sein,
sondern ist ebenso oft auch die höchst diskutierbare, andersartige und
nur schwer einsehbare Meinung eines Dichters. [. . .] Der Interpret
kann also im vorgegebenen Text nicht nur die Vorstruktur seines
eigenen Daseins erwarten, sondern auch die Anders-Struktur eines
anderen Daseins. [. . .] Der hermeneutische Zirkel hebt sich also auf
in einen Zirkel der Erkenntnis, in welchem der Erkennende ein Erkannter wird und er sich willig oder unwillig der Überzeugungsmacht
eines neuen Daseins überläßt. So scheint die echte Aufgabe der Interpretation erst dort zu beginnen, wo wir nicht nur „begreifen, was uns
ergreift", sondern wo wir ergreifen, was wir vorher nie begriffen haben. Nicht Verstehen ist das letzte Ziel der Interpretation, sondern
Erkennen.[32]

3. Kritik an der Verfälschung der Aufgabe der Literaturwissenschaft durch
die Rückführung der Interpretation auf menschliche Grundverhaltensweisen.

TEXT 16

Das eigentliche Thema der Literaturwissenschaft ist die Poetik als
Gattungs- und Formenlehre und die Ästhetik als Philosophie der
Dichtung. Die literarischen Formen und Aussagen sind geistige Muster
und Möglichkeiten des In-der-Welt- und In-der-Zeit-Seins. Der hermeneutische Zirkel hebt sich erst in den Zirkel der Erkenntnis auf,
wenn wir Formen und Aussagen nicht nur auf „Haltungen" zurück-

---

[31] Clemens Heselhaus, „Auslegung und Erkenntnis: Zur Methode der Interpretationskunde und der Strukturanalyse mit einer Einführung in Dantes Selbstauslegung",
Gestaltprobleme der Dichtung, ed. R. Alewyn et al., Fschr. Günther Müller (Bonn:
Bouvier, 1957), 259—282, hier 260.

[32] *Ibid.,* 261f.

führen, sondern als Strukturen sehen lernen, in denen Möglichkeiten geistigen Daseins aufgehoben und gestaltet sind [. . .] Struktur im literarischen Sinne bedeutet also wesentlich das Formgesetz, durch das der Inhalt zu der bestimmten Aussage wird, in der er allein und ganz da ist. Struktur im literarischen Sinne bedeutet demnach eine Objektivierung und Konkretisierung des jeweiligen Verhältnisses zur Welt, zur Gesellschaft, zum Geistigen, zum Unvergänglichen. Wie also die Interpretationskunst durch eine Interpretationskunde abgelöst werden müßte, so muß die Interpretationskunde ihrerseits durch die Strukturanalyse ergänzt werden.[33]

4. Kritik an der Vermischung von Auslegung einerseits, Form- oder Strukturbeschreibung andererseits. Aus dem letzten Punkt folgt die Forderung der Trennung von Strukturbeschreibung und Auslegung:

TEXT 17

. . . der Auslegung geht es nach Hegel darum, „die tiefsten Interessen des Menschen, die umfassendsten Wahrheiten des Geistes zum Bewußtsein zu bringen und auszusprechen", und sie muß auch bis zu diesem Punkte getrieben werden; der Formbeschreibung oder besser Strukturanalyse muß es entsprechend darum gehen, die höchsten Interessen der Kunst und ihre Elemente zum Bewußtsein zu bringen und auszusprechen, und sie muß auch alles Erkennbare sichtbar und vernehmbar machen. Die Strukturanalyse soll den Zugang zum Gedicht erleichtern und das Kunstgesetz des Aufbaus, der Form und der Gestalt erläutern. Daraus ergibt sich von selbst, daß man eine Strukturanalyse auf jedes Gedicht, ob es „leicht" oder „schwer" ist, anwenden kann und daß eine Auslegung nur da sinnvoll ist, wo wirklich etwas auszulegen ist.[34]

Ziel ist es letztlich, durch methodisch saubere Trennung Erkenntnis (Analyse) und Auslegung (Interpretation) als aufeinander aufbauende Stufen zu erweisen. Heselhaus leitet aus den Schemata der rhetorischen Formanalyse, wie sie seit der Spätantike überliefert werden (Donatus, Servius, Warnerius von Basel, Konrad von Hirsau, Dante) ein dreigliedriges Schema der Strukturanalyse ab:

Gegenstand und Anlaß
Form und Absicht
Gattung und ihr ästhetischer und philosophischer Ort —,

---

[33] *Ibid.*, 263.

[34] *Ibid.*, 264.

er entwickelt das scholastische Schema vom vierfachen – wörtlichen, alle-gorischen, moralischen, anagogischen – Schriftsinn,[35] wie es in Dantes *Convivio* begegnet, weiter zu einem vierteiligen Schema der Auslegung:

Wort (wörtliche Bedeutung)
Bild (bildliche Deutung)
Zeit (als Zeitdimension des Gedichts)
Symbol (als Bezogensein des Gedichts auf eine immanente Ordnung)

und er erprobt die „Griffigkeit" dieser Kategorien an Hölderlins *Friedens-feier* und Trakls *Elis*. Formbeschreibung und Auslegung sind aufeinander hingeordnet:

TEXT 18

Mit den Interpretationskategorien kommt man bis an den Punkt, wo die Struktur des Gedichtes in der Bedeutung von Bild, Zeichen und Symbol sichtbar wird. Mit den Strukturkategorien stößt man bis in jene Schichten vor, wo aus der Form die Bedeutung hervorgeht. Inso-fern empfiehlt es sich, mit der Strukturanalyse zu beginnen, damit der Sinn des Gedichtes nicht verfehlt wird, und mit der Auslegung erst dort einzusetzen, wo das Erkennen auf Schwierigkeiten stößt.[36]

Heselhaus versteht sein Strukturschema und sein Auslegungsschema durch-aus als „Schablonen", die dem Schüler an die Hand gegeben, ihm „eine Ein-übung in das Erkennen von Dichtung und in den Geist der Kunst" ermög-lichen. Hier ist denn auch die Grenze der hier vorgeschlagenen Schemata wie aller anderen erreicht. Sie liegt, wie Heselhaus selber sieht, im Schema-tismus ihrer Anwendung, der wiederum die stets mitgesetzten Vorausset-zungen und Erkenntnisziele nicht reflektiert und deshalb im schlimmsten Fall zu akademischen „Fingerübungen" ohne wirkliche Ergebnisse führt.

8.5.2. Eric Donald Hirsch: "Validity in Interpretation"

Der vielleicht entschiedenste Versuch, die Werkinterpretation methodisch neu abzusichern, stammt von Eric Donald Hirsch.[37] Hirsch tritt gegen die Skepsis hinsichtlich der Gültigkeit interpretativer Aussagen an, indem er die Bedingungen der Validität in Interpretationen zu bestimmen sucht.

---

[35] Vgl. oben S. 176.

[36] *Ibid.,* 279.

[37] E.D. Hirsch, *Validity in Interpretation* (New Haven: Yale U.P., 1967); *ders., The Aims of Interpretation* (Chicago: U. of Chicago P., 1976).

Sein Verfahren ist im Grundansatz dem von Heselhaus vergleichbar, als auch er zunächst systematische Ordnung in die verschiedenen Verstehens- und Bewertungsvorgänge im Verfahren der Interpretation bringt. Dies geschieht allerdings unter ganz anderen Prämissen und mit entsprechend anderen Ergebnissen.

Hirsch setzt ein bei einer Unterscheidung der Begriffe "meaning" und "significance". Er definiert "meaning" als die stabile Bedeutung des Textes, so wie sie der Autor intendiert hat, "significance" dagegen als die je variable Beziehung eines Rezipienten zu dieser vorausgesetzten Textbedeutung:

TEXT 19

> This distinction is too often ignored. *Meaning* is that which is represented by a text; it is what the author meant by his use of a particular sign sequence; it is what the signs represent. *Significance,* on the other hand, names a relationship between that meaning and a person, or a conception, or a situation, or indeed anything imaginable. [. . .] Significance always implies a relationship, and one constant, unchanging pole of that relationship is what the text means. Failure to consider this simple and essential distinction has been the source of enormous confusion in hermeneutic theory.[38]

Verbal meaning ist einerseits abhängig vom Willen des Autors, basiert andererseits im Blick auf die zwischen Text und Leser stattfindende Kommunikation auf ‚bekannten Konventionen',[39] die in der Kategorie *genre* gefaßt werden. "Authorial will" und "the social principle of linguistic genres" sind die beiden Grundbedingungen, die valide Interpretationen möglich machen.

Die zweite begriffliche Scheidung, die Hirsch einführt, ist die zwischen *understanding* und *interpretation.*

TEXT 20

> The distinction between the meaning of an interpretation and the construction of meaning to which the interpretation refers is one of the most venerable in hermeneutic theory. Ernesti called it the distinction between the art of understanding and the art of explaining — the

---

[38] Hirsch, *Validity in Interpretation,* 8.

[39] *Ibid.,* 66.

subtilitas intelligendi and the *subtilitas explicandi.* (J.A. Ernesti, *Institutio Interpretis Novi Testamenti,* [Leipzig, 1761], I. 4) In normal usage both of these functions are embraced flaccidly by the single term "interpretation", but clarity would be served if we limited that word to the *subtilitas explicandi* — the explanation of meaning — and delimited the *subtilitas intelligendi* by the term "understanding". It is obvious that understanding is prior to and different from interpretation.[40]

Während der Prozeß des Verstehens *(understanding)* selbst als "genial (or mistaken) guess" begriffen wird, setzt die methodische Tätigkeit des Erklärens und hernach der kritischen Überprüfung und Validierung auf der Ebene der *interpretation* ein: "The discipline of interpretation is founded, then, not on a methodology of construction but on a logic of validation."[41] Von Stufe 1 — *understanding* als Konstruktion der Textbedeutung — und Stufe 2 — *interpretation* als methodische Explikation und logische Validierung der Interpretation — ist schließlich Stufe 3 zu trennen: *criticism* als Aussage über *significance,* d.h. die Beziehung des interpretierenden Subjekts zu der konstruierten Textbedeutung. Auf dieser Stufe sind auch alle Wertentscheidungen angesiedelt.

Hirsch kritisiert das Konzept der werkimmanenten Interpretation, weil es als "literary study of literature" lediglich Literatur selbst als Referenzrahmen setzt und damit alle anderen Relevanznahmen ("history, biography, morality, or society") ausschließt, er kritisiert aber auch Gadamers Hermeneutik, weil sie an der Frage der Validierung von Interpretationen nicht interessiert ist.[42] Validierung — Gültigkeitsprüfung — ist Hirschs zentrales Prinzip, das objektive Entscheidungen zwischen einander widersprechenden Interpretationen ermöglichen soll. Im Anschluß an J.M. Keynes, *A Treatise on Probability* faßt Hirsch die Validierung einer Interpretation als Wahrscheinlichkeitsprüfung einer interpretativen Hypothese. Ein Urteil über einen unbekannten Gegenstand, der jedoch insoweit bekannt ist, als er aufgrund bestimmter Merkmale einer bekannten Klasse von Gegenständen zugeordnet werden kann, wird gefaßt als Aussage über die Wahrscheinlichkeit, mit der der zu untersuchende Gegenstand sich wie die Elemente der Bezugsklasse verhält.

---

[40] *Ibid.,* 129.

[41] *Ibid.,* 207.

[42] *Ibid.,* 153 und 245—264.

TEXT 21

These known aspects of the object permit us to place it in a class possessing some of the same traits. The more we know about the object, the narrower and more reliable we can make the class. Then, on the basis of what we know about other individuals belonging to the same class, we make a guess that the unknown traits of any such object will be the same as the corresponding traits of most individuals in the class — more often than not. This is the structure of every probability judgment. It is a frequency judgment based on our past experience of other individuals that we conceive to belong to the very same class as the unknown. [...]
Three criteria are decisive in determining the reliability of our guess about an unknown trait — the narrowness of the class, the number of members in it, and the frequency of the trait among those members. Though the copiousness of instances must obviously diminish as the class narrows, we nevertheless achieve increased reliability by narrowing the class. This is true even when the narrower class has merely two members, one being known and the other being the unknown object under scrutiny. [...] This process of narrowing the class is the decisive element in validating interpretations.[43]

Da eine Interpretationshypothese aufgefaßt wird als Wahrscheinlichkeitsaussage auf der Basis von *evidence* (Beweismaterial), geht es vor allem um das methodisch gesteuerte Abwägen der Gewichtigkeit des Beweismaterials. Bei konfligierenden Hypothesen ist derjenigen der Vorzug zu geben, die die größere Zahl von Stilelementen funktional macht und unter sich vereinigt (Prinzip der Maximierung der Funktionalität von Stilelementen):

TEXT 22

I can now sum up the principles governing decisions about the weight and relevance of interpretive evidence. To make a reliable adjudication, all relevant evidence, "internal" and "external", should be considered. The admissibility of evidence is determined by the criterion of relevance. Evidence must be accepted as relevant whenever it helps to define a class under which the object of interpretation (a word or a whole text) can be subsumed, or whenever it adds to the instances belonging to such a class. The relative weight or reliability of

---

[43] *Ibid.*, 176, 179f.

judgment based on such evidence is determined by the relative narrowness of the class, the copiousness of instances within the class, and the relative frequency of the trait among these instances. A judgment based on a narrower class is always more weighty or reliable than one based on a broader class — no matter how meager the narrower class may be. When we have conflicting evidence from two disparate subsuming classes, we should try first to form a third, narrower class by combining the defining traits of the classes. When this is impossible, and the judgments based on the two classes are in conflict, we must decide which judgment is the more probable by comparing the copiousness of the subsuming classes and the relative frequency of the predominant trait within the classes. However, such comparisons are often unreliable and insecure.

The application of these principles in judging between interpretations occurs at two levels. On the generic level, we consider the relative likelihood (apart from consideration of "internal" evidence) that the text will be of one sort rather than another. This generic guess should be conducted separately, in isolation from many of the internal traits which support it, because those traits are to some extent constituted by the generic guess itself. The evidence which goes into this guess is thus partly "external" — date, authorship, milieu, and so on — but it is necessarily founded on such indubitable "internal" traits as vocabulary, form, and title. On the other hand, we can also make small-scale probability judgments about the disparate constructions of details that have been sponsored by the disparate generic hypotheses. The evidence which goes into these judgments is likewise both internal and external, as I have shown. Usually an effort to apply these principles will result in the conclusion that the more probable generic guess is the one often favored by subsidiary probability judgments. When this happy result fails to occur, the tendency of the subsidiary judgments is usually the more reliable evidence, since it embraces several judgments based on fairly narrow classes. If, in such a conflict, however, these judgments fail to tend heavily in one direction, then no clear decision is warranted. In the course of making any of these probability judgments, the interpreter's chief concern is to narrow the class; that is to say, his chief concern is to find out as much as he can about his text and all matters related to it. That everyone has always known this conclusion is another illustration of the fact that the logic of uncertainty is the logic of common sense.[44]

---

[44] *Ibid.*, 197f.

Die von Hirsch unterschiedenen Phasen der Interpretation lassen sich tabellarisch resümieren:

MEANING		SIGNIFICANCE
stable: both a willed type based on author's will and a shared type based upon known conventions		changing: relationship between MEANING and something else (e.g. meaning related to ourselves, our relevant knowledge, author's personality, other works)
UNDERSTANDING	INTERPRETATION	CRITICISM/JUDGMENT
= subtilitas intelligendi	= subtilitas explicandi	
construction of MEANING	explanation of that MEANING	commentary about SIGNIFICANCE
	knowledge	value
	VALIDATION of INTERPRETATION	
	probability judgment about interpretative hypotheses supported by evidence	

Die Kritik an Hirsch muß in theoretischer Hinsicht einmal der objektivistischen Position hinsichtlich der Stabilität der Textbedeutung gelten.[45] Die hermeneutische Diskussion hat gezeigt, daß man die Textbedeutung eben nicht „an sich" sondern immer nur als erkannte, d.h. „für mich", in Bezug auf das erkennende Subjekt hat. Des weiteren — und für den Ansatz zentral — gilt die hinsichtlich qualitativer Wahrscheinlichkeitsaussagen schon gegen Hirschs Gewährsmann J.M. Keynes vorgetragene Kritik auch hier. In praktischer Hinsicht führt Hirsch nicht grundsätzlich über die etablierten Interpretationsansätze hinaus. Bleibt als Verdienst festzuhalten, daß Hirsch durch

---

[45] Vgl. Norbert Groeben, *Literaturpsychologie* (Stuttgart: Kohlhammer, 1972), 82.

Austrennung der bei der Interpretation zusammen auftretenden Aspekte des Verstehens- und Explikationsprozesses in eindeutig beschreibbare und damit methodisch sauber zu kontrollierende Schritte der Interpretationslehre zu einer vertieften Selbstreflexion verholfen hat.

8.6. Interpretation innerhalb einer empirischen Literaturwissenschaft: Norbert Groeben

Innerhalb des Konzepts einer empirischen Literaturwissenschaft, wie es von Norbert Groeben und anderen begründet und praktisch erprobt worden ist,[46] behält die hermeneutische Interpretation ihre Berechtigung, und zwar zunächst als Heuristik:

TEXT 23

> Die klassischen hermeneutischen Textinterpretationen gelten für eine empirische Konstruktion des Textsinns nur als Heuristik; dieser Funktionswandel gründet sich auf die Subjekt-Objekt-Konfundierung der hermeneutischen Literaturwissenschaft, die durch die Vermischung von Rezeption und Interpretation, Leser und Forscher etc. entsteht; auf der Grundlage des hermeneutischen Erfahrungsbegriffs der Nachvollziehbarkeit kann die behauptete ,ideale Objektivität' des literarischen Werks nur als eine unzulässige Ontologisierung eines Allgemeinbewußtseins angesehen werden.

> Demgegenüber wird in einer empirischen Literaturwissenschaft eine klare Rezeptions-Interpretations-Trennung auf der Grundlage einer Leser-Forscher-Trennung eingeführt; Interpretation ist dann Erklären des Textverstehens und immer von konstruierendem Charakter; Interpretation als Konstruktion eines Werksinns stellt singuläre Deutungshypothesen auf, die anhand von Rezeptionsdaten (Konkretisationen) empirisch zu validieren sind (wie sog. deskriptive Konstrukte in den Sozialwissenschaften).

> Die theoretische Interpretation verbleibt damit beim Wissenschaftler, der seine Datenbasis durch intersubjektive Feststellung der subjektiv-individuellen Konkretisation des literarischen Textes beim Rezi-

---

[46] Norbert Groeben, *Rezeptionsforschung als empirische Literaturwissenschaft* (Kronberg: Athenäum, 1977); Werner Faulstich, *Domänen der Rezeptionsanalyse* (Kronberg: Athenäum, 1977) sowie die dort genannte Literatur; A.P. Foulkes, "Relevance and Meaning in the Interpretation of Literary Texts", *Journal of Literary Semantics,* 4 (1975), 5—34.

pienten erstellt; das Subjekt (Rezipient) fungiert dabei nicht als Gegenstand, sondern lediglich als Medium, über dessen Konkretisation sinnhafte Beobachtungsdaten als Grundlage der literaturwissenschaftlichen Theorienbildung faßbar sind.

Die Objektivität des empirischen Vorgehens liegt in der intersubjektiven, kontrolliert-systematischen Beobachtung der rezeptiven Bedeutungskonkretisationen literarischer Texte; damit ist wie bei allen empirischen Wissenschaften eine Klasse potentieller Falsifikatoren der singulären Deutungshypothesen (qua theoretischer Textinterpretation) erreicht; als empirische Erhebungsmethoden der Verstehens-/Rezeptionsprozesse sind sprachpsychologische Instrumente (Assoziationserhebung, Einsetz-/Ergänzungsverfahren, Ähnlichkeitsskalierung etc.) oder Rezipienten-Vertextungen der ‚verstandenen' Textteile (Textkondensierungen, -rearrangements etc.) einsetzbar.

Dadurch ist kein Psychologismus im Sinne der Verdrängung der materialen Textgrundlage propagiert; vielmehr ist die material-objektive Textdeskription als materiales Außenkriterium für die sinnhafte Konstituierung des literarischen Werk bei der theoretischen Interpretation einzusetzen; als Verfahren zur Beschreibung material-objektiver Textstrukturen sind statistische Textbeschreibung, linguistisch-strukturelle Verfahren, mathematische Texttheorie, informationsästhetische Methoden heranzuziehen.

Damit ist als zentrales Problem der Textinterpretation in der empirischen Literaturwissenschaft die Fragerichtung des Basisproblems umgekehrt: es wird nicht mehr, wie in der hermeneutischen Literaturwissenschaft, gefragt, welches (individuelle) Werkverständnis dem ‚ideal-objektiven' Werk entspricht, sondern welche theoretische Konstruktion des Werksinns (Interpretation) den intersubjektiv erhobenen Werkkonkretisationen (rezeptives Verstehen) adäquat ist.

Entsprechend der Einschätzung der Interpretation als fundierendem Ausgangspunkt in der Literaturwissenschaft sind damit weitergehende, umfassende Erklärungsfragen nicht ausgeschlossen, sondern können und müssen im Gesamtverlauf des empirischen Forschungsprogramms explizit thematisiert werden; es handelt sich um erklärende Hypothesen/Theorien (explikative Konstrukte) in bezug auf den Bedingungszusammenhang, in dem literarische Texte stehen, also z.B. Fragen der künstlerischen Persönlichkeitsstruktur, Autorenintention, Leservariablen, Wirkungsprobleme etc.[47]

---

[47] Groeben, *Rezeptionsforschung,* 3f.

Die hermeneutische Interpretation stellt eine theoretische Konstruktion dar, die als Hypothese hinsichtlich des konkreten Prozesses von Textrezeption bei konkreten Lesern empirisch zu überprüfen ist. Das Programm einer empirischen Literaturwissenschaft versteht — wie die Rezeptionsästhetik auch — den Leser als „Vollender des Kunstwerks", als Instanz der Konstituierung von Bedeutung. Das literarische Werk wird gewissermaßen am Konvergenzpunkt von Text und Leser angesiedelt. Der Polyfunktionalität des Textes entspricht auf der Rezeptionsseite Polyvalenz und damit im Blick auf die Interpretierbarkeit Polyinterpretabilität.[48] Dieser Interpretationsspielraum — „die ‚Amplitude' der Werkbedeutungen" — wird, so zeigt Groeben, nur im Programm einer empirischen Literaturwissenschaft voll ausgeschöpft:

TEXT 24

Im Gegensatz zur hermeneutischen Konzeption aber erlaubt ein empirisch-kommunikationstheoretisches Forschungsprogramm unter Berücksichtigung der medialen Funktion des Lesers, alle Kernannahmen der rezeptionsästhetischen Problem- und Gegenstandsdefinition zu erfüllen. Erst die Erforschung einer Vielfalt von Rezeptionsmöglichkeiten (Lesern) läßt es als möglich erscheinen, dem ‚Spielraum'-Faktor literarischer Werke und der davon abhängigen Polyvalenz gerecht zu werden. Die ‚Amplitude' der Werkbedeutungen, so sie vorhanden ist selbstverständlich, wird durch eine szientistische Rezipient-Interpret-Trennung und die systematische Erhebung von Konkretisationen/Rezeptionen erst voll ausschöpfbar — auch für die literaturwissenschaftliche Interpretation qua Konstruktion eines Werksinns. Der Rekurs auf die subjektive Rezeption des Interpreten fragt vorschnell nach der adäquaten Konkretisation und operiert dabei immer schon mit einem als relativ überdauernd und zureichend ‚erkannten' literarischen Werk; der Rekurs aber auf eine Vielzahl von faktischen Rezeptionen (medial fungierenden Lesern) schöpft die Variabilität der Bedeutungskonstitution in der synchronischen Ebene aus, paßt das Werk in der diachronischen Ebene an die Veränderung von Lesern etc. an und deckt damit seine Entwicklungsmöglichkeiten ab. Erst die empirische Konzeption einer Literaturwissenschaft realisiert konsequent die Rezipientenperspektive und ist als Verwirklichung der kommunikationstheoretischen Kernannahmen anzusprechen.[49]

---

[48] *Ibid.,* 21.

[49] *Ibid.,* 67.

Methodisches Kernstück dieses Programms — und damit unterscheidet es sich kategorisch von der Rezeptionsästhetik — ist die Trennung von Rezipient, der mediale Funktion hat, und Forscher, dessen Aufgabe „die systematisch-kontrollierte Beobachtung von Konkretisationen/Rezeptionen" ist. Die Erhebung von Rezeptionsdaten hat den üblichen Standards empirischer Wissenschaften zu genügen; solche Daten werden beispielsweise auch den etablierten statistischen Signifikanztests unterworfen. Im Programm einer empirischen Literaturwissenschaft sind Rezeption und Interpretation eindeutig getrennt. Aufgrund der objektiv erhobenen Rezeptionsdaten konstruiert der Forscher die Interpretation als „theoretische Konstruktion von Werksinn auf der Grundlage von Rezeptionsdaten":

TEXT 25

Mit der empirischen Erhebung von Rezeptionsdaten in Form intersubjektiv-instrumenteller Beobachtung ist das Empirisierungsprogramm der Literaturwissenschaft natürlich nicht erschöpft — es handelt sich dabei nur um die Sicherung einer intersubjektiven Datenbasis entsprechend szientistischen Anforderungen. Eine vollständige Realisierung des szientistischen Wissenschaftsprogramms aber ist erst gegeben, wenn solche Datenbasen eingebettet sind in Prozesse des Theorienaufbaus und der Theorieüberprüfung. Im Bereich der Literaturwissenschaft bedeutet diese theoretische Anstrengung zunächst und zentral immer die Interpretation literarischer Werke, szientistisch ausgedrückt: die theoretische Konstruktion von Werksinn auf der Grundlage von Rezeptionsdaten. Die durch das Empirisierungsprogramm geforderte Trennung von Rezipient und Interpret bedeutet in dieser Hinsicht auch eine (möglichst) eindeutige Trennung von Rezeption und Interpretation: indem dem Interpreten als wissenschaftlichem Forscher die Operation der theoretischen Werksinn-Konstruktion vorbehalten bleibt. Rezeption und Interpretation sind also im szientistischen Wissenschaftsprogramm der Literaturwissenschaft eindeutig getrennt: bei der Rezeption handelt es sich um den bedeutungskonstituierenden Prozeß der Textkonkretisation, der Gegenstand für die wissenschaftlich-intersubjektive Beobachtung ist; bei der Interpretation handelt es sich um eine Teilmenge des wissenschaftlichen Erkenntnisprozesses und zwar jene, die theoretische Konstruktionen aufstellt und unter Rückgriff auf die beobachteten Rezeptionsdaten überprüft. Diese Unterscheidung ist nach dem im letzten Abschnitt Erarbeiteten sicherlich idealtypisch, aber doch als akzentuierende Trennung der beiden entgegengesetzten Pole zur Verdeutlichung der methodologischen Grundstruktur und Unterschiede brauchbar und sinnvoll.[50]

Innerhalb des szientistischen Paradigmas „entscheiden die empirisch erhobenen Textbedeutungen als Falsifikationskriterium über die Gültigkeit (Validität) der Werksinn-Konstruktion".[51] Dabei wird die empirische Literaturwissenschaft dem Theorem der Polyfunktionalität des Textes insoweit besonders gerecht, als sie im Unterschied einer auf Stimmigkeit des einen Werksinns ausgerichteten hermeneutischen Werkinterpretation gerade an der ‚Amplitude', d.h. der Spielbreite möglicher Rezeptionen interessiert ist.[52]

Um zusammenzufassen: Im Programm einer empirischen Literaturwissenschaft tritt Interpretation an zwei Stellen in unterschiedlicher Bedeutung und in unterschiedlichen Funktionen auf: Als hermeneutische Interpretation, die dem empirischen Untersuchungsprogramm vorausgeht, fungiert sie als Heuristik: Der Forscher benutzt seine eigene Textinterpretation als Deutungsvorgabe zur Hypothesenbildung und damit zur Entwicklung des empirischen Forschungsprogramms. Als Konstruktion von Textsinn *aufgrund* von empirisch erhobenen Rezeptionsdaten bildet Interpretation den Abschluß und das Ergebnis des Untersuchungsprozesses. Es liegt auf der Hand, daß damit mit dem Begriff Interpretation zwei Aktivitäten von ganz unterschiedlichem Rang bezeichnet werden.

8.7. Statt einer Synthese — neun Thesen zur Interpretation

1. Wer von Interpretation spricht, muß klären, was er damit meint.

   Ein Überblick über die unterschiedlichen Konzepte von Interpretation hat erkennen lassen, daß der Begriff der Interpretation und die teilweise synonym verwendeten Begriffe wie Auslegung, Analyse usw. in ganz unterschiedlichem Sinne verwendet werden. Am Anfang jeder wissenschaftlichen Beschäftigung mit Interpretation muß deshalb die Klärung der Konzepte stehen.

2. Interpretation ist in wissenschaftstheoretischer Hinsicht nie voraussetzungsfrei. Die Kritik an Interpretationstheorien ist nur über die Aufdeckung ihrer wissenschaftstheoretischen Voraussetzungen möglich.

---

[50] *Ibid.,* 131.

[51] *Ibid.,* 134f.

[52] *Ibid.,* 138.

Der Status und die Funktion von Interpretation ist je nach dem vorausgesetzten wissenschaftstheoretischen Paradigma (hermeneutisch bzw. empirisch-szientistisch) durchaus unterschiedlich. Aber selbst noch innerhalb solcher Paradigmen sind Voraussetzungen und Ziele von Interpretation unterschiedlich. Interpretation als Klärung schwieriger Textstellen oder überhaupt sinndunkler Texte ist etwas anderes als Interpretation als erlebnishafter Nachvollzug des literarischen Kunstwerk. Interpretation als Heuristik und Interpretation als Konstruktion von Werksinn aufgrund empirischer Rezeptionsdaten sind ebenso voneinander zu scheiden.

3. Interpretation als methodisch geregeltes Verstehen von Texten ist unaufgebbar.

Interpretation als Aufsuchen von Sinnzusammenhängen in Verstehensprozessen findet laufend statt; das Verstehen literarischer Texte ist insoweit lediglich ein Spezialfall von Verstehen überhaupt. Es wäre ein Trugschluß zu glauben, man könnte der Subjektivität der Interpretation durch das Ausweichen auf die Beschreibung ‚objektiver‘ Textbefunde entgehen. Wenngleich die Forderung gilt, Deskription und Deutung — Feststellungsakt und Deutakt[53] — methodisch sauber zu unterscheiden, so gilt doch ebenso, daß ,,deskriptive Textanalyse und interpretierendes Verfahren [. . .] in einem Verhältnis gegenseitiger Ergänzung [stehen]‘‘, insoweit in jede Deskription Vorentscheidungen (der Selektion, der Wertkriterien usw.) eingehen (hermeneutische Voraussetzungen).[54] ,,Die Kluft zwischen objektiver Tatsachenforschung und subjektiver Erläuterung ist allemal kleiner, als sowohl der Positivist wie der Interpret wahr haben möchten.‘‘[55]

4. Interpretation darf sich nicht an die Stelle des Textes setzen, der erschlossen werden soll.

Susan Sontag wendet sich gegen eine Interpretation, die unter Betonung des Inhalts auf Kosten der Form Kunst in Gedanken oder Kunst in Kultur umsetzt. Ihre Forderung — ,,Statt einer Hermeneutik brauchen wir eine Erotik der Kunst.‘‘ — ist darauf gerichtet, statt Kunst durch Interpretation zu verstellen, vielmehr den direkten Zugang zu ihr wiederzugewinnen.[56]

---

[53]   Leo Pollmann, *Literaturwissenschaft und Methode* (Frankfurt: Athenäum, 1971), I, 74f.

[54]   Dietrich Harth, ,,Annäherung an Grundbegriffe‘‘, *Propädeutik der Literaturwissenschaft* (München: Fink, 1973), 158f.

[55]   Peter Szondi, ,,Über philologische Erkenntnis‘‘, *Hölderlin-Studien* (Frankfurt: Suhrkamp, 1970), 14f.

[56]   Susan Sontag, "Against Interpretation", Dt.: ,,Gegen Interpretation‘‘, *Kunst und Antikunst* (Reinbek: Rowohlt, 1968), 9—18.

5. Interpretation, die sich als wissenschaftliche versteht, beweist ihre Wissenschaftlichkeit auch darin, daß sie in der Sprache der Wissenschaft abgefaßt ist.

Die Manier vieler Interpreten, sich in ihrer Interpretation ihrem Gegenstand auch sprachlich anzunähern — z.b. Hölderlins Gedichte in hymnischem Ton zu interpretieren —, hat die Interpretation in Verruf gebracht. Die Sprache der Kritik ist aber nicht die Sprache der Literatur, sie ist Sprache über die Sprache der Literatur, Metasprache.[57] Die Sprache der Wissenschaft ist auch in der Interpretation die des rationalen Diskurses.

6. Interpretation als akademische Übung nach schematisierten Regeln verkommt notwendigerweise zu einer ins Leere laufenden bloß formalen Aktivität.

Explication de texte, practical criticism, und wie die verschiedenen schematisierten Interpretationsprogramme noch heißen mögen, laufen ins Leere, wenn bloß um des Interpretierens willen interpretiert wird. Die implizite Voraussetzung eines solchen Interpretationsschematismus, es könnten alle Texte ,,über einen (interpretatorischen) Leisten geschlagen werden‘‘, führt im Einzelfall dazu, daß die angelegten Schemata den zu interpretierenden Text nicht sinnvoll erschließen, die Interpretation kein sinnvolles Ergebnis hervorbringt, sondern *disiecta membra poetae* oder allgemein schöngeistige Ergüsse produziert.

7. Interpretation von Texten ist wie philologische Erkenntnis überhaupt unabgeschlossen.

Interpretation als Mitteilung über die Konstituierung von Werkbedeutung in der Vermittlung von Texthorizont und Leserhorizont geschieht immer von bestimmten Personen in jeweils konkreten Situationen.
,,Dem philologischen Wissen ist ein dynamisches Moment eigen, nicht bloß, weil es sich, wie jedes andere Wissen, durch neue Gesichtspunkte und neue Erkenntnisse ständig verändert, sondern weil es nur in der fortwährenden Konfrontation mit dem Text bestehen kann, nur in der ununterbrochenen Zurückführung des Wissens auf Erkenntnis, auf das Verstehen des dichterischen Wortes. Das philologische Wissen hat seinen Ursprung, die Erkenntnis nie verlassen, Wissen ist hier perpetuierte Erkenntnis — oder sollte es doch sein.‘‘[58]

---

[57] Roland Barthes, ,,Was ist Kritik?‘‘ *Literatur oder Geschichte* (Frankfurt: Suhrkamp, 1969), 66.

[58] Peter Szondi, ,,Über philologische Erkenntnis‘‘, 11.

8. Interpretation muß — wie jede wissenschaftliche Arbeit überhaupt — ihre Erkenntnisziele reflektieren und ihr Verfahren entsprechend methodisch kontrollieren.

> Texte geben von sich aus keine Antworten, werfen von sich aus keine Probleme auf.[59]
> So wie in den Naturwissenschaften letztlich die Theorie darüber entscheidet, was beobachtet werden kann, so hängt es bei aller literaturwissenschaftlichen Arbeit, damit auch bei der Textinterpretation von der Fragestellung ab, welche Antworten man erzielt. Dies gilt auch für viele überzeugende Interpretationen, die sich scheinbar voraussetzungslos geben;   häufig sind die — intuitiv herangetragenen oder explizit formulierten Fragestellungen — lediglich nicht ausdrücklich in die Darstellung aufgenommen.
> Interpretation hat somit, um diesen Punkt noch einmal zu wiederholen, keinen Sonderstatus innerhalb der literaturwissenschaftlichen Arbeit, sondern ist denselben Kriterien von Wissenschaftlichkeit unterworfen wie jede andere Tätigkeit des Literaturwissenschaftlers auch.

9. Interpretation ist deshalb wie literaturwissenschaftliche Arbeit überhaupt zu messen an den Kriterien der

 — Verständlichkeit und Mitteilbarkeit

 — Überprüfbarkeit (Offenlegung von Erkenntniszielen und methodischen Vorentscheidungen; Eindeutigkeit der Begrifflichkeit; Intersubjektivität)

 — Stimmigkeit und Plausibilität (Maximierung der Textmerkmale [*evidence*] unter interpretatorischen Thesen)

 — Fruchtbarkeit (Erkenntnisgewinn; Sinn)

 — Ökonomie (Vertretbarkeit des Aufwandes im Verhältnis zum Erreichten).

---

[59] Vgl. Werner Faulstich und Hans-Werner Ludwig, *Arbeitstechniken für Studenten der Literaturwissenschaft* (Tübingen: Narr, 1978), 80.

9. TEST

Problemfeld 1

1. Ordnen Sie jeweils einem Begriff der linken Spalte den dazugehörigen Begriff der rechten Spalte zu:

    1. Paradigma   a. Kombination
    2. Syntagma   b. Selektion

2. Aufgabe wie 1:

    1. Botschaft   a. emotive Funktion
    2. Code   b. imperativische Funktion
    3. Empfänger   c. metasprachliche Funktion
    4. Kontakt   d. phatische Funktion
    5. Kontext   e. poetische Funktion
    6. Sender   f. referentielle Funktion

Problemfeld 2

TEXT 1

    A widow bird sate mourning for her love
      Upon a wintry bough;
    The frozen wind kept on above,
      The freezing stream below.

    There was no leaf upon the forest bare,
      No flower upon the ground,
    And little motion in the air
      Except the mill-wheel's sound.

            (Shelley, "Song")

3. Bestimmen Sie Versmaß und Strophenform des Gedichts! Welche volkstümliche Strophenform wird hier variiert?

TEXT 2

> Earth has not anything to show more fair:
> Dull would he be of soul who could pass by
> A sight so touching in its majesty:
> This city now doth, like a garment, wear
> The beauty of the morning; silent, bare,
> Ships, towers, domes, theatres, and temples lie
> Open unto the fields, and to the sky;
> All bright and glittering in the smokeless air.
> Never did sun more beautifully steep
> In his first splendour, valley, rock, or hill;
> Ne'er saw I, never felt, a calm so deep!
> The river glideth at his own sweet will:
> Dear God! the very houses seem asleep;
> And all that mighty heart is lying still!

> (Wordsworth, "Composed upon Westminster Bridge")

4.1. Bestimmen Sie zunächst Versmaß und Form des Gedichts! Beachten Sie dazu auch das Reimschema!

4.2. Untersuchen Sie nun in den Versen 1, 2, 6 markante Stellen des *interplay* (Spannungsverhältnis) zwischen dem metrischen Gitter und den realisierten Akzenten!

4.3. Beschreiben Sie, wie in den Versen 9 und 11 "never" (3x) in das metrische Gitter eingerückt ist (und geben Sie die entsprechenden Bezeichnungen dafür an)!

4.4. Überlegen Sie sich (metrisch-rhythmische oder sonstige) Gründe, warum Wordsworth in Zeile 12 "glideth" und nicht "glides" sagt!

Problemfeld 3

TEXT 3

> Der Sommer, kein Kummer- noch Trauernis leidet,
> Der Schläfer, der Schäfer, der pfeifet und weidet,
> Der Bauer, der Lauer, der erntet und schneidet.
> > Es grünet das Feld,
> > Es lachet die Welt,
> > Der Gärtner löst Geld.

Die Dörfer, viel schärfer vor Freuden aufschreien,
Sie klopfen, sie hupfen den Schnittertanzreihen,
Die Leiren nicht feiren, Schalmeier schalmeien,
    Es jauchzet der Plan,
    Der Sternen Altan
    Beleuchtet die Bahn.

Wann grauet, wann blauet der tagende Himmel,
Wann lenken, sich senken die schwitzenden Schimmel,
Dann hallet, dann schallet das Freudengetümmel,
    Da führet man ein,
    Was Speise muß sein
    Für Groß und für Klein.

              (Klaj, ,,Vorzug des Sommers'')

5. Bestimmen Sie die ein regelmäßiges Schema bildenden Klangbeziehungen dieses Textes!

TEXT 4

Grauen, samtig sanftes Grauen
Packt mich, wenn ich traurig bin.
Lauter graue Raupen stauen
Sich vom Hals bis übers Kinn.

              (Däubler, ,,Ein Lauschender auf blauer Au'')

6. Markieren Sie die wichtigen Klangbeziehungen dieses Textes und beschreiben Sie sie! Welche Kategorien aus der Funktionentafel des Klanges treffen auf diese Verse am besten zu?

Problemfeld 4

TEXT 5

Farewell to the mountains high covered with snow!
Farewell to the straths and green valleys below!
Farewell to the forests and wild-hanging woods!
Farewell to the torrents and loud-pouring floods!

              (Shelley)

TEXT 6

>Water, water every where
>   And all the boards did shrink;
>Water, water every where
>   Ne any drop to drink.

(Coleridge, "The Rhyme of the Ancient Mariner")

TEXT 7

>Weisse schwalben sah ich fliegen·
>Schwalben schnee- und silberweiss·
>Sah sie sich im winde wiegen·
>In dem winde hell und heiss·

(George, „Vogelschau")

7. Analysieren Sie die Texte 5—7 auf die in ihnen vorkommenden Wiederholungsfiguren!

Problemfeld 5

8. Analysieren Sie Text 2 (Vers 2) sowie Text 3 (Verse 2 und 3, bzw. 4, 5 und 9) unter dem Aspekt der poetischen Syntax!

TEXT 8

>   Gott unterm Menschen: Mensch unter Gott
>Mensch, wie sich Gott in dich, mußt du in Gott dich kleiden!
>Du sollst um seiner Lieb, Er will um deiner leiden.

(Daniel v. Czepko)

9. Bestimmen Sie die markante Anordnung der Satzglieder in diesen Versen und der Überschrift!

TEXT 9

>DU DURCHKLAFTERST
>Farbenstoß, Zahlwurf, Verkenntnis,

viele
sagen:
du bists, wir verwissens,
viele verneinen sich an dir,
der du sie dir einzeln
erjast,
aufständisch wie
der dem Handgesagten geschenkte
Steinmut,
der sich hinhob zur Welt
am Saum des gewendeten Schweigens
und aller Gefahr

                                        (Celan)

10. Analysieren Sie die auf morphologisch-syntaktischer Deviation (Abweichung von der Sprachnorm) beruhende Gestaltungstechnik in diesem Gedicht!

Problemfeld 6

TEXT 10

                                        thrush
Through the echoing timber does so rinse and wring
The ear, it strikes like lightnings to hear him sing.

                        (Hopkins, "Spring")

TEXT 11

Sceptre and crown must tumble down
And in the dust be equal made
With the poor crooked scythe and spade.

                        (Shirley)

11. Analysieren Sie in den Texten 10 und 11 die Formen bildlicher Rede!

TEXT 12

The steed bit his master;
How came this to pass?
He heard the good pastor
Cry, "All flesh is grass."

12. Erklären Sie die Komik des Vierzeilers aus der Verwendung der Bildlichkeit!

Problemfeld 7

13. Stellen Sie dar, inwieweit die Begriffe „Gelegenheitslyrik", „Gebrauchslyrik", „Zweckformen" die Problematik eines verengten Lyrikbegriffs spiegeln!

Problemfeld 8

14. Wie unterscheidet E.D. Hirsch "meaning", "interpretation" und "significance"?

15. Welche Funktionen erfüllt Interpretation im Paradigma einer empirischen Literaturwissenschaft (Norbert Groeben)?

Lösungen

1. 1b; 2a.

2. 1e; 2c; 3b; 4d; 5f; 6a.

3. Jambische Verse, wechselnd fünfhebig, dreihebig, vierhebig, dreihebig. Variation der *Chevy-Chase Stanza* (Volksliedstrophe: jambisch: vier-hebig-dreihebig im Wechsel).

4. 1. Versmaß: fünfhebig-jambisch; Reimschema: abba abba cdc dcd; Form: klassisch italienische Form des Sonetts mit jeweils nur zwei Reimen in Oktave und Sextett.

   2. Earth hás not ánything...
   Dúll would hé bé...
   sogenannte „trochäische Inversion": realisierter Akzent auf Senkungs-position, Hebungsstelle akzentlos; traditionell zulässig am Versanfang und nach Schnitt im Versinneren; Mittel der Emphase
   Ships, tówers, dómes, théatres and témples líe
   x   x   x   x x   x   x   x
   Asyndetische Reihung; Überfüllung des Verses an sprachlich realisier-ten Akzenten.

   3. ¹Néver did sún more...
   ²Né'er sáw I,³néver félt a cálm...
   1. sogen. trochäische Inversion (s.o. 4.2.)
   2. einsilbig: Elision, auf Senkungsposition
   3. zweisilbig: sprachlicher Akzent und Hebung fallen zusammen.

   4. The ríver glídeth át his ówn swéet wíll
   Das metrische Gitter erfordert eine weitere Silbe auf Senkungsposi-tion; ''glídeth'' ist als altertümelnd-poetische Form stilistisch hervor-gehoben; die Gruppierung zweier initialbetonter zweisilbiger Wörter (''river glídeth'') führt zu einem beruhigten Versfluß; möglicherweise mimetische Komponente; hier wie in den folgenden Versen relativ große Übereinstimmung von sprachlich realisierten Akzenten und metrischem Gitter.

5. Endreim: aaa bbb ccc ddd eee fff: gehäufter Reim, zusätzlich Binnen-reim (zweisilbig/weiblich mit Abtönung des Reimvokals am Vers-reim anfang der Langzeilen: ''Sommer''/''Kummer'' usw.)

6. Aus der Phonemfolge des Wortes „Grauen" wird einmal der Endreim entwickelt: „Grauen"/„stauen", des weiteren die Assonanz /au/ in den Versen 1 und 3; mehrfache verstärkte Klangbindung durch Ein-beziehung des dem Reimvokal vorangehenden Konsonanten (/r/: „graue Raupen"), und diese Phonemgruppe findet sich weiterhin in Vers 2 in „traurig", einem Schlüsselwort des Textes. Sekundäre klein-räumige Klangbindung „samtig, sanftes" als gerahmte Mittelgruppe des ersten Verses. „Grauen"/„graue" = Paronomasie.

Funktionstafel 1.2.2. Bildung von Klang-Sinn-Beziehungen (Bildung von Beziehungsmustern durch Leitklänge, z.B. „Grauen"/„grau"/ „traurig") und 2.2. Darstellung innerer Wirklichkeit.

7. Text 5: Anapher, teilweise Isokolon.
   Text 6: Geminatio, zusätzlich wörtliche Zeilenwiederholung.
   Text 7: Anadiplosis.

8. Text 2: Inversion.
   Text 3: Isokolon.

9. Chiasmus, Parallelismus.

10. a. „Verkenntnis", „verwissens", „verneinen", „erjahst": Ausgangs-
    punkt: „erkennen" und „verkennen"; „nein" und „ja"; deviante
    Analogiebildung „Verkenntnis" zu „Erkenntnis", „erjahst" zu „ver-
    neinen": Oszillieren des Sinns zwischen positiver Setzung und Nega-
    tion. „Verwissen" deviante Bildung analog zu „verkennen" ohne posi-
    tives Korrelat im Text.
    b. „Handgesagtes", „Steinmut": regelmäßig gebildete Komposita
    (Bildungstyp), jedoch aus disparaten Elementen.
    c. „durchklatterst": Konversion „Klatter" sb.→vb. plus Präfix.

11. Text 10: Synästhesien
    Text 11: Metonymien

12. „All flesh is grass": Die Metapher „grass" wird unmetaphorisch,
    wörtlich verstanden.

13. Vgl. S. 191 – 207, 214f.

14. Vgl. S. 142

15. Vgl. S. 243 – 247

10. LITERATURVERZEICHNIS

Abernathy, R. "Rhymes, Non-Rhymes, and Antirhyme". *To Honor Roman Jakobson.* The Hague: Mouton, 1967. I, 1–14.

Adorno, Theodor W. *Ästhetische Theorie.* Frankfurt: Suhrkamp, 1970.

Adorno, Theodor W. „Rede über Lyrik und Gesellschaft". *Noten zur Literatur.* Frankfurt: Suhrkamp, 1958. I, 73ff.

Alexander, L.G. *Poetry and Prose Appreciation for Overseas Students.* London: Longman, 1963; rpt. 1976.

Auberlen, Eckhard. „Die Selbstreflexion des patronage-abhängigen Dichters im aristokratischen Festgedicht: Edmund Spensers 'Prothalamion'." *DVjs,* 52 (1978), 209–225.

Baehr, Rudolf. *Einführung in die französische Verslehre.* München: Beck, 1970.

Baker, William E. *Syntax in English Poetry: 1870–1930.* Berkeley: Univ. of California Pr., 1967.

Barner, Wilfried. *Neuere Alkaios-Papyri aus Oxyrhynchos.* Spoudasmata. Hildesheim: Olms, 1966.

Barthes, Roland. „Was ist Kritik?" *Literatur oder Geschichte.* Frankfurt: Suhrkamp, 1969, 62–69.

Bauer, W. et al. *Text und Rezeption: Wirkungsanalyse zeitgenössischer Lyrik am Beispiel des Gedichtes ‚Fadensonnen' von Paul Celan.* Frankfurt: Athenäum, 1972.

Bender, Todd K. *Gerard Manley Hopkins: The Classical Background and Critical Reception of his Work.* Baltimore: Johns Hopkins Pr., 1966.

Beneke, Jürgen. *Metaphorik im Drama.* Bonn: Bouvier, 1975.

Berghahn, Wilfried. „In der Fremde." *Trivialliteratur.* Ed. Gerhard Schmidt-Henkel et al. Berlin: Literarisches Colloquium, 1964, 246–259.

Berry, Francis. *Poets' Grammar: Person, Time and Mood in Poetry.* London: Routledge, 1958.

Bierwisch, Manfred. „Poetik und Linguistik." *Mathematik und Dichtung.* Ed. H. Kreuzer und R. Gunzenhäuser. München: Nymphenburger, [3] 1969, 49–65.

Blumenberg, Hans. „Paradigmen zu einer Metaphorologie." *Archiv für Begriffsgeschichte,* 6 (1960), 7ff.

Bogatyrev, P.G. und R. Jakobson. „Die Folklore als eine besondere Form des Schaffens." *Donum Natalicum Schrijnen.* Nijmegen-Utrecht, 1929; rpt. *Strukturalismus in der Literaturwissenschaft.* Ed. H. Blumensath. Köln: Kiepenheuer & Witsch, 1972, 13–24.

Bourgeois, P. "L'Explication de texte: Préparation et terminologie." *Praxis des neusprachlichen Unterrichts,* 7 (1960), 196–199.

Bowra, C.M. *Pindar.* Oxford: O.U.P., 1964.

Brackert, Helmut und Eberhard Lämmert, eds. *Funkkolleg Literatur I.* Frankfurt: Fischer, 1977.

Bratton, J.S. *The Victorian Popular Ballad.* London: MacMillan, 1975.

Bridges, Robert. *Milton's Prosody.* Oxford, 1921; rpt. 1965.

Brooke-Rose, Christine. *A Grammar of Metaphor.* London: Secker & Warburg, 1958.

Brooks, Cleanth. *Modern Poetry and the Tradition.* Chapel Hill: Univ. of North Carolina Pr., 1939.

Brooks, Cleanth. *The Well Wrought Urn.* New York: Harcourt, Brace and World, 1947; dt. Teilabdruck: *Paradoxie im Gedicht: Zur Struktur der Lyrik.* Frankfurt: Suhrkamp, 1965.

Brown, R. *Words and Things.* New York: The Free Press of Glencoe, [8] 1966.

Buchan, David. *The Ballad and the Folk.* London: Routledge, 1972.

Bühler, Karl. *Sprachtheorie.* Rpt. Stuttgart: Fischer, [2] 1965.

Celan, Paul. *Der Meridian.* Frankfurt: Fischer, 1961.

Chatman, Seymour. "Comparing Metrical Styles." *Style in Language.* Ed. Thomas A. Sebeok. Cambridge, Mass.: M.I.T. Press, 1960, 149–172.

Chatman, Seymour. *A Theory of Meter.* The Hague: Mouton, 1965.

Clemen, Wolfgang. „Das Problem des Stilwandels in der englischen Dichtung." *Bayer. Akademie der Wiss., Phil.-Hist. Klasse,* Heft 2 (1968).

Clemen, Wolfgang. *The Development of Shakespeare's Imagery.* London: Methuen, 1951; [2] 1977.

Closs, A. *Die freien Rhythmen in der deutschen Lyrik.* Bern: Francke, 1947.

Coseriu, Eugenio. „Thesen zum Thema ,Sprache und Dichtung'." *Beiträge zur Textlinguistik.* Ed. Wolf-Dieter Stempel. München: Fink, 1971, 183–188.

Cox, C.B. und A.E. Dyson. *Modern Poetry: Studies in Practical Criticism.* London: Edward Arnold, 1963.

Curtius, Ernst Robert. *Europäische Literatur und lateinisches Mittelalter.* Bern: Francke, [1] 1948; [4] 1963.

Debouille, P. *Poésie et sonorités: La critique contemporaine devant le pouvoir suggestif des sons.* Paris: Les Belles Lettres, 1961.

Deubel, Volker. *Tradierte Bauformen und lyrische Struktur.* Stuttgart: Kohlhammer, 1971.

Diller, Hans-Jürgen. *Metrik und Verslehre.* Düsseldorf: Bagel, 1978.

Ebeling, Gerhard. „Hermeneutik." *Die Religion in Geschichte und Gegenwart.* 3. Auflage. Ed. Kurt Galling. vol. 3. Tübingen: Mohr, 1959, 242–262.

Eco, Umberto. *Einführung in die Semiotik.* Tr. Jürgen Trabant. München: Fink, 1972.

Edsman, C.M. „Gleichnis und Parabel." *Die Religion in Geschichte und Gegenwart.* 3. Auflage. Ed. Kurt Galling. vol. 2. Tübingen: Mohr, 1958, 1614–1615.

Elwert, W. Theodor. *Französische Metrik.* München: Hueber, [2] 1966.

Empson, William, *Seven Types of Ambiguity.* London: Chatto & Windus, [1]1930; [3]1956.

Enders, H., ed. *Die Werkinterpretation.* Darmstadt: WBG, 1967.

Ern, Lothar. *Freivers und Metrik: Zur Problematik der englischen Verswissenschaft.* München: Hueber, 1868.

Evans, Robert O. *Milton's Elisions.* Gainesville: Univ. of Florida Pr., 1966.

Faulstich, Werner. *Domänen der Rezeptionsanalyse.* Kronberg: Athenäum, 1977.

Faulstich, Werner. *Rock — Pop — Beat — Folk: Grundlagen der Textmusik-Analyse.* Literaturwissenschaft im Grundstudium, 7. Tübingen: Narr, 1978.

Faulstich, Werner und Hans-Werner Ludwig. *Arbeitstechniken für Studenten der Literaturwissenschaft.* Literaturwissenschaft im Grundstudium. Tübingen: Narr, 1978.

Fónagy, Ivan. „Die Redepausen in der Dichtung." *Phonetica,* 5 (1960), 169—203.

Fónagy, Ivan. „Der Ausdruck als Inhalt: Ansätze zu einer funktionellen Poetik." *Mathematik und Dichtung.* Ed. H. Kreuzer und R. Gunzenhäuser. München: Nymphenburger, [3]1969, 243—274.

Foukes, A.P. "Relevance and Meaning in the Interpretation of Literary Texts." *Journal of Literary Semantics,* 4 (1975), 5—34.

Fowler, Roger. "What is Metrical Analysis?" *Anglia,* 86 (1968), 280—320.

Fowler, Roger, ed. *A Dictionary of Modern Critical Terms.* London: Routledge, 1973.

Fränkel, H. *Dichtung und Philosophie des frühen Griechentums.* München: Beck, [2]1962.

Franz, Wilhelm. *Shakespeares Blankvers.* Tübingen: Verlag des Engl. Seminars, 1932.

Fraser, G.S. *Metre, Rhythm and Free Verse.* The Critical Idiom, 8. London: Methuen, 1970.

Frey, Eberhard. „Rezeption literarischer Stilmittel: Beobachtungen am ‚Durchschnittsleser'." *LiLi,* 4 (1975), H. 15, 80—94.

Friedrich, Hugo. *Die Struktur der modernen Lyrik.* Reinbek: Rowohlt, [1]1956; [9]1967.

Friedrich, Wolf-Hartmut und Walther Killy, eds. *Fischer Lexikon Literatur.* 2 vols. Frankfurt: Fischer, 1964—1965.

Gaier, Ulrich. *Form und Information: Funktionen sprachlicher Klangmittel.* Konstanzer Universitätsreden, 29. Konstanz: Universitätsverlag, 1971.

Gascoygne, George, *Certayne Notes of Instruction concerning the making of verse or rhyme in English, Works I.* Ed. J.W. Cunliffe. Cambridge, 1907.

Greene, Thomas M. "Spenser and the Epithalamic convention." *CL,* 9 (1957), 215—228.

Grimm, Reinhold, ed. *Zur Lyrik-Diskussion.* Darmstadt: WBG, 1966, rev. ed. 1974.

Groeben, Norbert. *Literaturpsychologie.* Stuttgart: Kohlhammer, 1972.

Groeben, Norbert. *Rezeptionsforschung als empirische Literaturwissenschaft.* Kronberg: Athenäum, 1977.

Große, Ernst Ulrich und K. Schoell. „Schriftliche Textsorten." *Französisch Heute* (1973), pp. 101–113, 161–168.

Große, Ernst Ulrich. *Texttypen: Linguistik gegenwärtiger Kommunikationsakte.* Preprint. Stuttgart: Kohlhammer, 1974.

Große, Ernst Ulrich. *Text und Kommunikation: Eine linguistische Einführung in die Funktion der Texte.* Stuttgart: Kohlhammer, 1976.

Großklaus, Götz. „Das Lied als Ware: Untersuchungen zur Produktion und Rezeption sogenannter Triviallyrik am Beispiel des Schlagers." *Literatur für Viele I.* Ed. A. Kaes und B. Zimmermann. Beiheft zu *LiLi,* 1. Göttingen: Vandenhoeck, 1975, 43–58.

Halfmann, U. *Der amerikanische „New Criticism".* Frankfurt: Athenäum, 1971.

Hamburger, Käte. *Die Logik der Dichtung.* Stuttgart: Klett, [2] 1968.

Hamburger, Michael. *The Truth of Poetry: Tensions in Modern Poetry from Baudelaire to the 1960s.* London: Weidenfeld & Nicolson, 1969; rpt. Harmondsworth: Penguin, 1972.

Hamer, Enid. *The Metres of English Poetry.* London: Methuen, 1930, [4] 1962.

Hardt, Manfred. *Das Bild in der Dichtung: Studien zu Funktionsweisen von Bildern und Bildreihen in der Literatur.* Diss. Freiburg: 1964.

Harth, Dietrich. *Propädeutik der Literaturwissenschaft.* München: Fink, 1973.

Hassenstein, Friedrich. „Gebrauchslyrik im Unterricht." *Sprache im technischen Zeitalter,* H. 44 (1972), 322–326.

Hatzfeld, Helmut. *Initiation à l'explication de textes français.* München: Hueber, [4] 1975.

Hawkes, Terence. *Metaphor.* The Critical Idiom. London: Methuen, 1972.

Heckhausen, Heinz. „Thesen." „Die Metapher (Bochumer Diskussion)." *Poetica,* 2 (1968), 100–130.

Hein, Jürgen. „Literaturdidaktik als Rezeptionsforschung?" *Wissenschaft in Hochschule und Schule.* Fschr. Julius Scheveling. Ed. H. Hömig und J. Tymister. Köln: Wienand, 1972, 61–74.

Hellingrath, Friedrich Norbert v. *Pindarübertragungen von Hölderlin.* Leipzig: Breitkopf & Härtel, o.J. [1911].

Henkel, Arthur und Albrecht Schöne. *Emblemata.* Stuttgart: Metzler, 1967.

Henrich, Dieter, „Kunst und Kunstphilosophie der Gegenwart." *Immanente Ästhetik: Ästhetische Reflexion.* Ed. Wolfgang Iser. Poetik und Hermeneutik, 1. München: Fink, 1966, 11–32.

Herrlitz, Wolfgang. „Aufbau eines Modells der sprachlichen Kommunikation." *Funkkolleg Sprache I.* Frankfurt: Fischer, 1973, 38–46.

Heselhaus, Clemens. „Auslegung und Erkenntnis: Zur Methode der Interpretationskunde und der Strukturanalyse mit einer Einführung in Dantes Selbstauslegung." *Gestaltprobleme der Dichtung.* Fschr. Günther Müller. Ed. R. Alewyn et al. Bonn: Bouvier, 1957, 259–282.

Heuermann, Hartmut. „Angloamerikanische Literatur und der deutsche Leser." *Neusprachliche Mitteilungen,* 29 (1976), 163—199.

Heusler, Andreas. *Deutsche Versgeschichte.* 3 vols. Leipzig, 1925—1929.

Hirsch, Eric Donald. *Validity in Interpretation.* New Haven: Yale Univ. Press, 1967.

Hirsch, Eric Donald. *The Aims of Interpretation.* Chicago: Univ. of Chicago Pr., 1976.

Hocke, Gustav René. *Manierismus in der Literatur: Sprach-Alchimie und esoterische Kombinationskunst.* Reinbek: Rowohlt, 1959.

Hönnighausen, Lothar. *Präraphaeliten und Fin de Siècle.* München: Fink, 1971.

Hopkins, G.M. "Poetic Diction." *The Journals and Papers.* Ed. Humphrey House and Graham Storey. London: O.U.P., [2] 1966.

Hrushovski, B. "On Free Rhythms in Modern Poetry." *Style in Language.* Ed. Thomas A. Sebeok. Cambridge, Mass.: M.I.T. Press, 1960, 173—190.

Janota, Johannes und Karl Riha. „,‚Sprechen' und ‚Hören', ‚Lesen' und ‚Schreiben' als Formen der literarischen Kommunikation." *Funkkolleg Literatur. I.* Ed. Helmut Brackert und Eberhard Lämmert. Frankfurt: Fischer, 1977, 90—112.

Jakobson, Roman. „Der Doppelcharakter der Sprache." R. Jakobson und M. Halle. *Fundamentals of Language.* Den Haag: Mouton, 1956. Dt. *Grundlagen der Sprache.* Berlin: Akademie-Verlag, 1960; rpt. in *Literaturwissenschaft und Linguistik I.* Ed. Jens Ihwe. Frankfurt: Athenäum, [2] 1972, 323—333.

Jakobson, Roman. "Closing Statement: Linguistics and Poetics." *Style in Language.* Ed. Thomas A. Sebeok. Cambridge, Mass.: M.I.T. Press, 1960, 353—357.

Jakobson, Roman. „Poesie der Grammatik und Grammatik der Poesie." *Mathematik und Dichtung.* Ed. H. Kreuzer und R. Gunzenhäuser. München: Nymphenburger, [3] 1969, 21—32.

Jens, Walter. „Rhetorik." *Reallexikon der deutschen Literaturgeschichte.* Ed. W. Kohlschmidt und W. Mohr. Berlin: de Gruyter, [2] 1971.

Kaiser, Gerhard R. „Zur Dynamik literarischer Gattungen." *Die Gattungen in der vergleichenden Literaturwissenschaft.* Ed. H. Rüdiger. Berlin und New York: de Gruyter, 1974.

Kamlah, Wilhelm. „Plädoyer für eine wieder eingeschränkte Hermeneutik." *Propädeutik der Literaturwissenschaft.* Ed. D. Harth. München: Fink, 1973, 126—135.

Karrer, Wolfgang. *Die Metaphorik in Dylan Thomas' "Collected Poems": Eine syntaktische Untersuchung.* Bonn: Bouvier, 1971.

Kayser, Wolfgang. „Zur Frage von Syntax und Rhythmus in der Verssprache." *Trivium,* 5 (1947), 283—292.

Kayser, Wolfgang *Das sprachliche Kunstwerk.* Bern: Francke, [17] 1976.

Kayser, Wolfgang. *Kleine deutsche Versschule.* Bern: Francke, [18] 1977.

264   Hans-Werner Ludwig

Killy, Walther. *Wandlungen des lyrischen Bildes.* Göttingen: Vandenhoeck, 1956, rpt.

Killy, Walther. *Elemente der Lyrik.* München: Beck, 1972.

Kloepfer, Rolf. "Vers Libre — Freie Dichtung: Eine poetische Tradition jenseits von Metrik und linguistischer Poetik?" *LiLi,* 1 (1971), H. 3, 81–106.

Kloepfer, Rolf und Ursula Oomen. *Sprachliche Konstituenten moderner Dichtung.* Bad Homburg v.d.H.: Athenäum, 1970.

Kloepfer, Rolf. *Poetik und Linguistik,* München: Fink, 1975.

Knauer, Karl. „Die Analyse von Feinstrukturen im sprachlichen Zeitkunstwerk." *Mathematik und Dichtung.* Ed. H. Kreuzer und R. Gunzenhäuser. München : Nymphenburger, [3]1969, 193–210.

Knights, L.C. "King Lear as Metaphor." *Further Explorations.* London: Chatto & Windus, 1965.

Kubczak, Hartmut. *Die Metapher.* Heidelberg: Winter, 1978.

Küper, Christoph. *Linguistische Poetik.* Stuttgart: Kohlhammer, 1976.

Kuhl, C. „Formen und Gattungen." *Die Religion in Geschichte und Gegenwart.* 3. Auflage. Ed. Kurt Galling. vol. 2. Tübingen: Mohr, 1958, 996–999.

Kurz, Gerhard und Theodor Pelster. *Metapher: Theorie und Unterrichtsmodell.* Düsseldorf: Schwann, 1976.

Langbaum, Robert. *The Poetry of Experience: The Dramatic Monologue in Modern Literary Tradition.* London: Chatto & Windus, 1957.

Lausberg, Heinrich. *Elemente der literarischen Rhetorik.* München: Hueber, [5]1976.

Leech, Geoffrey N. *A Linguistic Guide to English Poetry.* London: Longman, 1969.

Lehnert, Herbert. *Struktur und Sprachmagie.* Stuttgart: Kohlhammer, 1966.

Leibfried, Erwin. *Kritische Wissenschaft vom Text.* Stuttgart: Metzler, 1970.

Leibfried, Erwin. *Hermeneutik.* Literaturwissenschaft im Grundstudium, 8. Tübingen: Narr, 1979.

Levenston, E.A. "The Contextualization of Lyric Poetry." *Journal of Literary Semantics.* 5 (1976), 62–72.

Levin, S.R. *Linguistic Structures in Poetry.* s'Gravenhage: Mouton, 1962.

Levin, Samuel R. "Internal and External Deviation in Poetry." *Word,* 21 (1965), 225–237.

Levý, J. „Die Theorie des Verses — ihre mathematischen Aspekte." *Mathematik und Dichtung.* Ed. H. Kreuzer und R. Gunzenhäuser. München: Nymphenburger, [3]1969, 211–231.

Lewis, C. Day. *The Poetic Image.* London: Cape, 1947.

Lieb, Hans-Heinrich. *Der Umfang des historischen Metaphernbegriffs.* Diss. Köln, 1964.

Link, Jürgen. *Die Struktur des literarischen Symbols.* München: Fink, 1975.

Lloyd, A.L. *Folk Song in England.* London: Lawrence & Wishart, 1967; rpt. Frogmore, St. Albans: Granada, 1975.

Lodge, David. *The Modes of Modern Writing.* London: Edward Arnold, 1977.

Lotman, Jurij M. *Die Struktur literarischer Texte.* München: Fink, 1972.

Lotz, John. "Metric Typology." *Style in Language.* Ed. Thomas A. Sebeok. Cambridge, Mass.: M.I.T. Press, 1960, 135—148.

Ludwig, Hans-Werner. *Barbarous in Beauty: Studien zum Vers in Gerard Manley Hopkins' Sonetten.* München: Fink, 1972.

Ludwig, Hans-Werner. *Die englisch-schottische Volksballade.* Studieneinheit Deutsches Institut für Fernstudien. Tübingen: DIFF, 1976. (Erprobungsfassung)

Lützeler, Heinrich. „Die Lautgestaltung in der Lyrik." *Zs. für Ästhetik,* 29 (1935), 193—216.

Maletzke, Gerhard. *Psychologie der Massenkommunikation.* Hamburg: Hans Bredow-Institut, 1963.

Marsch, Edgar. „Die lyrische Chiffre: Ein Beitrag zur Poetik des modernen Gedichts." *Sprachkunst,* 1 (1970), 207—240.

Masson, D.I. "Sound in Poetry." *Princeton Encyclopedia of Poetry and Poetics.* Ed. Alex Preminger et al. Enlarged ed. Princeton: Princeton Univ. Press, 1974; London: MacMillan, 1975.

Mecklenburg, Norbert, ed. *Naturlyrik und Gesellschaft.* Stuttgart: Klett-Cotta, 1977.

Meier, Hugo. *Die Metapher: Versuch einer zusammenfassenden Betrachtung ihrer linguistischen Merkmale.* Diss. Zürich, 1963. Winterthur: Keller, 1963.

Mertner, Edgar. "Topos und Commonplace." *Strena Anglia.* Fschr. O. Ritter. Halle, 1965, 178ff.

Mönch, Walter. *Das Sonett: Gestalt und Geschichte.* Heidelberg, 1955.

Mönch, Walter. „Das Sonett: Seine sprachlichen Aufbauformen und stilistischen Eigentümlichkeiten." *Syntactia und Stylistica.* Fschr. E. Gamillscheg. Ed. G. Reichenkron. Tübingen, 1957, 387—409.

Morris, David. *The Poetry of G.M. Hopkins and T.S. Eliot in the Light of the Donne Tradition.* Bern: Francke, 1953.

Muir, Kenneth. *Shakespeare as Collaborator.* London: 1960.

Muir, Kenneth. "Shakespeares Imagery." *Shakespeare Survey,* 18 (1965), 46—57.

Mukařovský, Jan. "Standard Language and Poetic Language." *A Prague School Reader on Esthetics, Literary Structure, and Style.* Ed. Paul L. Garvin. Washington, D.C., 1964.

Mukařovský, Jan. *Kapitel aus der Poetik.* Frankfurt: Suhrkamp, 1967.

Mukařovský, Jan. *Kapitel aus der Ästhetik.* Frankfurt: Suhrkamp, 1970.

Nieraad, Jürgen. *„Bildgesegnet und Bildverflucht": Forschungen zur sprachlichen Metaphorik.* Darmstadt: WBG, 1977.

Novottny, Winifred. *The Language Poets Use.* London: Athlone P., 1962.

Oras, Ants. "Intensified Rhyme Links in the 'Fairie Queene'." *JEGP,* 54 (1955), 39—60.

Page, Denys. *Sappho und Alcaeus.* Oxford: Clarendon Press, 1955.

Paul, Otto und Ingeborg Glier. *Deutsche Metrik.* München: Hueber, [5] 1964.
Pestalozzi, Karl. *Die Entstehung des lyrischen Ich.* Berlin: de Gruyter, 1970.
Pindar. *Die Dichtungen und Fragmente.* Tr. Ludwig Wolde. Leipzig: Dietrich, 1942; rpt. Wiesbaden, 1958.
Pindar. *Siegeslieder.* Ed. U. Hölscher. Frankfurt: Insel, 1962.
Plett, Heinrich F. *Einführung in die rhetorische Textanalyse.* Hamburg: Buske, 1971.
Plett, Heinrich F. *Textwissenschaft und Textanalyse.* Heidelberg: Quelle & Meyer, 1975.
Pollmann, Leo. *Literaturwissenschaft und Methode.* Frankfurt: Athenäum, 1971.
Pongs, Hermann. *Das Bild in der Dichtung.* 4 vols. Marburg, 1927ff.
Pound, Ezra. "A Retrospect." *Literary Essays of Ezra Pound.* Ed. T.S. Eliot. London: Faber, 1954.
Pound, Ezra. *Letters. 1907—1941.* Ed. D.D. Page. London: Faber and Faber, o.J.
Pretzel, Ulrich. „Deutsche Verskunst." *Deutsche Philologie im Aufriß.* Ed. Wolfgang Stammler. Berlin: Schmidt, [2] 1962. III, sp. 2357—2446.
Quintilian. *Institutionis Oratoriae Libri XII.* Dt. *Ausbildung des Redners.* Ed. und tr. Helmut Rahn. Darmstadt: WBG, 1975.
Reimann, Horst. *Kommunikationssysteme.* Tübingen: 1968.
Richards, I.A. *Practical Criticism.* London: Routledge, 1929.
Richards, I.A. *The Philosophy of Rhetoric.* London: [1] 1936; rpt. New York: O.U.P., 1965.
Ricoeur, Paul. "Metaphor and the Main Problem of Hermeneutics." *New Literary History,* (1974), 95—110.
Ricoeur, Paul. *La Métaphore vive.* Paris, 1975.
Rühmkorf, P. *Über das Volksvermögen.* Reinbek: Rowohlt, 1967.
Ryder, F.G. "How Rhymed is a Poem?" *Word,* 19 (1963), 310—321.
Saintsbury, G. *A History of English Prosody.* 3 vols. London, 1923; rpt. New York, 1961.
Schadewaldt, Wolfgang *Der Aufbau des Pindarischen Epinikion.* Tübingen: Niemeyer, [2] 1966.
Schlegel, A.W. *Die Kunstlehre. Kritische Schriften und Briefe.* 4 vols. Ed. E. Lohner. Stuttgart: Kohlhammer, 1962.
Schmidt, Siegfried J. „Alltagssprache und Gedichtsprache: Versuch einer Bestimmung von Differenzqualitäten." *Poetica,* 2 (1968), 285—303.
Schmidt, Siegfried J. *Texttheorie.* München: Fink, 1973.
Schoell, Konrad. „Lyrik in kommunikativer Funktion: Das Beispiel Aimé Césaire." *GRM,* 27 (1977), 88—98.
Schöne, Albrecht. „Emblemata: Versuch einer Einführung." *DVjs,* 37 (1963), 197—231.
Schulte-Sasse, Jochen. *Literarische Wertung.* Stuttgart: Metzler, [2] 1976.
Sebeok, Thomas A., ed. *Style in Language.* Cambridge, Mass.: M.I.T. Press, 1960.

Segebrecht, Wulf. *Das Gelegenheitsgedicht.* Stuttgart: Metzler, 1977.
Segebrecht, Wulf. „Steh, Leser, still! Prolegomena zu einer situationsbezogenen Poetik der Lyrik ..." *D Vjs,* 52 (1978), 430–468.
Sengle, Friedrich. *Vorschläge zur Reform der literarischen Formenlehre.* Sammlung Metzler. Stuttgart: Metzler, [2]1969.
Shapiro, K. and R. Beum. *A Prosody Handbook.* New York, 1965.
Shibles, Warren A. *Metaphor: An Annotated Bibliography and History.* Whitewater, Wisconsin: Language Press, 1971.
Šklovskij, Viktor, „Kunst als Verfahren." *Russischer Formalismus.* Ed. Jurij Striedter. München: Fink, 1971, 3–35.
Sontag, Susan. "Against Interpretation." Dt. „Gegen Interpretation." *Kunst und Antikunst.* Reinbek: Rowohlt, 1968, 9–18.
Spinner, Kaspar H. *Zur Struktur des lyrischen Ich.* Frankfurt: Akademische Verlagsgesellschaft, 1975.
Stählin, Wilhelm. „Zur Psychologie und Statistik der Metapher." *Archiv für die gesamte Psychologie,* 31 (1914).
Staiger, Emil. *Die Zeit als Einbildungskraft des Dichters.* Zürich: Atlantis, [1]1939; [2]1953.
Staiger, Emil. *Grundbegriffe der Poetik.* Zürich: Atlantis, [1]1946; [3]1956.
Staiger, Emil. *Die Kunst der Interpretation.* Zürich: Atlantis, [1]1955; [3]1961.
Staiger, Emil. *Goethe I.* Zürich: Atlantis, [2]1957.
Suchier, W. und R. Baehr. *Französische Verslehre.* Tübingen: Niemeyer, 1963.
Spurgeon, Caroline. *Shakespeare's Imagery and What it Tells Us.* Cambridge: C.U.P., [1]1935; rpt. 1968.
Szondi, Peter. „Über philologische Erkenntnis." *Hölderlin-Studien.* Frankfurt: Insel, 1967; rpt. Suhrkamp, 1970, 9–34.
Thöming, Jürgen C. „Bildlichkeit." *Grundzüge der Literatur- und Sprachwissenschaft.* Ed. Heinz Ludwig Arnold und Volker Sinemus. München: dtv, 1973. I, 187–199.
Thompson, John. *The Founding of English Metre.* London: Routledge, 1961.
Treu, Max, ed. *Alkaios.* Gr. und dt. (Tusculum Bücherei). München: Heimeran, [2]1963.
Tufte, Virginia. *The Poetry of Marriage: The Epithalamion in Europe and its Development in England.* Univ. of Southern California Studies in Comparative Literature, 2, 1970.
Ullmann, Stephen. *Language and Style.* Oxford: Blackwell, 1966.
Ullmann, Stephen. *The Principles of Semantics.* Oxford: Blackwell, [2]1957; rpt. 1959.
Veit, Walter, „Toposforschung: Ein Forschungsbericht." *D Vjs,* 37 (1963), 120–163.
Viebrock, Helmut. *Einführung in die Interpretation von Lyrik.* Studieneinheit Deutsches Institut für Fernstudien. Tübingen: DIFF, 1976.
Viebrock, Helmut. *Theorie und Praxis der Stilanalyse: Die Leistung der Sprache für den Stil, dargestellt an Texten der englischen Literatur der Gegenwart.* Heidelberg: Winter, 1977.

Voßkamp, Wilhelm. „Gattungen und Epochen in der Literaturgeschichte."
   Funkkolleg Literatur, 21. Kollegstunde.
Wagner, A. *Unbedeutende Reimwörter und Enjambement bei Rilke und in
   der neueren Lyrik.* Bonn, 1930.
Weinrich, Harald. „Semantik der kühnen Metapher." *DVjs,* 37 (1963),
   325—344.
Weinrich, Harald. „Semantik der Metapher." *Folia Linguistica,* 1 (1967),
   3—17.
Wellek, René und Austin Warren. *Theory of Literature.* New York: Har-
   court, [3] 1956.
Wellek, René. *Discriminations.* New Haven: Yale Univ. Pr., 1970.
Wells, Rulon. "Comments to Part Five." *Style in Language.* Ed. Thomas
   A. Sebeok. Cambridge, Mass.: M.I.T. Press, 1960, 197—209.
Wheelwright, Philip. *Metaphor and Reality.* Bloomington: Indiana U.P.,
   1962, rpt.
Wilamowitz-Moellendorf, U. v. *Pindaros.* Berlin: 1922.
Wilpert, Gero v. *Sachwörterbuch der Literatur.* Stuttgart: Kröner, [5] 1969.
Wimsatt, W.K. *The Verbal Icon.* Lexington: Univ. of Kentucky Pr., 1954.
Wimsatt, W.K. jr. und Monroe C. Beardsley. "The Concept of Meter: An
   Exercise in Abstraction." *PMLA,* 74 (1959), 585—598.
Wissemann, H. *Untersuchungen zur Onomatopoiie.* Heidelberg: Winter,
   1954.
Wunderlich, Dieter. „Terminologie des Strukturbegriffs." *Literaturwissen-
   schaft und Linguistik.* Ed. Jens Ihwe. Frankfurt: Athenäum, [2] 1972,
   I, 91—140.
Žirmunskij, V. *Introduction to Metrics.* Tr. C.F. Brown. Ed. E. Stankiewicz
   und W.N. Vickery. The Hague: Mouton, 1966.

11. Namenregister

12. Sachregister

272